共和国三部曲史学读本

建国大业

何虎生 ◎ 主编

人民出版社　中国广播影视出版社

目 录

第一章 蒋介石要走独裁路

一、重庆谈判和政协会议 ················ 2
  1. 一封电报牵动三个大国 ············· 2
  2. "亦文亦武，谈判之道" ············· 6
  3. 政协会议风云再起 ················ 11

二、倒行逆施和全面内战 ················ 16
  1. 不祥之兆 ························ 16
  2. 吹响战斗的号角 ·················· 20
  3. 一切反动派都是纸老虎 ············ 24

三、伪国民大会和国共合作破裂 ·········· 29
  1. 一党包办的"制宪国大" ············ 29
  2. 彻头彻尾的一场闹剧 ·············· 34
  3. 国共合作落下帷幕 ················ 38

第二章 共产党人另起炉灶

一、加强解放区建设 ···················· 44
  1. 挖掉千年穷根 ···················· 44
  2. 土地所有制要立法 ················ 49
  3. 为战争保驾护航 ·················· 53

二、第二条战线的发展 …………………………… 59
　　1. 物价——断了线的风筝 ………………………… 59
　　2. 向谁要饭吃 ……………………………………… 63
　　3. 反饥饿、反内战、反迫害 ……………………… 67

三、打倒蒋介石，解放全中国 …………………… 73
　　1. 把战争引向国统区 ……………………………… 73
　　2. 一厢情愿的"行宪国大" ………………………… 77
　　3. 大决战前的准备 ………………………………… 87
　　4. 埋葬蒋家王朝 …………………………………… 92

第三章　建国力量大汇合

一、中间党派向"左"转 ………………………… 104
　　1. 请不来的和平 …………………………………… 104
　　2. 艰难的中立 ……………………………………… 109
　　3. 中间道路走到了尽头 …………………………… 113

二、进一步加强合作 ……………………………… 119
　　1. 香港成为反蒋基地 ……………………………… 119
　　2. 中共的"五一"口号 …………………………… 125
　　3. 站在进步的一边 ………………………………… 129

三、奔向解放区 …………………………………… 133
　　1. 一路向北寻民主 ………………………………… 133
　　2. 建立全国群众团体 ……………………………… 140
　　3. 社会名流欣然受邀 ……………………………… 144

第四章　绘制新中国的蓝图

一、新政协筹备会 ·· 150
　　1. 毛泽东定会议基调 ··································· 150
　　2. 筹备会不负重托 ······································ 154
　　3. 齐心合力，共策共进 ······························· 158

二、筹备工作，有条不紊 ································· 163
　　1. 新的首都和一部天书 ······························· 163
　　2. 临时宪章和新的国名 ······························· 168
　　3. 国旗、国歌和国徽 ·································· 172

三、全国政协第一届会议 ································· 176
　　1. 团结的大会 ··· 176
　　2. 具体问题的讨论 ······································ 179
　　3. 会议圆满闭幕 ··· 182

第五章　人民政权的建立

一、中国人民站起来了 ···································· 186
　　1. 欢乐的海洋 ··· 186
　　2. 中华人民共和国成立了 ··························· 191
　　3. 人民万岁 ·· 195

二、人民当家做主的政权 ································· 201
　　1. 真正的联合政府 ······································ 201
　　2. 多党合作，政治协商 ······························· 205
　　3. 建立地方政权 ··· 210

三、在城市中站稳脚跟 ···································· 216

1. 接管一穷二白的城市 ·················· 216
　　2. 没有硝烟的物价保卫战 ················ 222
　　3. 统一国家财政税收 ···················· 227

第六章　巩固新生的人民政权

一、在城市中站稳脚跟 ···················· 234
　　1. 资本家就是资本家 ···················· 234
　　2. 抓住不法资本家的小辫子 ·············· 238
　　3. 工商业户被化作五类 ·················· 241
二、社会风气焕然一新 ···················· 246
　　1. 坚决镇压反革命 ······················ 246
　　2. 彻底肃清匪患 ························ 250
　　3. 禁毒、禁娼和婚姻自由 ················ 255
三、建立新的文化教育体系 ················ 261
　　1. 改造文教事业 ························ 261
　　2. "脱裤子割尾巴" ···················· 267
　　3. 知识分子思想改造运动 ················ 272

结语　从此走向繁荣富强 ················ 278
参考文献 ···························· 280
后　记 ······························ 281

第一章
蒋介石要走独裁路

一、重庆谈判和政协会议

抗战胜利后,中国共产党针对蒋介石集团抢夺抗战胜利的果实和消灭人民革命力量的企图,坚决巩固人民的胜利成果。在不放松武装自卫的条件下,与国民党进行谈判,和平建国,重庆谈判和政协会议就是在这样的背景下开始的。

◎ 重庆谈判期间,毛泽东与蒋介石在蒋介石官邸

1. 一封电报牵动三个大国

抗日战争结束之后,不仅中国人反对内战,就连世界舆论也都希望中国战后实现和平,尤其是对中国政局具有重大影响的美国和苏联,也都不希望看到中国再爆发内战。

第一章

蒋介石要走独裁路

全力支持和援助蒋介石来控制中国，是美国政府在抗战后期便确定下来的对华政策。但是，美国人知道国民党不可能在短时期内用武力解决共产党问题，他们表面上反对中国内战，声称美国不能援助一个被内战搞得支离破碎的国家，并且主张蒋介石在政治上做出一定的让步，通过和平的方式解决国共争端。

苏联当时承认国民党政权，尽管他们仍然和中国共产党保持着秘密联系。但这个与中国拥有漫长国境线的邻邦，曾经遭受到战争的创伤，由于要致力于国内的建设，因而也不愿看到中国内战，要为自己保持一个和平的建设环境，一个稳定的、国共和平共处的邻国符合苏联的需要。

尽管蒋介石在抗战后期，便把注意力转到了如何限制并尽快消灭共产党的问题上来，然而，由于日本投降突然，国军精锐躲在大后方，因而，要立即发动全面内战，武力剿共，尚有许多难以克服的困难。因而蒋介石不得不考虑改变策略。

而且，当时苏、美都明确表示支持国民党政府，因而蒋介石存在幻想，妄图对中共施加压力，通过谈判迫使中共妥协，用政治手段削弱甚至彻底瓦解中共的力量，争取不战而胜。

正是在这种情况下，蒋介石决心打出和谈旗帜。

8月14日，毛泽东收到了蒋介石的第一封邀请电报。

万急，延安

毛泽东先生勋鉴：

倭寇投降，世界永久和平局面，可期实现，举凡国际国内各种重要问题，亟待解决，特请先生克日惠临陪都，共同商讨，事关国家大计，幸勿吝驾，临电不胜迫切悬盼之至。

蒋中正未寒

这封电报打破了由陈布雷起草的惯例，是由国民党政府文官长吴鼎昌起草的，事先连《中央日报》社的社长、主编都不知道。如此保密，可以看出蒋介石是准备在政治上对共产党发动突然袭击，想要打共产党一个措手不及。

8月16日中午，延安发出毛泽东起草的以朱德总司令名义致蒋介石的

电报。随后,毛泽东复电蒋介石:

"未寒电悉。朱德总司令本日午有一电给你,陈述敝方意见,待你表示意见后,我将考虑和你会见的问题。"

在公开复电的同时,毛泽东接见了第二次国共合作期间国民党政府驻派延安的联络参谋周励武、罗伯伦,明确告诉他们,他目前不准备离开延安,希望他们转告重庆。

蒋介石洋洋得意,认为毛泽东推出朱德当自己的挡箭牌,而自己拒绝来重庆的反应正中他的下怀,有利于他的和平攻势。他要让全国人民都知道,他是要和平的,毛泽东才是拒绝和平的那一方,他要将毛泽东置于进退两难的局面中。于是,8月20日,蒋介石又发出第二封邀请电报,电报先对他抢夺胜利果实的行径进行一番辩解,推说"此次受降办法,系由盟军总部所规定"。并企图借助"盟军"的名义,来压迫中共就范,然后又冠冕堂皇地说:

"抗战八年,全国同胞日在水深火热之中,一旦解放,必须有以安辑之而鼓舞之,未可蹉跎延误。大战方告终结,内争不容再有。深望足下体念国家之艰危,悯怀人民之疾苦,共同戮力,从事建设。如何以建国之功收抗战之果,甚有赖于先生惠然一行,共定大计,则受益拜惠,岂仅个人而已哉!特再驰电奉邀,务恳惠诺为感。"

电报用语之恳切,真让人有点"丈二和尚摸不着头脑":怎么蒋介石一夜之间变成了一个深明大义,以国家、民族的前途和命运为第一生命,体恤人民疾苦的人?值得注意的是,这封电报还未到延安,中央社的新闻中已经发表了电报的内容。这一情况同第一封电报发出时的情况迥然不同,可见蒋介石用心之良苦。他的第一封电报是为了在政治上搞突然袭击,第二封电报则是为了进行政治宣传:是你毛泽东不考虑人民的疾苦,不以国家与民族的利益为重。否则,你毛泽东为什么不肯接受我的邀请到重庆来共商建国大计呢?

为揭穿蒋介石的真实意图,表明中共的和平诚意,8月22日,毛泽东发出给蒋介石的第二封复电:

"从中央社新闻电中,得读先生复电,兹为团结大计,特先派周恩来同

第一章
蒋介石要走独裁路

志前来进谒,希予接洽,为恳。"

毛泽东为什么说从中央社新闻电中读得复电呢?这里蒋介石耍了一个小小诡计。当收到毛泽东第一封复电时,蒋介石便坚信毛泽东不敢来,所以第二封电报便先播发新闻后致电延安,让国内外皆知我蒋介石之和平诚意,而共产党拒邀,则足见其心存分裂,缺乏和平诚意。

延安此时确实难下决心,中共政治局成员几乎全部反对毛泽东去重庆,因而在8月22日的第二封复电中对于他本人是否去重庆,避而不谈。事实上,毛泽东决定让周恩来出去谈,是想先做一番侦察,看看蒋介石打的是什么算盘,然后再就他自己是否去重庆做出决定。

蒋介石根据驻延安联络参谋的情报,断定毛泽东肯定不敢来重庆,他正好借题发挥,将"和平"的调子唱得更高。8月23日,他又在这种情形下发出第三封电报:

"未养电诵悉,承派周恩来先生来渝洽商,至为欣慰。惟目前各种重要问题,均待与先生面商,时机迫切,仍盼先生能与恩来先生惠然偕临,则重要问题,方得迅速解决,国家前途实利赖之。兹已准备飞机迎接,特再驰电速驾!"

醉翁之意不在酒。蒋介石再三电邀毛泽东赴渝商谈,其理由也说得十分冠冕堂皇,大有刘备三顾茅庐之坦诚。他明知毛泽东不愿从命,却又故作姿态,再三邀请,等待毛泽东再一次拒绝,以便在众目睽睽之下把"不要和平"、"不肯合作"的大帽子扣在共产党和毛泽东的头上。

正当毛泽东踌躇之时,斯大林的电报也到了延安。电报的语气与其说是规劝倒不如说更像是命令:

"中国不能再打内战,否则中华民族就有覆灭危险。"

究竟是谁要打内战?看到电报上的话,毛泽东不禁火冒三丈,一把将电报扔到桌子上。

面对蒋介石咄咄逼人的和平攻势和苏联的压力,8月23日下午,中共中央在延安枣园召开了政治局扩大会议,

大多数同志赞同周恩来的意见,认为不应轻易出去,还要看一看再做决定。朱德和彭德怀支持毛泽东去重庆。

正当此时，斯大林的第二封电报发到延安：

"世界要和平，中国也要和平。尽管蒋介石挑衅打内战消灭你们，但他已再三邀请毛泽东同志去重庆协调和平建国事宜，此情况下如果一味拒绝，国内国际各方面就不能理解了。如果打起内战，战争的责任由谁来承担？我建议毛泽东同志到重庆去参加会谈，他的安全由苏美两家负责。"

到底是去还是不去？毛泽东猛地掐断烟头，把烟蒂往地上一掷："去！他以为我不会去重庆，我偏要揭穿他假独裁真内战的阴谋，让全国的老百姓看清真相。"

毛泽东打定了去重庆的念头，哪怕是鸿门宴，也要去。重庆谈判就这样在国民党完全没有准备的情况下定了下来。面对蒋介石扔来的带刺橄榄枝，毛泽东终于决定接过它。

蒋介石欲扛和平旗，孰料此事有变，如意算盘落空，所以重庆谈判尚未开始，蒋、毛的斗法中，蒋介石便已输了一招。

2."亦文亦武，谈判之道"

1945年8月28日下午，重庆九龙坡机场，较之以往的任何时候，更为热闹。烈日当空，重庆这个有名的火炉，热得人们透不过气来。机场上，聚集着几百个人。他们全不顾当空的烈日和难忍的暑气，频频地翘首仰望碧空，等待着欢迎来自远方的几位客人。机场上没有口号，没有鲜花，也没有仪仗队，但从大多数欢迎者脸上那喜悦而肃然的表情仍可看出，即将来临的客人绝非平常人物。

是的，毛泽东当天就要来重庆了。

下午3点半钟过后，晴空中终于响起了马达的轰鸣，一架草绿色的美式军用飞机终于冲破重庆上空浓浓的云雾，带着自身震耳欲聋的隆隆巨响，徐徐地降落在警戒森严的九龙坡机场跑道上，机场上的人群顿时骚动起来。"看！这就是赫尔利大使的专机。他们来了。""啊！谢天谢地，他们终于安全到达了！中国和平有希望了。"

第一章
蒋介石要走独裁路

机舱门打开了,几位客人先后出现在舱门口,一面向欢迎的人群招手,一面稳步地走下飞机。"瞧!那是毛泽东!你看清了没有?""看清了,看清了,和照片上一模一样,好认,好认。"

人们没有看错。第一个走下飞机的是毛泽东。紧随着毛泽东走出来的是中共代

◎ 从左至右:张治中、毛泽东、赫尔利、周恩来、王若飞

表团的另外两名成员周恩来和王若飞。自抗战以来,周恩来和王若飞先后作为中共代表常驻重庆,所以陪都的各界人士对他们都很熟悉。今天,周恩来仍穿着一件他过去常穿的浅色中山服,左腋下夹着一个纸包,右手则不停地举起来,笑容满面地向欢迎他的人群打招呼。王若飞的身材与周恩来差不多,也穿一件浅色中山装。抗战胜利前夕,他刚从重庆回到延安,现在,他又随着毛泽东来到了陪都。延安方面只来了九个人。

毛泽东等人刚一踏上山城大地,欢迎的人群便朝他们涌去。赶在前面的当然是那些抢发新闻的中外记者们。他们把毛泽东等人围在中间,手中的照相机"咔嚓"、"咔嚓"地响个不停。当乔冠华介绍大家与毛泽东见面时,毛泽东一一握手,答礼道:"很感谢。"他几乎是用陕北口音说这三个字的。"啊,张表老,你好!"不知什么时候,毛泽东在人群中发现了银髯飘拂的张澜。"润之先生好!你奔走国事,欢迎你光临重庆!"张澜显然为毛泽东在众多的人中认出了他而感到高兴。毛泽东拉住张澜的手,久久不放,说:"大热天气,你还亲自到机场来,真是不敢当,不敢当!"周恩来也从毛泽东身边绕过来同张澜握手,互致问候。

中外记者蜂拥到毛泽东身边,又是递名片,又是提问题,有的还远远地就把手伸过去要和毛泽东握手。各民主党派的代表如黄炎培、章伯钧、左舜生等人则被挤在人墙外,根本无法接近毛泽东。身材矮小、年迈体弱的民主人士沈钧儒,用尽了力气,焦急地不停喊着:"我是沈钧儒,请让一下!"

正在一旁和八路军办事处、《新华日报》的工作人员握手寒暄的周恩来，看到这种情景，心生一计。只见他一面敏捷地将腋下夹着的一个大纸包举到空中，一面大声对记者们喊道："新闻界的朋友们，我从延安为你们带来了礼物，请到这边来拿吧！"

果然记者们被吸引过来了。这时，国民党政府方面的代表周至柔、邵力子、雷震和民主人士沈钧儒、郭沫若、黄炎培等人才得以走到毛泽东身边，与他握手、交谈。这边，周恩来微笑着给记者们分发"礼物"，原来是从延安带来的毛泽东抵达重庆机场的书面讲话稿。

记者们看罢书面讲稿甚为满意，于是纷纷跳进车里一溜烟地赶进城里抢发新闻去了。大约半小时后，机场上的欢迎场面才告结束。之后，汽车直奔桂园。

当晚毛泽东和周恩来、王若飞一起，应邀乘车前往蒋介石的别墅——山洞林园赴宴，并同蒋介石会面。刚抵达重庆的毛泽东与蒋介石同住林园。国共领袖同宿一园，堪称史无前例。毛泽东的警卫们保持着高度警惕，贴身警卫和衣躺在毛泽东卧室前的客厅沙发上，以应对可能的突发事件。

蒋介石带着随从，在一号楼前迎接。当毛泽东在周恩来、王若飞的陪同下走下汽车时，蒋介石赶紧迎了上去，满脸笑容地紧紧握住毛泽东的手。

这真是令人难忘的一幕，这是在阔别二十年后，中国两个最大政党的领袖，也是两个宿敌的再一次握手。

客人们被引进客厅就座。旋即，宴会正式开始。为毛泽东而设的晚宴是在热情欢快的气氛中进行的，应邀出席作陪的，除国民党政府的大员张群、王世杰、邵力子、陈诚、张治中、吴国桢、周至柔、蒋经国等人外，还有赫尔利大使和驻华美军司令魏德迈将军。宴席上，酒宴之丰盛自不必说，气氛也相当热烈。据当时的《新华日报》报道说："席间蒋主席和毛泽东同志曾相继致辞，并几次举杯互祝健康，空气甚为愉快。"

但是，谈判开始之后，这种轻松随意的气氛就消失了。

谈判从8月29日开始，到10月10日结束。这次谈判从开始到最后达成协议历时43天，经过了三个阶段：从8月29日至9月3日为普遍交换意见阶段；9月4日至21日为就实质性问题进行商谈的阶段；以后，谈判

第一章
蒋介石要走独裁路

停顿5天,从9月27日至10月10日为最后达成协议阶段。

谈判在两个层次上进行:一个是两党最高领导人毛泽东和蒋介石直接交换意见;另一个是两党谈判代表周恩来、王若飞与张群、邵力子、张治中等人之间的磋商。在渝期间,毛泽东与蒋介石共会面11次,大多是在公开场合,但两人几次重要的会谈都是秘密的,有时甚至没有任何人在场。

蒋介石对毛泽东、周恩来说:"政府方面之所以不先提出具体方案,是为了表明政府对谈判并无一定成见,愿意听取中共方面的一切意见。希望中共方面本着精诚坦白之精神,知无不言言无不尽。"

于是毛泽东向蒋介石提出了国共两党谈判的八条原则性意见:在国共两党谈判有结果时,应召开各党各派和无党派人士代表参加的政治会议;在国民大会问题上,如国民党坚持旧代表权,中共将不能与国民党达成协议;应给予人民以一般民主国家人民在平时所享有之自由,现行法令当依次原则予以废止或修正;应予各党派以合法地位;应释放一切政治犯,并列入共同声明中;应承认解放区及一切收复区内的民选政权;中共军队改编为48个师,并在北平成立行营和政治委员会,由中共将领主持,负责指挥鲁、苏、冀、察、热、绥等地方之军队;中共应参加分区受降。

第一次交锋,便是短兵相接。这无疑给刚刚开始的谈判罩上了一层阴影,也预示着这次谈判是一次艰苦的马拉松式的谈判。

蒋介石向他的谈判代表指示三条原则:一是不得于现在政府法统之外来谈改组政府问题;二是不得分期或局部解决,必须现在整个解决一切问题;三是归结于政令、军令之统一,一切必须以此为中心。此后,蒋介石又多次同毛泽东直接会谈,但多以讨论原则问题为主,至于各种具体问题则由周恩来、王若飞同蒋介石选定的代表张群、张治中、王世杰、邵力子商谈。

经过几天的泛谈,9月3日,中共代表将关于两党商谈的十一项重要问题提要交给国民党政府代表,提要的主要内容包括:确定和平建国方针;承认各党各派的合法平等地位;承认解放区政权及抗日部队;结束国民党的党治等,并表示拥护蒋介石的领导地位。蒋介石当即召集国民党方面的四位代表开会,商量对策。9月4日晚,在中山四路德安里101号,国共双方代表的唇枪舌剑开始了。

9月8日，国民党政府代表根据4日蒋介石亲拟的《对中共谈判要点》，对中共的十一项提要提出书面答复，表示接受中共代表提出的和平建国、承认党派合法平等、结束党治等主张，对于召开政治协商会议问题也表示基本同意，但对于解放区基本政权作为合法地方政府却坚决不同意，对于军队编组问题也要做种种限制。这些问题成为谈判中争论的中心问题。

经过5轮会谈，双方除在召开政治会议的问题上立场比较接近外，其他问题几乎无一进展。9月15日，双方举行第6轮会谈。从这一轮开始，谈判气氛明显地恶化了。由于国民党拿不出任何办法，只是一味拒绝共产党的建议，至此，谈判陷入僵局。国民党代表宣布，中共所提军队数目与中央规定相去太远，无法再谈，国民党政府代表按照蒋介石确定的方针，在"政令军令统一"的借口下，一再要共产党"放弃其地盘，交出其军队"，声称"一党的武力政权"与现代民主统一的国家不相容。周恩来、王若飞根据事实给予有力的驳斥，指出解放区和人民武装力量是中国共产党领导人民同日本侵略者长期浴血奋战的结果，它完全是属于人民和保护人民的；而且两党拥有武装是长期历史发展的结果，必须正视历史。周恩来一针见血地指出："现在政府尚在国民党党治时期，我们如何能将军队、政权交与一党之政府。"因此，涉及最为核心的解放区问题，共产党在让步之下的主张也不能再有变更。

无论是在谈判桌上还是在重庆之外的战场上，这次谈判的火药味都特别浓，亦文亦武，一张一弛，向来是谈判之道，借用毛泽东在谈判期间会见张澜时说的话："若不是有我们这几十万条破枪，蒋先生会跟我们这些人坐下来谈么？"由此可见，在谈判桌之外的军事斗争，在很大程度上才是谈判进展的关键，也是共产党在谈判桌上的底气和砝码。

重庆谈判期间，军事斗争密切配合着谈判桌上没有硝烟的战争。蒋介石为了向中共施加压力，迫使中共代表在谈判桌上屈服，除了加速向前线调运兵力之外，还下令数省的国民党军队向人民军队发动进攻。中国共产党对此针锋相对，依照中共中央、中央军委的指示，人民军队站在自卫立场上奋起抗击，挫败了国民党军队的进攻，尤其是晋冀鲁豫军区集中主力3万余人，于9月10日至10月12日在山西长治地区（古称上党郡）实施的上党战役,一举歼灭入侵的阎锡山所部3万余人,击毙国民党军第七集团军副总司令彭毓斌,生俘第十九军军长史泽波,使阎锡山损失其总兵力的三分之一。在重庆,毛泽东听到上党大捷的消息后,高兴地说:"打得好!打得越大越胜利,我回去的希望就越大。"当上党战役胜负已成定局的时候,重庆谈判也恰好进入尾声。

经过43天艰苦的马拉松式的谈判,难产的《双十协定》终于问世,尽管双方并没有就解决中共军队问题和解决解放区政权问题达成协定,但这个协定还是有许多积极方面的条款。如大家"一致认为中国抗日战争业已胜利结束,和平建国的新阶段即将开始,必须共同努力,以和平、民主、团结、统一为基础,并在蒋主席领导之下,长期合作,坚决避免内战,建设独立、自由、富强的新中国,彻底实现三民主义。双方又认同蒋主席所倡导之政治民主化、军队国家化及党派平等合作,为达到和平建国必由之途径。""一致认为应该迅速结束训政,实施宪政,并应先采取必要步骤,由国民政府召开政治协商会议,邀集各党派代表及社会贤达协商国事,讨论和平建国方案及召开国民大会各项问题。"

毛泽东说:"谈判的结果,国民党承认了和平团结的方针。这样很好,国民党再发动内战,他们就在全国和全世界面前输了理,我们就更有理由采取自卫战争,粉碎他们的进攻。"

3. 政协会议风云再起

1945年10月10日,国共双方签订了《双十协定》。11日,毛泽东返回延安。事情远未就此了结。

谈判需要妥协,谈判取决于实力。自恃实力远胜于对手的蒋介石不愿妥协,他只需要共产党人的俯首帖耳。这种"和"局共产党人不会答应。蒋介石的兴奋点是"战",然而迫于民众反战的压力,加之尚未做好全面内战的准备,故而"战"衅亦未敢轻开。1945年年底,和不了,战不成,和与战都是僵局。

◎ 《双十协定》

在中国国内和谈陷入僵局的时候，美国领导层就对华政策展开了激烈的争吵。这次争吵导致了赫尔利的辞职、美国对华政策的修改与马歇尔的走马上任。1946年1月1日，马歇尔指示他的助手起草了一份停战计划。这份备忘录综合了国共双方的意见，也体现了马歇尔在停战谈判中所采取的立场。

此时，蒋介石也看到，谈判僵持下去对自己不利。既然马歇尔亲自来说情，不如顺水推舟，给马歇尔一个面子。于是，他向马歇尔表示，可以接受共产党要求，在停战协定中不涉及赤峰和多伦的归属。

最后的障碍终于被扫除。1月10日上午，停战谈判达成协议。下午3时，张群、周恩来分别代表国共双方在停战协定上签字，作为调停人的马歇尔也签了字。根据协定，毛泽东主席和蒋介石委员长同时分别向共产党军队和国民党军队发布了停战令。停战谈判的成功和军调部的建立，使抗战胜利后持续了近4个月的国共武装冲突暂时结束，国内的和平局面得以实现。

正是在停战协定签字的同一天，政治协商会议也在陪都重庆正式开幕。开幕式在重庆的国民政府礼堂举行。由于停战协定签署的好消息已经传开，出席会议的38名代表和列席会议的中外记者个个兴高采烈，喜形于色。

蒋介石宣布了四条：第一条是确保人民之自由；第二条是确保政党之合法地位；第三条是实行普选；第四条是释放政治犯。这就是后来人们常常提及的，蒋介石在政协开幕式上许下的"四大诺言"。

第一章
蒋介石要走独裁路

对一般的民主国家来说，这四条都是起码的原则，本不足为奇。然而在国民党实行专制统治的中国，人们吃尽了法西斯专政之苦，想得到一点民主与自由，真比登天还难。人们没有想到，人们求之不得的民主和自由，如今却因为蒋介石大发慈悲，突然要从天上掉下来，这真是一个奇迹！

不少人被蒋介石实行民主的诚意所感动，称赞这是明智之举，是政协会议成功的好兆头。但也有人惊喜之后表示担心：这会不会又是空头支票？

他们的担心并非多余。类似的许诺，蒋介石过去不知做过多少次，但一次也没有兑现。这一次，民主和自由真的唾手可得吗？有经验的人谁也不敢轻易相信。历史证明，不轻信是对的。蒋介石仍在演戏。

不管是政协会议期间，还是在会后甚至一直到国民党政权在大陆彻底垮台，蒋介石的四条诺言一条也没有实现过。中国人民非但没有享受过任何民主与自由，所受的压迫和摧残反而更加沉重了。不过，蒋介石的"四大诺言"倒给了共产党一个"可乘之机"，迫使国民党政府释放了拘禁多年的叶挺和廖承志。释放叶挺、廖承志，对蒋介石来说只是一个例外，大批的共产党人、民主人士仍被关在国民党政府的监狱里。

尽管蒋介石的民主和自由是骗人的，但在当时，确有一些天真的人未能看透他的花招。一些人听过蒋介石的开幕词，欣喜若狂，奔走相告。

开幕式过后，政协会议便开始讨论各项议案。列入会议日程表的，主要有政府改组、施政纲领、军事问题、国民大会、宪法草案等五大议案。

由于各党派，特别是国共两党的立场不同，分歧当然难免。尤其是对一些重大的原则问题，各方代表争论得相当激烈。共产党的一贯立场，就是要彻底废除国民党的一党专政和蒋介石的独裁统治，代之以真正的民主制度。主张在中国实现资产阶级民主政治的民主同盟与共产党的立场基本一致。因此，这两个代表团结成了统一战线。国民党正好相反，一党专政的独裁专制是它的命根子，无论如何要拼命加以维护。他们的一切提案，均围绕着这一目的。

其中一个分歧很大的问题，是宪法草案的修改。

1936年5月15日，国民党政府曾公布过一部《中华民国宪法草案》，俗称"五五宪草"。它打着执行"总理遗嘱"的幌子，偷天换日，使国民党的一党专政和蒋介石的独裁专制合法化。孙中山生前确实讲过"人民有权,政府有能"和"人民行使政权,政府行使治权"一类的话。"五五宪草"便以此为根据,以形同虚设的国民大会代表人民行使所谓的选举、罢免、创制、复议四权,而以总统蒋介石为首的政府却不向国民大会负责,实际上独立地行使至高无上的治权,从而为个人独裁开了方便之门。因此,有识之士都说"五五宪草"是一部"人民无权,总统万能的宪草"。不过,这部宪草公布后不久便爆发了抗日战争,国民党准备召开的制宪会议彻底流产,当然也就没有任何法律效力。

难以置信的是,政协会议开幕后,这部遭到全国民主进步势力唾弃的"五五宪草",却又被国民党捡了回来,作为政协讨论宪草的蓝本,让大家接受。事情明摆着,如果按国民党的意见,原封不动地保留"五五宪草",就等于承认一党专政和专制独裁制度的合法性。包括共产党、民盟在内的民主派当然不能答应。

于是,张君劢等人在中共代表团的帮助下,拟出了一个"五五宪草"的修正案,其中包括十二条修改原则,要点是:

将"有形国大"变成"无形国大",即虽不取消"五五宪草"中国民大会的名称,却改用这样的条文:"全国选民行使四权,名曰国民大会",实际上并不开什么国民大会。规定"立法院为国家最高立法机构,由选民直接选举之,其职权相当于民主国家之议会";"行政院为国家的最高行政机构,行政院长由总统提名,经立法院同意任命之,行政院对立法院负责";"确定省为地方自治之最高单位";"省得制定省宪,但不得与国宪抵触",如此等等。按照这些原则修改后的草案,实际上便成了英国宪法的翻版,总统的权力受到很大限制。对这样的修改方案,国民党代表当然不喜欢,不过,他们理屈词穷,有口难辩。因此,经过多次辩论,十二条修改原则终于在小组获得通过。

蒋介石虽然在宪草问题上失算,但在国民大会的代表问题上却占到了便宜。1936年,国民党不但公布了"五五宪草",同时也"选"出了国民大会代表。十年过去了,国大没有开成,但国民党政府却始终承认国大代表的资格有效。当讨论国大代表问题时,尽管共产党和其他民主党派的代表强烈地反对十年前国民党一党包办的代表"选举",国民党却顽固地坚持原来的代表不能推翻重选,只同意增加代表名额,分给没有代表的党派和地区,进行补选。

对立一直持续到政协快闭幕的时候。其他议案都已达成协议,唯独剩下国大代表问题尚在争吵。中共代表团考虑到如此僵持下去于大局不利,既然基本的民主原则已经确立,无须再在这一问题上纠缠。因此,在征得延安同意之后,中共代表团决定让步,并说服了民盟的代表。10月31日上午,国民大会议案按国民党的主张,也达成了协议。

经过整整20天的艰苦努力,在会外各界民众的促进下,政协会议通过了五项决议,完成了它肩负的使命。不管蒋介石如何骗人,政协会议总算成功地告一段落,政治民主化也有了一个各方都能接受的方案。民主的曙光终于穿透满天阴云,第一次出现在古老中国的上空。人们正翘首以待,有朝一日,一个真正民主的中国能够呱呱坠地,诞生在亚洲的东方。

二、倒行逆施和全面内战

对于1946年1月达成的停战协定和政协协议，中国共产党是决心严格遵守和执行的，但是国民党统治集团根本不愿意履行这些协议。除了诋毁政协协议之外，国民党特务还制造了"较场口惨案"，残害庆祝政协成功的民主人士和集会群众。随着国民党军队全面进攻中原解放区，内战全面爆发。面对蒋介石"三个月之内消灭共产党"的狂妄叫嚣，以毛泽东为首的中共中央，"战略上藐视，战术上重视"敌人，集中兵力打好运动战，给予了国民党军队以有力的反击。

1. 不祥之兆

局势的好转，不过是蒋介石的缓兵之计，无奈之举。阳光灿烂的日子没有持续多久，蒋介石幕后台前的一连串动作，逐一打破了人们的和平梦想。和平，以它短暂的历程实践着昙花一现的命运。

政协会议闭幕不久，对会议达成的协议，国民党表现出悔意，认为让步太大，吃亏太多，只是碍于签字不久，不好明确表示反对，但总在寻找机会发泄不满。于是，企盼和平、热烈庆祝政协会议达成协议的人们成为国民党发泄不满的对象。

2月2日，政治协商会议陪都各界协进会等19个团体发起举行"庆祝政协成功大会"，得到了有关团体的赞同。最后，由23个团体组成"陪都各界庆祝政治协商会议成功大会筹备会"。参加筹备会的各个团体经过反复

第一章
蒋介石要走独裁路

协商，一致决定庆祝大会于2月10日上午9时举行。庆祝政协成功大会的消息公布后，国民党反动派立即密谋策划，进行破坏。

陈立夫驰赴林园，向蒋介石报告。蒋介石藏奸不露，不置可否，陈立夫素知蒋介石对这类事情，若不否定，便是认可。

◎ "较场口惨案"中的遇难者

陈立夫亲自出马，约集重庆卫戍司令王缵绪、重庆国民党党部主任委员方治赓面授机宜。陈立夫的"指示"是在2月6日。2月7日下午7时，国民党重庆市党部主任委员方治赓召开由军、警、宪参加的"密会"，落实陈立夫的"指示"。方治赓在"密会"开始时，把要做的事说得很明白："确知中共组织的'庆祝政协成功大会'，将于2月10日在较场口广场举行，政协决议对我党不利，这个庆祝会明显是与我党对着干。中央指示，要将该会彻底破坏，到时相机行事。"

当时，定了几项破坏措施，策略是"民众斗民众"。成立一个由听命于国民党的所谓群众团体组成的"主席团"，与庆祝会对着干。你是群众团体，我也是，双方冲突起来，都是民间的事。应当承认，国民党的这一策略是十分狡猾的。会议经费由国民党中央支付，到时实报实销。国民党此时显得很大方。宪兵、警察要密切配合，按照"反共要反、治安要管"的原则做做样子，既然是群众团体的冲突，宪警不要明显地支持哪一方，到时少插手就是了，会上越乱越好。

"密会"在以上几点很快达成一致，较为棘手的是拼凑"主席团"，这些人既要有点名声，又要坚决反共。七拼八凑之后，他们搞出了一个有9人组成的所谓"主席团"，重庆市农会常务理事刘野樵毛遂自荐，当了"主席团"的执行主席。

刘野樵本来名不见经传。抗战时期，他弄来几个喜欢话剧的男女青年，组织过一个剧社，也没弄出什么名堂，后又办了《自由时报》，名为周刊，实际是一个不定期的黄色小报，骗到钱就出一期，有时一年半载不出刊，闲来没事，就泡茶馆。后来，刘野樵泡出了名堂，茶馆消息多，刘野樵成了国民党的"情报贩子"。他正愁没有机会向上爬，机会突然来了：国民党要破坏"陪都各界庆祝政协成功大会"。

刘野樵有两个"长处"：一不要脸，二不要命，是一个典型的混混。他决心在较场口问题上捞点政治资本。国民党方面为破坏较场口的庆祝会做好了精心准备。

2月10日上午，陪都各界庆祝政治协商会议成功大会如期举行。全市欢腾、人心振奋。远在一二百里以外的学生、许多住在乡下的教授学者和各界知名人士，头一天就赶到了城内。郭沫若偕同夫人、保姆，一家六人前往参加。参加大会的团体，带着各自的群众队伍，陆续进入会场，到会群众有一万余人。政协代表周恩来、沈钧儒、梁漱溟、罗隆基、章伯钧、张君劢、曾琦、陈启天、莫德惠、邵力子、李烛尘等十多位应邀莅会。人们情绪之高，会议规模之大，是当时罕有的。

大会规定9点半开始，8点刚过，政协代表和筹备会推定的大会主席团尚未到达，国民党特务打手七八百人，便抢先进入会场。以20多人为一组，分30多组，分布在主席台上下四周，还拉来一个未经大会聘请的军乐队坐在主席台上。刘野樵、吴人初、周德侯、庞仪山等人跑上主席台就气势汹汹地向筹备会工作人员索取"主席团"标志，霸占讲台。

当筹备会推定的总指挥李公朴一到，刘野樵就立即提出大会总主席问题。李公朴回答待主席团到齐后共同商量。刘野樵急不可耐，看到章乃器上台，又同其纠缠。正谈话间，刘野樵身旁窜出几个打手，对章乃器破口大骂，向其劈胸一拳。这时，他们布置在台上台下的特务打手，同声吆喝，喊叫："开会，开会！"刘野樵、吴人初、周德侯、庞仪山等趁势霸占了扩音器。李公朴、施复亮等出面劝解，同时与刘野樵磋商总主席的人选。章乃器提出筹备会推定的是李德全，市商会的周德侯即在扩音器上对台下声称："我们选占中国人口80%的农会代表刘野樵担任总主席"，接着就悍然宣布开会、奏乐、唱党歌、读总理遗嘱，叫刘野樵讲话。

李公朴、马寅初、章乃器等当即严词抗议，正站在台上的施复亮更是

第一章　蒋介石要走独裁路

忍无可忍，遂大声向台下宣布："请大会总指挥李公朴讲话。"李公朴刚走到台前，即被特务打手包围，拳打脚踢。

顿时台上台下，秩序大乱，暴徒流氓大打出手。

尽管许多与会群众竭力维持会场秩序，并同这些反动家伙展开积极斗争，但由于这些家伙蓄意制造事端，事先就准备了铁尺、砖头，恣意逞凶，到会群众当场负伤和失踪的就有60多人。国民党反动派一手制造了一场破坏政治协议、肆意践踏人民民主权利的大血案。

政协协议的达成是人们心目中的民主曙光，占有重要位置，国民党却反对人们庆祝协议行动，那么，国民党会落实它曾经同意的政协协议吗？曙光会不会逐渐黯淡下去？

在较场口血案以后，特务们又先后煽动不明真相的学生举行反苏反共游行、捣毁中共的《新华日报》馆和民盟的《民主报》等多起恶性事件。

开始，许多天真善良的人对国民党存有幻想，以为制造暴行的只是国民党内一部分顽固分子，国民党的最高当局和最高领袖毕竟还没有公开地反对停战协定，推翻政协决议。然而，无情的事实再次把人们的幻想打得粉碎。

按照政协的规定，参加政协会议的各个党派，应在政协会议结束后分别召开本党派的中央全会，批准政协决议，以确保决议得到不折不扣的执行。令人诧异的是，在国民党六届二中全会开幕的时候，蒋介石却在讲话中公开提出，对政协决议"应就其荦荦大端，妥筹补救"。此话虽然说得隐晦曲折，其意却十分明了：蒋介石是在号召对政协决议进行"修改"。

刚开始时，包括上述2月10日的讲话，蒋介石还只是在国民党内部会议上秘密地讲讲。现在，在国民党六届二中全会讲坛上，他已从后台转到前台，公开地呼吁"修改"政协决议了。

3月17日，国民党六届二中全会结束，闹剧也暂时收场。在蒋介石的亲自导演和顽固分子的巨大压力下，会议通过了一项"决议"，强调要对政协关于宪草问题的决议进行五点"修正"。

这是一个名为修正，实为全盘否定和推翻政协决议的决议。

两个内容完全对立的决议，一个是政协决议，一个是国民党六届二中全会的决议,却都是在同一个蒋介石的主持下通过的,岂不是咄咄怪事?国民党不但在自己的中央全会上践踏政协决议精神,而且正式向政协宪草审议会提出要求,修改政协决议。

1946年春,国民党六届二中全会成了国内时局恶化的一个转折点。其实,国民党如此倒行逆施,也并不奇怪。历史的记录早已表明,蒋介石从来就是一个不讲信义、翻手为云覆手为雨的独裁者。对他亲自主持的政协决议的破坏,不过是在他背信弃义的历史上新添了一个令人注目的例证而已。

尽管共产党和全国人民都在痛斥国民党顽固派不讲信义、食言而肥,蒋介石却充耳不闻。他此时不但下决心要推翻政协决议,而且还要彻底撕毁停战协定、整军协议,将和平与民主一起埋葬。

2. 吹响战斗的号角

进入6月份,天气热了。比天气更热的是中国内战的急剧升温。

在1946年6月底以前,国内虽然还没有全面内战,但毫无疑问,它已处在孕育过程之中。"关外大打,关内小打!"便是全面大战的暴风雨即将到来的先兆。

当蒋介石国民党在东北大打出手的时候,华北、华中的军事冲突也没有停止过。由于国共两党所追求的政治目标完全不同,又各自拥有相当数量的军队,因此,在政治获得满意的解决之前,大大小小的军事冲突,乃至全面战争实难避免。

从1946年3月开始,国民党政府和蒋介石就以自己的言行昭示世人,他们曾经举手通过的政协决议,并非他们真正希望达到的政治目标。也就是说,他们所需的并不是政治协商会议规定的民主联合政府,仍是他们多年来所全力维护的"一党专政"。他们在停战协定、政协决议上签字只不过是表面文章,缓兵之计而已。

中国共产党和毛泽东却坚持不折不扣地按政协决议办事,要建立民主的联合政府,认为只有建立这样的联合政府,才能确保共产党的政治地位,

第一章
蒋介石要走独裁路

才能真正维护共产党所代表的广大人民群众的利益。

双方的政治目标截然相反！蒋介石曾企图通过谈判使共产党让步，却没有达到目的。此计不成，他便决定凭借其优势的军事地位，以武力逼迫共产党就范。

◎ 进军东北的八路军

或者屈服，或者抵抗。除此以外，毛泽东领导下的共产党人没有别的道路可走。共产党人是不可屈服的，他们选择了"抵抗"。于是政治分歧导致军事冲突，局部战争导致全面内战。

到6月份，形势的恶化已难以挽回。6月21日，东北休战15天期满，谈判却毫无进展。这一天，蒋介石虽然宣布将休战期延长到6月30日，却又同时宣称，这是"为了再一次给予中国共产党一个机会"，并提出了新的条件，继续为谈判设置障碍。蒋介石最后通牒式的声明，把共产党对可能实现和平的最后希望扫除干净。

战争越来越近。

6月22日，周恩来电告延安：

"国方一切为了打，八天后整军方案也难得协议，故应在此八天内积极备战。"

同一天，毛泽东为中共中央起草了《关于全面破裂后作战方案的指示》。他毫不含糊地通告全党：

"蒋现延长休战至30日，7月初即将大打，我须速定战略方针，以利作战。"

延安不但对蒋介石决心大打的意图洞若观火，而且连对全面内战可能爆发的具体时间，也做了较为准确的预见。既然暴风雨即将来临，已经无法阻挡，共产党当然不能坐等蒋介石的随意安排。

充分准备，迎接挑战，力争战而胜之，这就是毛泽东的基本方针。

从1946年5月开始，各解放区都认真地贯彻了延安的指示，积极备战。当1946年夏天快要到来的时候，中国大地的上空，已是乌云翻滚，遮天蔽日。山雨欲来风满楼。一场特大的暴风雨即将席卷神州大地。

地处中国腹地的中原，自古便是兵争之地。对此，国民党方面的认识十分明了。他们认为，以中原为根据地的共产党军队，"可北出黄淮平原，以扰中原；南下武汉，以窥两湖；西进随枣，以控荆襄；并可切断我军平汉路中原之大动脉"。对此，蒋介石当然不能容忍。他把中原军区和中原解放区看成是眼中钉、肉中刺，必欲拔之而后快。

到了6月中旬，蒋介石确认围歼中原共产党军队的时机已到，一份密电终于从南京飞向郑州、飞向武汉。蒋介石向刘峙、程潜发出如下密令："应按既定计划，先速歼鄂中李先念部，便尔后主力作战之利。郑州刘峙在驻马店设指挥所，统一指挥下列各兵团：第5绥署孙震辖之第15、第41、第47及第174等各整编师，第6绥署之第66、第75、第72等各整编师，对鄂中'奸匪'实行进剿作战……担任攻击各部队统于6月22日前秘密完成包围形势，以准备实施攻击。各部在攻击行动中，应严防'奸匪'伺隙逃窜。"

蒋介石知道，在国民党8个整编师，22万重兵的围攻下，中原我军不会坐以待毙，势必奋力突围。他估计，我军如欲突围，必定往东，与苏北、苏中的新四军主力会合。为此，他又命令刘峙，另调7～8万大军，部署在安徽阜阳至舒城一线，准备堵击向东突围的中原我军，并与尾追的国民党军队一起，欲聚而歼之。这就是蒋介石的锦囊妙计，看起来十分周全。1941年围歼奉命北移的皖南新四军时，蒋介石就曾这样干过，并取得过成功。如今，他又想历史重演。

黑云压城城欲摧。

对于李先念及中原军区6万大军来说，形势确实严峻：兵力相差悬殊，在重兵包围之下，回旋余地又小，搞得不好，真有全军覆没的危险。不过，有着多年作战经验的中原军区指战员们并没有因环境险恶而惊慌失措，他们对必然到来的惊涛骇浪早有思想准备和应对措施。延安也曾多次提醒过他们："必须准备对付敌人袭击及突围作战。"

第一章
蒋介石要走独裁路

蒋介石的密令发出不久，中原军区的情报部门便对密令的内容了解得一清二楚。他们立刻意识到，暴风雨就要来了！

蒋介石和刘峙决定，7月1日正式向中原我军发起总攻。与此同时，中原军区部队突围的各项准备工作也在紧张地进行。6月24日，军区司令部命令主力各部，开始在解放区内秘密集结，神不知、鬼不觉地向预定的突围方向运动。为了迷惑敌人，李先念采取了声东击西的疑兵之计。他命令掩护主力突围的皮定均旅，从6月25日起故意在解放区的东北前沿阵地加固工事，并频繁地进行军事调动，夜间把部队拉到西边，白天又大模大样地向东开进，以造成主力向东突围的假象。

中原大地的上空，阴霾满天，电闪雷鸣，战幕即将拉开。

对垒的两军，近30万官兵，正枕戈待旦，准备迎接一场厮杀。

南京和延安，也从千里之外，密切地注视着中原。

6月26日早晨，在中原解放区的边缘地区，在信阳、罗山、光山、经扶等地，突然枪炮齐鸣。一发发炮弹呼啸着掠过长空，飞向我军阵地。国民党军进攻中原解放区的外围战正式打响了。几乎是在同一时刻，中原军区也向所属各部发出了立即开始突围的命令。

从6月27日离开宣化店起，到达陕南止，共一个月零一天，行程3000余里，敌人以近10万的兵力，前堵后追，左右包围，沿途日夜枪声不绝。我军共击破了敌人10次有计划的围堵截击。

李先念率领的北路主力到达陕南之后，8月下旬，另一部由王震率领，安全转移到陕甘宁边区。7月中旬，南路突围主力，在王树声的指挥下，突进到鄂西北地区，也完成了战略转移的任务。与此同时，为掩护主力西进，单独向东突围的皮定均旅5000余人，则先后飞越大别山中的松子关天险，穿过淮南公路和津浦铁路，到达苏皖边区，与新四军主力会师。至此，中原军区的突围取得了全面胜利，实现了毛泽东提出的"生存第一，胜利第一"的目标。

蒋介石要刘峙、胡宗南务必于7月20日前全歼中原我军的命令成了一张废纸。在全面内战开始以后的第一个回合中，他输了。蒋介石十分气恼，却并不气馁：中原之战毕竟只是第一个回合，出了点毛病无关大局。不管怎么样，他已下决心打下去，打到底，"不消灭共产党，誓不罢休！"弦上的箭既已发出，便不可能再收回。何况，蒋介石也根本没有收回的念头。

3. 一切反动派都是纸老虎

1946年，全面内战爆发之时，国共双方力量对比，国民党军事力量占绝对优势，这是一场力量悬殊的大战。

大战伊始，国民党方面的总兵力为430万人，其中正规军248个旅，约200万人，非正规军100万人，后方军事机关及部队100余万人。用于进攻解放区的兵力，正规军共达193个整编旅（师），约160万人。中国共产党方面，总兵力只有127万人，其中正规军只占一半，约61万人，国共双方的兵力为3.4∶1。

国民党在军事方面的优势还体现在武器装备的现代化上。抗战胜利后，国民党不但垄断了受降的权利，接收了将近100万日军的武器，而且得到了美国的大力帮助。在86个整编师中，有22个师为美械、半美械装备。1946年6月27日，美国国务院批准替国民党政府建立强大的空军。7月16日，美国国会正式通过了将271艘舰艇"赠送"给蒋介石的议案。8月30日，美国空军军官陈纳德在美国政府指示下，与蒋介石政府签订协定，设立"陈纳德空中运输公司"（即所谓民航大队），为蒋介石空运打内战的人员和军用物资。

而共产党军队只有步枪、手榴弹和少量的机枪、火炮。至于坦克、飞机、军舰等现代化的武器，只是后来才零星或成批地从国民党手中缴获过来，而最初却根本没有。

经济实力也相差很大。南京统治着全国3/4的地区和3亿以上的人口，几乎控制着所有的大中城市，拥有现代工业及雄厚的人力物力资源，还能在财政上得到美国政府的援助。

共产党领导的解放区，面积仅占全国的1/4，人口约为1.3亿，城市都是小的，经济主要是农业和手工业，基本上没有近代工业，解放区也还没

第一章
蒋介石要走独裁路

有连成一片，其中大部分地区的反动封建势力还没有肃清，土地改革进行得不普遍、不彻底，也得不到外援，一切靠自力更生。

那时，共产党人常说：我们只有"小米加步枪"，国民党有的是"飞机加大炮"。这种形象的夸张并不过分。在军事上和经济上，国民党都占据绝对优势。因此，在全面内战爆发的初期，国民党方面能在战略上采取攻势，掌握着战争的主动权，妄图一下子把解放军打得一蹶不振，全部占领解放区；共产党方面，却不得不进行战略防御，处于被动地位。

所以，蒋介石和国民党的许多高级将领们有恃无恐，自以为胜券在握，采取了全面进攻、速战速决的战略方针——动用193个旅，160万人，占其全部正规军80%的兵力，力争在3～6个月内，消灭关内的共产党军队，然后再抽出兵力解决东北的共产党军队"残余"。

10月18日，蒋介石在南京召开的秘密军事会议上，宣布"五个月之内打垮中共军"。白崇禧发言，认为必须实行蒋介石在江西"剿共"的战术，"三分军事，七分政治"。同一时期，国民党军政部长陈诚在北平召开的另一次军事会议上，重复宣称"三个月至多五个月完成以军事解决问题"。在记者招待会上，有记者问：

"如果打起来，总长认为要多长时间才能解决？"

"三个月。"陈诚十分爽快地答道。

看来，国民党将领们确实在"发烧"，并且烧得体温颇高。

在此之前，国民党也确实进行了"苦练内功"。以蒋介石、宋子文、孔祥熙、陈立夫、陈果夫兄弟为首的四大家族，继续加紧对人民的掠夺，以迅速集中全国的财力物力，为他们发动内战做准备。

虽然，这种种做法破坏了国民经济，造成了全面的危机，但是，国民党毕竟掌握了战争的重要一环。有暂时相对强大的经济基础做后盾，国民党才会叫嚣：三个月解决共产党。

虽然蒋介石气势汹汹，倾其全力进攻解放区，解放区大有乌云压城城欲摧之势。但是，以毛泽东为首的中国共产党中央毫不畏惧，依然谈笑风生。就在那荒凉、闭塞的黄土高原上，在那黄土高坡上的窑洞里，在中国偏远的一隅，毛泽东决胜千里，以一个伟大的革命家的胸怀和气魄，断定蒋介石仅是一只"纸老虎"!

在国共军事力量悬殊之下,有些人被一时的表面现象所吓倒。一小撮惯于投机取巧的政客们,如曾琦、张君劢之流,迅速投奔到反动阵营去了。在人民中间,有一些人对战争的前途也抱有怀疑和忧虑,看不出敌人即将灭亡,人民即将胜利的实质,产生了一种悲观情绪和畏惧心理。动摇于国民党和共产党之间的"第三种势力"的右翼,要求在敌人进攻面前退让,反对以革命战争来消灭反革命,特别害怕惹起美国大量出兵干涉,使用原子弹而爆发第三次世界大战。在革命队伍内部,也有些人受了资产阶级的影响,屈服于敌人的压力,表现得软弱无能,不敢拿起武器进行革命战争。在此关系中国命运的大问题的紧要时刻,中国共产党和毛泽东向全国人民指出:蒋介石必定被打败,也一定能够打败。黑暗即将过去,曙光即在前头。

1946年8月,蒋介石的百万大军正在关内的各个战场上向人民解放军凶猛进攻,而在陕北延安的一处窑洞外,在一棵苹果树下的平坦土台上,毛泽东正在与来访的美国女记者安娜·路易斯·斯特朗谈笑风生。斯特朗后来在《中国人征服中国》一书中对这次谈话做了详尽的描述。

斯特朗写道,在谈到从蒋军手中缴获的美国武器时,他称之为"输血","由美国输给蒋介石,又由蒋介石输给我们。"在谈到"美国帝国主义"时,他说:"它现在孤单得很。那么多朋友都死的死,病的病。连盘尼西林也救不了他们的命。"在谈到"反动统治者"时,他说:"他们是纸老虎。看起来可怕,一场雨就完了。"

斯特朗回忆说,当毛泽东用了"纸老虎"这个词时,看起来很高兴:他停下来看看我是否领会了它的确切含义。陆定一开始把它译成scarecrow(稻草人)。毛泽东叫他停下来,要我解释"scarecrow"是什么意思。然后他说不要用这个词。他说纸老虎不是呆立在地里的,它不是赶鸟而是吓唬小孩的。它的样子像一头凶猛的野兽,但实际上是纸糊的,一沾水就软了。

在这场谈话的末尾,他们又谈到正在进行的战争。斯特朗十分关心,问共产党能否在这场战争中取胜。毛泽东没预言何时能取得胜利,他只是以无比坚定的语气告诉斯特朗:

第一章
蒋介石要走独裁路

"我们已打了二十年。如果需要的话，还可以再打二十年。"

"在我们中国这里，共产党只有小米加步枪。但是我们的小米加步枪最后证明比蒋介石的飞机、大炮还要厉害。"

毛泽东把蒋介石比作纸老虎，并不含有轻敌的意思。

在长期的革命生涯中，毛泽东一贯主张，在战略上要藐视敌人，在战术上要重视敌人。如今，面对着国民党发起的全面进攻，他也是这样做的。

1946年7月20日，中共中央发出了《以自卫战争粉碎蒋介石的进攻》的指示，指出了人民解放军采取的具体方针。

首先，在军事上，"战胜蒋介石的作战方法，一般地是运动战"。这时，战争的性质已经由抗日战争转变为国内战争。这是一个新时期，是我国武装的革命和武装的反革命决战时期，人民解放军力量空前壮大，已有充分条件大量歼灭敌人，并已获得高度的正规性，游击性大大减少，运动战也由低级阶段发展到高级阶段。因此，必须改变抗日战争时期"以分散兵力打游击战为主，以集中兵力打运动战为辅"的方法。实行集中兵力各个歼敌，打运动战为主的作战方法，最中心的要求是"以歼灭敌军有生力量为主要目标，不以保守或夺取地方为主要目标"。"因此，若干地方、若干城市的暂时放弃，不但是不可避免的，而且是必要的。暂时放弃若干地方、若干城市，是为了取得最后胜利，否则就不能取得最后胜利"。其次，在政治上，"必须和人民群众亲密合作，必须争取一切可以争取的人"。在经济上，必须做持久打算，努力发展生产，节省人力物力，减轻人民负担。总之，一切依靠自力更生。

要打败蒋介石的进攻，仅仅把蒋介石看作纸老虎，在战略上藐视他，这是不够的，还必须精心地指导战争，制定出正确的战略战术乃至符合实际情况的作战计划。

除制定作战计划外，毛泽东考虑的最多的，则是为中共军队规定正确的作战方法和作战原则。9月16日，毛泽东总结了各个战场初战的经验教训，又为中共中央军委起草了题为《集中优势兵力，各个歼灭敌人》的指示，对集中兵力歼敌这一重要原则和方法做了全面的阐述。他在文章的开头就说：

"集中优势兵力、各个歼灭敌人的作战方法,不但必须应用于战役的部署方面,而且必须应用于战术的部署方面。"毛泽东提出并反复强调的这些作战原则和方法,成为军队克敌制胜的重要法宝。

有人民的支持,有正确的战略要求,国民党蒋介石怎么会不变成纸老虎呢?!

三、伪国民大会和国共合作破裂

在集中军事力量向解放区发动全面进攻的同时，国民党统治集团还加紧采取措施破坏和平谈判和破裂国共关系。在撕毁停战协定和政协协议、发动全面内战之后，国民党没有立即宣布停止同中共代表的谈判，而是企图利用谈判来掩饰其军事进攻，并在谈判中提出种种严苛条件，迫使中共终止谈判，以便把分裂和内战的责任都推给中共。与此同时，国民党不顾中共方面的再三警告，占领张家口，使得国共关系完全破裂。之后，在政府未经改组，各党派联合政府未经成立的情况下，国民党单方面宣布召开国民大会，其实质即坚持一党专政的独裁统治，中国共产党和各民主党派、各人民团体强烈反对。一党包办的"制宪国大"的闹剧在无人捧场的尴尬中上演，这一切使得广大人民逐渐看清了国民党的真面目。

1. 一党包办的"制宪国大"

1946年5月，国民政府自重庆还都南京，6月26日，国民党军队大举围攻中原解放区，全面内战爆发。7月3日，国民党国防最高委员会会议决定召开伪国民大会。

1946年10月11日，国民党军队进占了解放区政治军事中心之一的张家口，蒋介石被暂时的军事"胜利"冲昏了头脑，遂于当天颁发所谓"国民大会召集令"。

国民党实行的一党专政、以党治国的理论，源于1924年4月12日孙中山公布的国民政府《建国大纲》中规定的军政、训政、宪政建国三个时期的主张。所谓军政时期即以党建军，夺取政权；所谓训政时期，即以党治国；所谓宪政时期，即还政于民。但这一思想，一直被蒋介石加以曲解和利用。

1928年6月，国民党军队占领北京、天津后，即于7月宣告军政时期结束，训政时期开始。10月3日，国民党中央常务委员会议决通过《中国国民党训政纲领》和《中华民国国民政府组织法》。规定由国民党中央选举政府委员、主席、五院院长。1929年6月15日，国民党三届二中全会通过"规定训政时期五年"，

◎ 1946年南京，制宪国大现场，蒋介石发言

到1935年结束。1931年3月2日，国民党中常会通过蒋介石提出的《训政时期法案》。5月12日，国民会议通过《中华民国训政时期约法》，共8章89条，6月1日正式公布实行。该《约法》完全是《训政纲领》的翻版和具体化。6月14日，国民党三届五中全会又修正公布了《中华民国国民政府组织法》，选举蒋介石为国民政府主席。此后，《国民政府组织法》先后做过11次修改，每次修改的目的都是为了提高和加强蒋介石的独裁统治，使蒋介石在党政、军权诸方面，都担任最高职务，掌握实权，集党、政、军大权于一身。

1932年12月，国民党召开四届三中全会，通过《集中国力挽救危亡案》，开始进行所谓"制宪"，并决定1935年3月召开"国民大会"。此后，历时三年，七易其稿，于1935年12月4日，国民党五届一中全会决定1936年5月5日宣布《宪法草案》，11月12日召开"国民大会"。1936年5月5日，国民政府明令公布《中华民国宪法草案》（即《五五宪草》），共8章148条。

第一章
蒋介石要走独裁路

所谓《五五宪草》，其最大特点，就是用根本大法的形式，对国民党一党专政和蒋介石个人独裁加以肯定，它规定总统有至高无上的权力，完全是总统独裁的宪法。从此，《五五宪草》和召开"国民大会"问题就成为尔后中国民主政治史上长期斗争的问题，这就是"国大"问题的由来。

国民党的"制宪国大"，原定于1936年11月12日召开，由于国民党内部争权夺利，矛盾重重，国大代表迟迟不能如期选出，加上《五五宪草》遭到人民强烈反对，所以，1936年7月，国民党五届二中全会决定"国大"延至1937年11月12日召开。

1937年夏，因卢沟桥事变爆发，再度延期。由于国民党的"训政"已经招致了严重的民族危机，日本帝国主义入侵中国，人民强烈要求民主、结束国民党一党专政、实行宪政的呼声越来越高，所以国民党在抗战期间，也一再声言召开"国大"、"还政于民"。1943年9月12日，国民党五届十一中全会决定"战后一年内召开国民大会，颁布宪法"。战后，1946年1月，政治协商会议在重庆举行。7月3日，国民党国防最高委员会决定于本年11月12日召开国民大会。

但是，蒋介石集团绝不会真正"结束训政"，成立民主联合政府，而是企图召开一个由国民党一手包办的"国大"，通过一部蒋介石独裁的宪法，使其卖国、独裁、内战合法化。毛泽东把国民党蒋介石的这一企图，称之为"准备把一条绳索套在自己的脖子上，并且让它永远也解不开"，"他们的原意是想把所谓'国民大会'当作法宝祭起来，一则抵制联合政府，二则维持独裁统治，三则准备内战理由"。

抗战胜利后，国民党在国内外民主势力的压力下，不得不做出准备"结束一党专政，实行民主政治"的姿态，决定召开国民大会。

中国共产党为了尽早实现和平，使国民大会得以召开，在国共谈判过程中，对此作了让步，承认在抗战前产生的旧国大代表1200名中950多名代表的资格，但坚持其任务仅限于制定宪法，制宪后国大代表即须另行选举。同时协定，此次大会须由国民党聘请相当数量的各党各派人士充任国大代表，作为代表性人数不够的补救，总计国民大会代表2050名。

1946年1月，旧政治协商会议做出的决议，更强调国民大会必须在停止内战，修正宪草，实现和平建国纲领后，由改组后的政府负责召集。各方初步协议国大召开日期暂定在当年的5月5日。

后来，由于种种原因，上述议定的先决条件一时无法实现，乃由蒋介石征询政协小组同意，由国民政府宣布延期召开。但到6月底，全面内战爆发。7月3日，国民党即在国防最高委员会会议上单方面擅自决定将于11月12日召开国大，并在7月4日由国民政府明令公布。

中国共产党及各界民主人士闻讯义愤万分，纷纷表示反对。周恩来当即向国民党提出书面抗议。民盟也表态反对："当局如此独行其是，以将政协各党派平等协商国是之精神摧毁殆尽。"

10月11日中午，蒋介石又说虽然已经声明在11月12日如期召开国民大会，不过他还没有发出正式通知，还可以谈判。但到当天下午2点，当国民党军占领张家口的消息电达之后，蒋介石的态度马上就变得强硬起来，立即召集高级干部开会，当晚正式发布了11月12日召开伪国大的命令。国民党中央宣传部部长张道藩还发表了一席谈话，要各党派迅速提交国大代表名单。

共产党对此坚决抵制。11月初，中共驻南京代表团再次指出"国民党单独召开国大，违反政协精神"。

梁漱溟的折中方案流产后，实际上已标志着第三方面调解的失败。第三方面的许多代表感到和谈已彻底无望，便纷纷准备动身离开南京。

但蒋介石却不让第三方面轻易脱身，他把第三方面骗到南京，本来就是一箭双雕，他看到对中共的"和平攻势"没有取得预期效果，就把工作的重点转到第三方面身上。蒋介石企图把整个第三方面，至少把部分党派人士骗进国大和政府为他的一党专政做掩饰。事实上，第三方面也确有一些政客心怀鬼胎，准备投入国民党政府的怀抱。

部分第三方面代表虽然被迫留在南京，但毕竟力竭技穷，再也拿不出什么方案，只好建议国共双方直接商谈。

10月29日晚，国共两党和第三方面的代表在孙科家里举行了一次非正式会谈。孙科提出先从改组政府入手，逐一地解决问题。周恩来则主张，首先应延期召开国大，否则什么问题都难以解决。孙科知道蒋介石不会同

第一章
蒋介石要走独裁路

意国大延期，不敢正面答复周恩来的要求，会晤遂无结果而散。

时间一天天地过去，离国民党宣布的国大开幕日期越来越近了。为了给国大的召开制造一点"和平"空气，11月8日蒋介石突然决定颁布"停战令"，并要求中共派代表参加三人小组会议。

这又是蒋介石的一个新花招，其目的是企图把反对停战、破坏和谈的罪责推给共产党。

周恩来马上做出反应。他表示同意参加非正式的三人小组会议，但同时又郑重声明，国民党如有和平诚意，就必须停开一党包办的国大，并从解放区撤退军队，否则，中共代表团将撤回延安，国民党政府必须承担破坏和谈的责任。

蒋介石当然不会答应。结果，非正式的政协综合小组和非正式的三人小组会议虽然分别在11月10日和11日各举行了一次，但没起到任何作用。

与此同时，为了孤立共产党，蒋介石不惜以高官厚禄拉拢、诱迫第三方面势力。11月11日下午，蒋介石假惺惺地宣布，应第三方面要求，国大延期三天召开。他想多拉几个第三方面的人参加国大，结果，只有以曾琦为首，在政协时期即从中国民主同盟中分裂出去的青年党，表示愿意参加国民大会。另有以张君劢为首，新从民盟分化出来的一小群落魄政客所组织的民社党，在几经犹豫、观望后也交出了出席会议的代表名单。少数"社会贤达"如王云五、傅斯年等也表示参加。

但更多的民主党派、社会名流拒绝出席。作为第三方面中坚力量的民盟始终同中共站在一起，拒绝参加违背政协决议的伪国大。许多无党派人士，甚至国民党内的民主分子，也纷纷拒绝国民党的利诱，拒绝参加国大。就连1937年选出的那批旧代表也有不少人谢绝出席。其时中外舆论对国民党的一党国大颇多"微词"，国内进步舆论界更把参加国大与否，作为对于一切政治派别或个人的检验，参加者均被视为"落水"或"堕入妓院的火坑"。不少参加者为补救其已出卖的政治节操，逃避后世史家的鞭挞，也纷纷向社会表明其"苦衷"。

2. 彻头彻尾的一场闹剧

11月15日上午，国民党拉着青年、民社两个小党，总共1381名代表，在南京单独召开了伪国大。这个一党包办的所谓国民大会的揭幕，实际上宣告了抗战结束以来长达15个月的国共和谈从此结束。

蒋介石之所以如此公然地片面撕毁政协决议，不顾中共和其他民主党派的强烈反对，单独召开国大，自有他的一番用心。

◎ 1947年1月，蒋介石签署《中华民国宪法》

一方面，蒋介石是为了敷衍国人。蒋介石曾不止一次地许诺要"实行宪政"，他必须想办法兑现这个诺言，以维持他的国民政府的信誉和权威，为他的国民政府制定一个法律依据，同时拉拢和分化民主同盟，孤立共产党。

另一方面，蒋介石是为了敷衍外国人，特别是美国人。美国人虽然支持他，但也在批评他，批评他的政府腐败、专制和独裁，蒋介石想堵美国人的嘴。

蒋介石在开幕词中，宣称此次会议是"中国进入民主宪政时期的开端"，将"制定一部完善可行的宪法，奠立民主法制的始基"，"以立民国百年不拔的根基"。

所以，这次"国民大会"的中心任务是制定一部《中华民国宪法》，因此被称为"制宪国大"。由于国民党的包办，中共及许多真正民主派未曾出席，这次大会没有能够反映举国反对独裁、要求民主的呼声。但是，一些民主个人主义者，以及一些有一定民主要求的人士，仍然用各种形式曲折地表现了反对独裁、廉洁政治的要求，加上国民党内各派系、各集团之间的争斗，会议充满了争吵。讨论宪法时，演出了许多闹剧。

第一章
蒋介石要走独裁路

按规定，宪法讨论要经过三读通过。12月21日下午，大会进行二读讨论会时，代表们因不满CC系的包办，纷纷在底下喊"散会！"在24日下午的大会上，当复议现任官吏能否当选国大代表时，更是嘘声不断。青年党首脑、参加国民党政府担任经济部长的陈启天发言，表示做官的应可以当国大代表，国大代表也可以做官，代表中马上有人高声喊："可以做官，你做好了！"陈启元接着说希望代表考虑考虑，代表们高呼："不要考虑了！"当三青团代表胡庶天发言重弹陈调时，台下马上就有代表高声斥骂"胡说八道"，报以哄堂大笑。最后，在25日下午三读会上，连蒋介石的发言也遭到了代表的嘘声，搞得蒋介石恼羞成怒，厉声喝问："是谁嘘的？嘘的人请站出来！"

整个会议的气氛就这样闹闹哄哄，也真够"民主"的。

蒋介石悍然单独召开伪国大，彻底关闭了"和谈"大门，使抗战胜利后中共与国民党的"和谈"最终画上了句号。

11月16日，即"国大"开幕后的第二天，周恩来通知马歇尔，他将返回延安。他对马歇尔说："和谈大门虽然已被国民党关闭，但中共仍将在南京、北平、上海等地留下部分人员，便于今后一旦谈判时有人出面联络。"他还告诉马歇尔，董必武将留在南京。

马歇尔虽然感到十分遗憾，但他知道既然"国大"已开，他已没有挽留周恩来的理由。他只是表示，美方愿意为中共人员返回延安提供飞机。

为了申明共产党的态度、立场，揭露国民党破坏和谈的真相，11月16日下午，周恩来又在梅园新村举行了告别性的中外记者招待会。

周恩来首先散发了严厉谴责国民党破坏和谈、违背民意的书面声明，声明严正指出：

"这一国民大会是国民党一党政府违背政协决议和全国民意而召开的，中国共产党坚决反对。在以往十个月内，国民党彻底破坏了1月10日停战协定所确认的现状，通过国民党特务的行为完全撕毁了政治协商会议期间政府许下的四项诺言，并且违反了政协关于地方政府的决议。而共产党方面，在上月南京谈判期间，一直要求停开国大，以便同时召开三人小组会议、政协综合小组和宪草审议委员会会议，在1月10日停战协定、整军方案和政协决议的基础上，分别解决当前各种军事和政治问题，然而，遭到了政府当局的拒绝。中国共产党拒绝承认这一国大，和谈的大门现在已经被国民党当局一手关闭。"

接着周恩来开始回答中外记者的提问。"周先生认为现在已无可再谈了吗？"有记者问。

"是的。一党国大的召开，已把政协决议破坏无遗，政协以来的和谈大门已被最后关闭。"周恩来平静而又肯定地回答道。

"周先生何日回延安？何人同行？"

"两三天内。为政协而来的代表团将同行。但京沪两办事处，仍将保留，由董必武及钱之光两同志主持。"

"周先生何时回京？"

"现在还没有想到这个问题，不过我相信，总有一天。"周恩来的语气仍然十分肯定。

记者们特别关心战场形势。一个记者问道："延安附近地区的军事状况如何？"

周恩来指着地图告诉记者们，国民党政府已在延安附近集结了大批兵力，有可能先对延安做试探性进攻，不久之后，将大举进犯。他还指着地图上代表解放区边界的蓝线说：

"我们一直是在自己区域内实行自卫。但假如政府继续进攻，特别是进攻中共和解放区的中心延安，那就逼得我们从蓝线里打出来，那就是全国变动的局面。"

"假如国大通过对中共下讨伐令，中共将何以自处？"记者们继续问道。

周恩来微微一笑，坦然回答说："那又有什么不同呢？早就在打了。抗战前十年内战，抗战中八年摩擦，胜利后一年纠纷，都经历过了。再打二十年还是如此。我们还是要为人民服务的。只要不背叛人民，依靠人民，我们在中国的土地上一定会有出路的。"说到这里，他将目光转向提问者，继续说："假如你是替我们担心的话，我可以告诉你，不要紧的。"会场上所有的人听了都笑了起来。

又有记者问："假如国际干涉，中共采取什么态度？"

第一章
蒋介石要走独裁路

"如果是武装干涉，不论来自何方，我们一概反对。如果善意调解，我们都愿考虑。"周恩来的回答仍是不卑不亢，义正词严。

记者们知道，这是周恩来在国民党统治区的最后一次招待会了，因此提的问题特别多，一个接着一个。周恩来也始终耐心予以解答。招待会结束了，很多记者不愿离去，纷纷请周恩来签名题字。周恩来满足了他们的要求，他写道："为真民主真和平而奋斗到底！"

11月19日，周恩来率中共代表团一行十余人，乘坐马歇尔提供的美军专机，辞别南京，飞回延安。

周恩来走了，对国共一年来的谈判，特别是对1946年下半年以来的和谈，他在事后总结说：

"七月以来的谈判的本身不会有什么结果，但马歇尔、蒋介石还在欺骗。假如那时我们不谈就会孤立，因为人民不了解，我们只有在'国大'开了之后才能走，一定要在第三个阶段结束后才能走，这样才能完成教育人民的一课。"

12月25日，制宪国大通过《中华民国宪法》，决定于1947年元旦公布宪法。

《中华民国宪法》全文共14章175条。这部伪宪法，完全违背了政协决议精神，虽然表面上不得不塞进一些民主的词句，但实质上是1936年《五五宪草》的翻版，是一部独裁的宪法。它在表面上规定了人民享有民主自由的权利，但是实际上取消了对人民民主自由权利的保障；它违背了政协决议的联合政府责任内阁制的原则，实质上恢复了《五五宪草》的总统独裁制；它违背了政协决议中央与地方"采均权主义"、"省长民选"、"省得制定省宪"的原则，却规定《省宪自治通则》，"由中央立法并执行之，再交由省县执行之"，实际上坚持中央集权制。总之，这部宪法的特点是：人民无权，政府有权；地方无权，中央有权；立法无权，总统有权。对此，中共中央发言人指出：蒋介石"召开非法'国大'，彻底推翻政协路线"，"又通过什么'民主宪法'，这只是更加自绝于人民"。"蒋介石反动集团独裁不取消，不论有无宪法，不论宪法字面上怎样，人民总之休想得到民主，这已是中国人民的常识"。中国人民"绝不承认蒋记伪宪"。12月31日，民主建国会、民主促进会、九三学社等11个人民团体，也发表联合声明，坚决反对和否认国民党的一党宪法。

3. 国共合作落下帷幕

蒋介石军事进攻的同时，并未放弃政治欺骗。1947年年初，蒋介石在全面进攻没有捞到"便宜"的情况下，"放下架子"，再一次让司徒雷登出面，请共产党人到南京或国民党政府派代表团到延安谈判。这一次中共方面反应冷淡，提出废除伪宪法和恢复政协开始前双方的态

◎ 国民党军队占领延安后蒋介石到延安

势。这一下蒋介石不干了，他下令驱逐中共代表团和留渝中共人员回延安。国共双方对话渠道完全堵塞，自抗战以来的合作局面结束。

全面进攻并未达到如期效果，战场上得不到的东西，蒋介石又企图从谈判桌上得到。马歇尔离开没几天，蒋介石把张治中请到了黄浦路官邸。

张治中突然被召见，他预感到应该是有关与共产党方面的关系问题。果然不错，蒋介石提出："现在大家都希望你再到延安去一趟，怎么样？"

张治中知道，由于国民党奉行武力政策，和谈之路已不通，另一个"重庆谈判"的可能性微乎其微，因此，在思想上、情绪上，他都很消极。不过，他是非常希望恢复和谈的，不管前景如何，他觉得都应该去试一试。

原来就在马歇尔离开中国的第二天，蒋介石便授意国民党中宣部声明：政府愿同中共重开谈判，讨论一个"停止冲突和改组政府的全面计划"。与此同时，他又让当时担任立法院长的孙科出面发表一项声明，呼吁包括中

第一章
蒋介石要走独裁路

共在内的各党派举行一次"圆桌会议",以解决彼此间存在的分歧。

就这样,新的和平攻势紧锣密鼓地开始了。在前台表演的是国民党中宣部部长彭学沛和立法院长孙科,在后台导演的则是蒋介石本人。

共产党的反应十分冷淡。延安没有立即发表公开评论,仅由中共驻南京代表团的发言人出面表态:除非国民党政府接受中共两点要求,否则就没有什么可谈。在这种情况下,蒋介石一面召见张治中,要他准备去延安,一面请求美国驻华大使司徒雷登帮忙。

1947年1月15日,蒋介石在会见司徒雷登时,正式请求他与中共留驻南京的代表接触,询问延安是否愿意邀请一个政府代表团去访问,商讨和平统一大计。

1月16日,根据蒋介石的要求,司徒雷登向中共驻南京代表团正式转达了蒋介石的询问。司徒雷登同时声明,他的作用仅仅是充当传达意见的中介,而不是直接的参加者。美国大使的这一表白,说明美国人不再和过去一样充当调解人。

1月18日,中共代表拜会司徒雷登大使,向他递交了延安对国民党询问的正式答复,答复简要而又明确:

如果答应原先提出的两项条件,和谈即可在南京恢复,否则,派代表团前往延安也无济于事。两项条件是:军队配置如1946年1月13日的状态;废除国民大会制定的宪法。

这对蒋介石的和谈骗局无疑是致命一击。特别是共产党提出的两项条件,仿佛照妖镜一般,使蒋介石的假和平原形毕露。假如蒋介石诚意要和,他就应当执行停战协定和政协决议,接受共产党的两项条件。否则,他的所谓重开和谈的建议只能是骗人的把戏。二者必居其一,任何人都休想混淆视听,以假充真。

蒋介石绝对不可能接受共产党的两项条件。因为对他来说,一旦接受这两项条件,就意味着他费尽心机从共产党和解放区军民手中抢占到的果实将付诸东流。蒋介石无论如何是不会这样干的。

但是,让骗局草草收场,蒋介石又不甘心,于是,1月20日,他又指示彭学沛以国民党中央宣传部的名义发表声明,为他的和谈骗局辩护,并

再次发出呼吁。

这个声明除了大耍颠倒黑白的惯技,把国民党扮成"和平的天使",把共产党说成是"反对和平的罪人"外,便是公开地拒绝共产党的两项条件,并为此进行狡辩。

为了给蒋介石和谈骗局以最后的一击,6天之后,延安亦以中共中央宣传部部长陆定一的名义发表了一个声明。

陆定一在1月26日的声明中,一开头先对国民党中宣部的声明做了评论,他说:"国民党中央宣传部声明的全部内容,是拒绝中共恢复和谈的两个条件,即拒绝取消蒋介石伪宪与恢复去年一月十三日军事位置,而提出所谓'和平方案'四条。""就蒋介石这一行动本身来看,就知道所谓'和谈',完全是欺骗。"

接着,陆定一针对国民党为拒绝中共两项条件而提出的歪理,毫不含糊地予以批驳。他指出:"取消蒋介石伪宪法和恢复一月十三日军事位置,是必须做到与完全做得到的。蒋介石既然能够以强迫和欺骗种种办法,把他的兵力百分之九十调来进攻解放区,有何理由不能在和平的需要之下,把这些军队调回原防。"

陆定一又说:"蒋介石擅自召开的'国大',不论中外,绝大多数舆论,都一致唾骂。中共和各方民主人士,老早就忠告蒋介石不要开什么一党非法的分裂的'国大',蒋介石偏偏不听。蒋记'国大'开幕之后,我们又忠告他,叫他解散,他又不听。蒋介石这样横行无忌,中国人民绝对不能容许,中国人民及真正民主人士绝对不承认这个非法的分裂的'国大'为有效的。"

为了揭穿国民党的谎言,陆定一还责问国民党:"蒋介石的伪宪,其草案几时由政治协商会议最后审查过?其中的主要原则问题,如人民权利,少数民族自治,立法与行政的关系,地方均权等,哪里符合'政协决议原则'?"

陆定一最后说:"我们不要民族独立、国内和平与民主自由则已,如果还要独立、和平、民主,则一定要蒋介石实现取消伪宪与恢复去年一月十三日军事位置两条,不达目的决不能休止,一切欺骗都是无用的。现在蒋介石既然拒绝这两条,悍然提出欺骗的'和平方案'来对抗,则一切后果,当然由蒋介石负责。"

第一章
蒋介石要走独裁路

陆定一的这个声明，就像一把利剑，把蒋介石辛辛苦苦策划起来的"和谈"骗局，捅了个底朝天；又像一枚重磅炸弹，把蒋介石费了九牛二虎之力，好不容易发动起来的"和平攻势"，一下子炸飞了。

蒋介石见和平骗局又遭破产，决意彻底破裂与中共的关系，一心一意放手打仗。于是，和谈之门被关死了，共产党驻南京、上海、重庆的机关和人员，被驱赶限期撤回延安。

共产党驻国统区的代表团，在周恩来返回延安后，由董必武、吴玉章领导，遵照党中央的指示，"坚持不撤，非赶不走"。这样，一可在蒋管区公开宣传我党争取和平、民主、团结的一贯主张，揭露蒋家王朝决心内战的罪行，团结更多的群众；二可进一步暴露蒋介石破坏和平的真面目，如果他公开赶中共代表团，他就要负关死和平谈判大门的责任。

2月底，国民党在做好重点进攻延安的准备后，蛮横地通知中共代表团全部撤离，并声称"以后如发现中共党员，即作为匪徒间谍治罪"。他们开始以口头通知，遭我代表团严词拒绝，后来他们发出了书面通知，中共代表团就抓住其文字凭证并公之于中外记者。

中共代表只好从各地收拾行装回延安。

此前，2月21日，国民党还迫使中共北平军事调处执行部的代表叶剑英等撤回延安。同时，还强行封闭了中国共产党在国统区出版的唯一报纸《新华日报》。

对这一情况，共产党解放区报纸做了如下证实：

晋冀鲁豫《人民日报》2月21日讯：

"军调部我方最后一批人员薛子正、徐冰、黄华等人，由叶剑英率领，在美方人员马丁上校的陪同下从北平回到延安……"

《解放日报》3月7日讯：

"中共留京沪工作人员董必武、华岗、潘梓年、王炳南、梅益、陈家康等74人及留渝部分同志，乘飞机撤退回延安……"

《解放日报》3月9日讯：

"被迫撤走的中共留渝工作人员吴玉章、张友渔、何其芳等一行乘飞机返回延安……"

建国大业

1936年西安事变发生后，中国共产党以民族利益为重，多方奔走，从中斡旋，迫使蒋介石停止内战，一致抗日，从而促进了国共合作。自此，共产党人便不遗余力地抗日救国，为统一战线而努力。这些和平的使者们，长期战斗在国统区，为和平、统一、民主而委曲求全，殚精竭虑，还常常遭到国民党特务的跟踪、盯梢、逮捕和暗杀。今日，蒋介石竟将破坏和谈的罪名强加于他们，并且公然明令驱赶。

中共代表团离开南京那天，在南京的各民主党派负责人、友好人士、新闻记者都赶往机场送行。在机场，董必武发表了书面讲话：

"必武等今日被迫离此，愤慨莫名。十年来，从未断绝之国共联系，今已为国民党好战分子一手割断矣！彼党此一举动，显然企图配合政府之改组，俾求得美国政府公开的大量援助，借以鼓励前方颓落之士气，镇定后方动摇之人心，似亦认为不妨一试。内战显将继续，人民之灾祸必将更大更深。然而此种以千百万人性命之赌注之极大冒险，因其违反全体爱好和平人民之愿望，终必失败无疑，好战分子行将自食恶果，彼等中外友人亦将后悔莫及。目前虽战祸蔓延，我们中共党员仍将一本初衷，竭力为和平民主奋斗到底。当此握别之际，必武等愿以此与全国一切爱好和平民主人士共勉。"

就这样，蒋介石以一纸驱逐令和进攻延安的隆隆炮声，宣告中国国民党与中国共产党彻底决裂，至此，国共之间的第二次合作宣告彻底完结。

第二章
共产党人另起炉灶

一、加强解放区建设

在解放战争的第一年里，人民解放军之所以能够以劣势装备战胜拥有优良美式装备的国民党军队的猛力进攻，除了有中共中央、中央军委的正确领导和广大指战员的浴血奋战外，还依赖于人民群众的支持和阶级基础的巩固，这都离不开中国共产党在严苛的战争环境中也不忘加强解放区建设，组织和依靠解放区人民群众在人力、物力、财力等各个方面对前线的无私奉献和支援，使解放战争成为有广大人民群众参与的人民战争。

1. 挖掉千年穷根

抗战胜利后，农民对土地的要求异常迫切。1946年3月，中共中央及时听取了黎玉、邓子恢、薄一波等来自群众运动第一线的领导干部报告农民斗争的情况和各阶层的反映。4月，任弼时受党中央的委托，在延安召集各解放区负责人开会，讨论研究解放区的土地问题和财政、金融、贸易等问题。与会人员一致反映，解放区广大农民在反奸诉苦斗争中，已经开始从地主手中取得土地。根据这些情况，中共中央对解放区的土地问题进行了认真的讨论。毛泽东、刘少奇在讨论中回顾历史教训，他们认为，现在类似大革命时期，农民伸出手来要土地，共产党是否批准，必须有坚定明确的态度。中共中央针对实际斗争中存在的问题，分析了农民的推平土地的斗争，指出"由于广大群众的行动推平了土地（即平均分配）的地方，不要去批评农民的平均主义，相反，农民这种彻底消灭了封建势力的行动

第二章
共产党人另起炉灶

应该批准；但无止境的推平，不照顾应当照顾的各色人等的推平，就要不得，群众未提出推平的地方照群众所提方法办理，也不要推平"。在农民得到土地之后，要提倡农民发财致富，以提高他们的生产积极性。

由于内战尚未全面爆发，过早地实行彻底的土地改革，解放区以外的民主人士难以理解。中共中央认真地分析和研究了自由资产阶级和民主人士的态度。从长远的观点看，消灭封建土地制度、满足农民土地要求是中国走向民主富强的

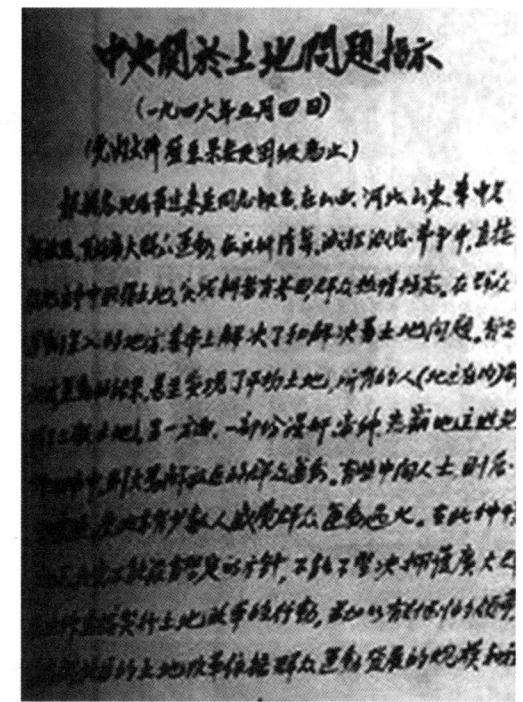

◎《五四指示》

基础，是符合全国人民，包括自由资产阶级的利益的。但是在内战未全面爆发之前，一部分资产阶级民主人士又忧虑猛烈的农民运动会震撼眼前的安宁。如何才能既满足解放区农民的土地要求又照顾到民主人士的认识呢？中共中央权衡的结果是：不要怕自由资产阶级和中间分子的暂时动摇，只有坚决实行土地改革，使农民得到土地，我之力量更加巩固强大时，我们才能更好地争取他们。但是对自由资产阶级及中间派应做正确而有力的解释：减租和耕者有其田都是政府决议所规定的，并且这次取得土地的方式与土地革命(第二次国内革命战争)时期"大不相同"。

此外，中共中央在讨论中明确了：对工商业政策和工人运动必须与土地政策、农民运动有所区别，切忌工资及其他劳动条件定得过高，应该是劳资合作，使生产发展，经济繁荣，劳资两利。

经过反复研究，刘少奇综合大家的意见，执笔起草了中共中央《关于清算减租与土地问题的指示》，之后又根据各地领导农民运动的干部的意见，

做了几次修改。1946年5月4日，中共中央将此作为党内文件发至各解放区贯彻执行。这就是著名的《五四指示》。从此，解放区的土地改革，向没收分配地主土地、实现耕者有其田的新阶段过渡。

坚决批准农民的土地要求，这是《五四指示》的基本精神，也是它同抗日战争时期减租减息政策的根本区别所在。《五四指示》充分肯定了解决农民土地问题的伟大意义，强调指出，这是"目前最基本的历史任务，是目前一切工作的最基本的环节"；并明确表示："坚决拥护群众在反奸、清算、减租减息、退租退息等斗争中，从地主手中取得土地"，"使各解放区的土地改革，依据群众运动发展的规模和程度，迅速求其实现"。

针对各阶层对待农民运动的不同态度，特别是党内存在的认识分歧，要求各地党委在广大群众运动面前，要有"五不怕"精神："不要害怕普遍地变更解放区的土地关系，不要害怕农民获得大量土地和地主丧失土地，不要害怕消灭农村中的封建剥削，不要害怕地主的叫骂和诬蔑，也不要害怕中间派暂时的不满和动摇。相反，要坚决拥护农民一切正当的主张和正义的行动，批准农民获得和正在获得土地。"对于各种反动和错误的认识和言行，《五四指示》明确地指出了党的态度："对于汉奸、豪绅、地主的叫骂应当给以驳斥，对于中间派的怀疑应当给以解释，对于党内的不正确的观点，应当给以教育。"

加强领导，组织反封建的统一战线。《五四指示》汲取历史经验，以无产阶级政党的高瞻远瞩，在土地改革中组织和领导反封建的统一战线。它指出，必须在不损害多数农民根本利益的前提下，照顾统一战线内各阶级的经济利益，以便率领他们同封建土地制度做斗争，或者减少斗争中的阻力。在坚决支持农民土地要求的基础上，《五四指示》明确规定了十八条政策原则，主要内容包括：

决不侵犯中农利益。针对以往农民运动高潮时往往受平均主义影响，出现侵犯中农的错误，《五四指示》规定："坚决用一切方法吸收中农参加运动，并使其获得利益，决不可侵犯中农土地。凡中农土地被侵犯者，应设法退还或赔偿。整个运动必须取得全体中农的真正同意或满意，包括富裕中农在内。"

第二章
共产党人另起炉灶

一般不变动富农土地。保护其资本主义经营一方面是为了发展农业生产；一方面是为了团结中农，团结占农村人口90%的农民。因为中农是向富农看的，打击富农过重，必然要引起中农恐慌。中共中央领导人认为，仅仅依靠贫下中农就不会有90%，过分打击了富农，也不会有90%。人们家家贴着"黄金万两"，还不是想发财？人家刚刚发点财，就不允许，怎能有90%。因此，《五四指示》规定："一般不变动富农土地，如在清算、退租、土地改革时期，由于广大群众的要求，不能不有所侵犯时，亦不要打击得太重。应使富农和地主有所区别，对富农应着重减租而保存其自耕部分。"

区别对待大中小地主，反对乱打乱杀。《五四指示》规定："当农民向地主夺取土地时，对于地主阶级中的不同情况，在斗争方式上应有所区别。" 1946年7月，中共中央进一步阐明："在一切土地问题已经解决的地主，除少数反动分子外，应对整个地主阶级改取缓和的态度。对一切生活困难的地主给以帮助，对逃亡的地主招引其回来，给以生活出路。"这些政策有利于分化瓦解地主阶级，减少土地斗争的阻力，使解放区更加巩固。

保护工商业。在旧中国的农村，地主、商人、高利贷者往往三位一体或关系密切。地主一般也经营商业、高利贷，商人、高利贷者赚了钱则购置土地。农民不认识封建主义和资本主义两种经济关系的区别时，在土地斗争中就会触动地主、富农所经营的工商业。这是绝对平均主义的错误做法。针对这种情况，《五四指示》规定："除罪大恶极的汉奸分子的矿山、工厂、商店应当没收外，凡富农及地主开设的商店、作坊、工厂、矿山，不要侵犯，应予以保全，以免影响工商业的发展。不可将农村中解决土地问题、反对封建地主阶级的办法，同样地用来反对工商业资产阶级，对待封建地主阶级与对待工商业资产阶级是有原则区别的。"

团结知识分子和党外人士。针对群众运动中往往不注意区别地主及地主出身的一般知识分子，《五四指示》规定："对一切可能团结的知识分子，必须极力争取，给以学习与工作机会。对开明绅士及其他党外人士，或城市中的自由资产阶级分子，只要他们赞成我们的民主纲领，不管他们还有多少毛病，或对于目前的土地改革表示怀疑与不满，均应当继续和他们合作，一个也不要抛弃，以巩固反对封建独裁争取和平民主的统一战线。"

合理分配"土改"果实,鼓励发展农业生产。

加强共产党的领导。《五四指示》强调党的政策的重要性及其与群众路线的一致性。它指出:"只要能遵守上列各项原则,保持农村中90%以上人口和我们党在一道(农村中雇农、贫农、中农、手工工人及其他贫民共计约占92%,地主、富农约占8%),保持反封建的统一战线,我们就不会犯冒险主义的错误。"相反,不按照党的政策办事,"就不能保持90%以上人口和我们党一道,就要使贫农、雇农和我们党陷于孤立,就要增加豪绅、地主和城市反动派的力量,就要使群众的土地改革运动受到极大的阻碍,这对于群众是很不利的"。它对党的政策和群众利益的一致性做了充分的、深刻的说明。

《五四指示》特别强调,"各地应当教育干部,特别是区乡干部,发挥共产党员为人民服务的精神,不要利用自己的领导地位取得过多的利益,以免引起群众不满,转向同干部做斗争。如果此种斗争已经发生,则应劝告干部采取公平态度解决问题,以免脱离群众"。这些政策思想,使党在政策转变的复杂形势下团结了广大干部为完成土地改革、巩固解放区而斗争。

《五四指示》的这些内容,体现了党的土地政策由削弱封建的减租减息向消灭封建的没收分配地主土地过渡。一方面,它坚决支持农民的土地要求,全面阐述了党的无产阶级政策,把群众的要求与党的政策有机地结合起来:形式上取得地主土地的方式多样,不拘一格,实质上解决农民土地问题的立场坚定,旗帜鲜明。另一方面,它又从当时的形势着眼,照顾到政治协商会议决议的口径,没有明确宣布废除封建土地制度,没有停止实行减租政策,仅是依照群众所采纳的方式和群众所要求的程度解决土地问题。在这种时代背景之下,《五四指示》的不彻底性,突出反映在群众发动不充分的地区,如果地主是抗日干部、军人、烈士的家属时,则可能因为受照顾而多留土地,保留一部分封建剥削。这也表明了《五四指示》在政策上的过渡性质。从实践效果检验,《五四指示》既支持了农民反对封建土地制度的革命行动,又有利于说服民主人士,争取社会舆论,维护反封建的统一战线,是适应客观历史条件的正确政策。

贯彻《五四指示》以后,在解放区的广大农村,出现了一场规模空前的土地改革运动。

2. 土地所有制要立法

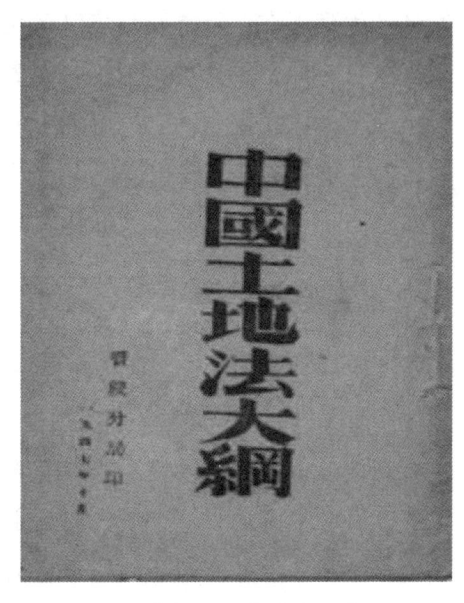

◎《中国土地法大纲》

1947年7月至9月，人民解放军由战略防御转入战略进攻，解放战争的形势发生了根本的变化。这是一个伟大的历史转折点，它标志着全国革命高潮的到来。如何使人民解放军能迅猛地向全国胜利推进，普遍实行土地改革，彻底消灭封建、半封建的剥削制度，满足农民对土地的要求，进一步提高农民的革命和生产积极性，就成为当时革命向前发展和推翻蒋介石反动统治的一个关键问题。同时，各地根据党中央1947年2月1日的指示，进行了土地改革的复查工作，纠正了土地改革中的某些不彻底性，使土地改革运动取得了许多新的经验，进一步看清了运动中存在的问题。

为了总结土地改革的经验，制定更加适合形势要求的土地政策，推动土地改革的深入开展，中共中央工委于1947年7月至9月，在刘少奇主持下，在河北省平山县西柏坡村召开了党的全国土地会议。参加会议的有中央工委的负责人刘少奇、朱德、董必武、叶剑英等，还有晋察冀、晋冀鲁豫、东北、华东、晋绥、陕甘宁等解放区的主要领导人聂荣臻、刘秀峰、彭真、李雪峰、薄一波、王从吾、胡锡奎、张稼夫、李林、张晔、赵德尊、李卓然、赵守政等；华北地区大多数地委、晋察冀野战军每个旅都有代表参加，总计107人。在革命战争时期，集合各地这么多代表以两个月时间专门讨论土地问题，这在中国共产党历史上是罕见的一次，它反映了土地问题在革命战争中的关键作用和重要意义。

在7月17日的开幕式上，朱德致了开幕词，他回顾一百年来中国革命的历史，从正反两方面的经验，特别是陈独秀、王明在农民土地问题上的错误说明了土地问题的重要意义以及认真总结历史经验的必要。他指出："红军从产生到现在，经常同几倍以至几十倍于自己的敌人作战，中间也打了很多败仗，但是没有垮，为什么呢？其中一个重要原因，就是我们一直坚持土地革命，我们帮助农民得到土地，或者实行减租减息。农民为了保护自己的斗争果实，支持和拥护我们。""现在土改中的'左'的和右的偏向，许多地方都有，这就需要我们认真总结十几年来许多宝贵的经验教训，用以指导全国的土地改革运动。"朱德特别根据他当时的调查，指出不能盲目地套用外地经验。他说："土地改革要从各地的情况出发。这个村和那个村的情况不同，比如附近的西柏村、东柏村和陈家峪三个村，人口多少不同，地主多少不同，斗争对象不同，所以做法也就不完全相同，不能一切照搬。"他客观地分析了解放区的土地改革的形势，谈道："有的地方土改搞得比较彻底，有的地方搞得不彻底，但是不论怎样，政权掌握在我们手里。党虽然不够纯洁，但还有很多忠实坚定的干部和党员；困难是有的，但是没有人敢公开反对土地改革政策。"他希望各位代表对新解放区如何进行"土改"要多出主意，并强调军队要学会土地改革，帮助农民分得土地。刘少奇、叶剑英、董必武等也先后在开幕式上讲了话。

此后，近两个月的土地会议大体可以分为两个阶段：

7月17日至8月底为第一阶段。代表们学习了马恩列斯关于农民土地问题的论述和党中央在各个时期关于农民土地问题的文件。各地代表汇报了抗战胜利以后各阶段土地改革的基本情况，并且就"土改"的政策和工作提出一系列问题，希望在会议上讨论和解决。

会议的后一段时间，讨论了平分土地的问题，决定实行普遍的、彻底的平分土地的政策，并且制定了《中国土地法大纲》。1947年10月10日，中共中央公布了《中国人民解放军宣言》，明确地提出"打倒蒋介石，解放全中国"的口号，宣布废除封建剥削制度，实行"耕者有其田"的制度。同日，

第二章
共产党人另起炉灶

中共中央还公布了《中国土地法大纲》及《中共中央关于公布中国土地法大纲的决议》。

《中国土地法大纲》是一个最彻底的,而且是比较完善的土地革命纲领,适合于当时形势发展需要及中国广大贫苦农民的要求。总的精神是"废除封建性及半封建性剥削的土地制度,实行耕者有其田的土地制度",并在这一原则下,乡村田地,由乡村人民按照人口及田地之数量和质量,平均分配使用,并归其所有。

根据这一总的精神,《中国土地法大纲》明确规定,"废除一切地主的土地所有权","废除一切祠堂、庙宇、寺院、学校、机关及团体的土地所有权","乡村农会接收地主的牲畜、农具、房屋、粮食及其他财产,并征收富农的上述财产的多余部分,分给缺乏这些财产的农民及其他贫民,并分给地主同样的一份"。

这些规定说明,凡是地主,不分大小,不管是否是军、烈、干属,他们的一切土地和财产,都必须全部没收,交给全体农民和农民协会处理,做到在经济上彻底消灭封建剥削,并在政治上把整个地主阶级打垮,彻底消灭封建压迫。实行"耕者有其田"的土地制度,就是土地在分配后,为获得土地的人所私有,即使土地成为农民私有,这在新民主主义的革命中,是最彻底的土地政策。

《中国土地法大纲》规定要征收旧式富农多余的土地和财产,是因为中国的富农经济,和许多资本主义国家中的富农不同。中国的富农一般具有很重的封建和半封建剥削的性质,而这种富农经济在全国农业经济中又不占重要地位。尤其是因为在当时激烈的战争形势下,富农还倾向于地主阶级和站在蒋介石反动集团一边,反对土地改革和人民解放战争,因而在反对地主阶级封建剥削的斗争中,广大的贫雇农要求同时废除富农的半封建剥削。《中国土地法大纲》关于征收富农多余的土地和财产的规定,可以打击富农的反动政治倾向。而更重要的是人民解放战争要求农民付出极大的代价(出兵、出公粮、出义务劳动)来支援战争,允许农民征收富农多余的土地财产,便能更多地满足广大贫雇农的要求,激发农民的革命热情,以保证人民解放战争的胜利。而在当时,争取人民革命战争的胜利,是全国人民最高的利益。

在对待富农和对待地主方面，是有区别的。只征收富农多余的土地和财产，而不是全部没收。同时，它也不同于第二次国内革命战争时期的"地主不分田，富农分坏田"，而是富农还保有一份土地和其他财产，仍然可以继续发展生产。

关于土地分配的原则，《中国土地法大纲》第六条规定："除大森林、大水利工程、大矿山、大牧场、大荒地及湖沼等归政府管理外，乡村中一切地主的土地及公地，由乡村农会接收，连同乡村中其他一切土地，按乡村全部人口，不分男女老幼，统一平均分配，在土地数量上抽多补少，质量上抽肥补瘦，使全乡村人民均获得同等的土地，并归各人所有。"这就是普遍的、彻底的平分土地方针。这一方针符合农民，特别是贫苦农民废除封建土地所有制和消灭封建等级制度的要求和愿望，分配方法简便，群众又容易掌握，在当时战争环境下，容易发动群众，缩短土地改革时间；再加上地主富农很难隐瞒土地，干部又难以各种借口多占，因而能较快地实行土地改革，最充分地满足贫雇农的土地要求。实行这种办法，凡乡村人口，不管有无功劳，有无政治、历史、生活作风等问题，人人都可以分得同样一份土地。

至于被没收和被征收的牲口、农具、房屋、粮食等财产的分配，和分土地还有些不同，不是采取平均分配的办法，而是采取填坑补缺的原则，"分给缺乏这些财产的农民及其他贫民"，缺得多的多补，缺得少的少补，坑深的多填，坑浅的少填，尽可能解决无地少地农民的生产资料和生活资料。

为了保证农民的民主权利不受侵犯以及土地改革法令的贯彻执行，《中国土地法大纲》规定："乡村农民大会及其选出的委员会，乡村无地少地的农民所组织的贫农团大会及其选出的委员会，区、县、省等级农民代表大会及其选出的委员会为改革土地制度的合法执行机关。"这样，就明确地规定了土地改革运动中，一切权利归农民群众，而且可以由农民大会或农民代表会所选举的代表，和政府委派的人员组织人民法庭，审判一切破坏和违犯《中国土地法大纲》的罪犯。人民法庭是农民反封建斗争的有力武器，也是维护反封建成果的重要保障。

《中国土地法大纲》是中国共产党在新形势下公开举起的一面彻底废除封建土地制度的战术旗帜，它极大地推进了解放区的"土改"运动，并在国统区产生了广泛的政治影响。一位美国人这样评论说:"新发布的《土地法大纲》在1946年至1956年的内战期间,恰如林肯的《黑奴解放宣言》在1861年至1865年美国南北战争期间的作用。"

3. 为战争保驾护航

根据中共中央土地会议通过的《中国土地法大纲》和以后发出的指示,各解放区展开了轰轰烈烈的土地改革运动。成千上万的"土改"工作队深入农村。他们发扬我党群众路线的光荣传统,在工作中放手发动群众。"土改"工作队进村以后,就大张旗鼓地、反复地宣传党的政策,访贫问苦,到

◎ 解放区群众在进行土地登记

最贫苦的农民家里,与他们同吃、同住、同劳动,谈心、议事、交朋友,与他们讨论"苦从何来?""是不是穷人都命苦?富人生来八字好?""土地的主人是谁?""地主和农民谁养活谁?""地主为什么整天不干活,反而吃得好、穿得好?""地主、恶霸比穷人少,为什么能横行霸道?"等问题。

广大农民"翻身先翻心",认清了"不是天生的命苦",而是受地主的残酷剥削才受苦受穷,弄清了"劳动创造世界"的道理,懂得了不是地主养活农民,而是农民养活地主,土地是劳动人民开垦出来的,土地不会自己长出庄稼来,而是经过农民辛勤劳动才能长出来,地主不是土地的主人,劳动人民才是真正的主人,耕者应该有其田,打出来的粮食应归劳动人民所有,不应该向地主交租子,"不劳动者不得食"。也明白了"亲不亲,阶级分",不是"同宗同姓是一家",而是"天下穷人是一家"。"土改"工作队用通俗、生动的语言向农民宣传这一彻底的翻身政策。比如,他们对《大

纲》中第一条至第三条的规定，即废除封建制度，实行耕者有其田的制度，解释说不管你是什么人，不管你是县长、司令、大干部也好，都不准例外，只要是封建剥削，就都得被没收，不得包庇。再比如，他们对《大纲》第六条规定的土地财产按人口统一平均分配，解释说有问题的分一份，没有问题的也分一份，有功劳的分一份，没功劳的也分一份，给地主也同样留一份，给富农也同样留一份，中农一部分要拿出一些，有一部分要分进一些土地和财产，另一部分则大体不动。过去没有分平的要填平，多的要退出，就是用抽多补少、抽肥补瘦的办法，真正做到填平补平，谁也不多谁也不少为止。

这样一来，农民的心里踏实了，情绪高涨了。政治情况、宗教信仰，以往汉奸行为的错误、纷争、个人恩怨，对于思想和行为的衡量、有功还是无功，这一切都宣布为无关紧要的了。唯一要看的只是贫穷不贫穷。只要你穷，就能分到财产——也就是分到土地、工具、家畜和房子。工作队发现受苦最多、觉悟提高最快、要求翻身最迫切、敢于起来斗争的是贫雇农，培养他们做运动的骨干。经过这些骨干的酝酿串联，向农民讲解只有自己起来才能解放自己的道理，组织起贫农团和农会。尔后在全村展开划定阶级成分的工作。有的地方采取"三榜定案"：个人提出，经农会讨论张榜公布；尔后大家提出意见修改后再公布；最后报农会、政府批准，将定案正式公布。然后全村农民在党的领导下，向地主阶级展开坚决的斗争，召开群众大会，控诉地主的罪行，没收地主的土地和财产，征收富农多余的土地和财产，经农会讨论分配给贫苦农民。分配胜利果实也张榜公布，最后颁发土地证。有的地方还组织人民法庭，对平时作恶多端、民愤很大的恶霸地主分子进行审判，予以法办。

"土改"的成就和影响是巨大的。"土改"消灭了封建剥削制度，使广大农民获得了土地，在经济上翻了身。到1949年上半年，在东北、华北、西北及华东的山东、苏北等老解放区和半老区，土地业已平分，地主作为一个阶级已被消灭。据1949年6月统计，解放区约有1亿农民获得3.75亿亩土地，农民有了地种，有了房住，有了衣穿。农村的阶级关系起了根本变化，雇农、贫农上升为中农，中农占了农村人口的大部分，中农一般由过去的20%～30%上升到70%～80%。贫农一般只占20%～30%，而经济状况也改善了很多。

"土改"运动推动了民主政权的建设，压在农民头上的地主恶霸打倒了，农民享受到民主、自由的生活。经过充分酝酿，县、区、村的人民代表会议制度逐步建立起来。农民破天荒使用到民主权利，参加和掌握乡村的政权，并选派自己的代表到县以上政权中去。全村村民民主选举村长更令大家兴高采烈、扬眉吐气（地主、富农没有选举权），会写字的人自己写选票，不会写的就在候选人身后的碗中放一粒豆子，代表一票。会场上笑声不断。

"土改"加强了党的建设。在土地改革中，各地农村涌现出成千上万的贫雇农积极分子，成长起大批干部。他们在反封建的斗争中，认识和信任了共产党，大批加入党组织。在1947年的"土改"高潮中，中共党的组织已由1937年的几万党员发展为270万党员，到1949年全国解放时达到了450万。其中绝大部分是在"土改"斗争或革命战争中入党的。如据东北统计，到1948年夏，仅松江（哈尔滨市除外）、辽北等省46个县中即发展党员8600余人。其中90%为贫雇农出身。仅松江、辽北、合江、牡丹江四省75县就培养区村干部45000余人，初步建立了农村党的基础。

广大党员在同地主阶级的斗争中，增强了阶级观念，提高了阶级觉悟，把个人命运同阶级命运联系起来。许多贫雇农出身的党员由报私仇、雪家耻投身革命，在斗争中学习和受到锻炼后，为了无产阶级的解放事业不惜献出个人的一切。在"土改"中，广大党员还受到了群众路线、党的政策的教育，掌握了群众路线的工作方法，同群众建立了密切的联系；并经过正反两方面的经验教训，认识到能否贯彻正确的政策和策略是工作成败的关键，逐步克服盲目性和自发性。

"土改"使文化科学知识得到普及。在封建土地制度下，农民得不到起码的温饱，普遍没有文化，被称作"睁眼瞎"，生活在愚昧之中。土地改革以后，农民成了经济生活的主人，农业生产的发展，生活水平的提高，都激起了农民学文化、学科学的热情。各级人民政府适应农民的要求，在区、乡、村普遍设立文化站、冬学、夜校等，组织农民识字，进行科学卫生、时事、政策、法令等方面的宣传教育工作，并领导农民开展文娱活动。如华北的老解放区自抗日战争以来，年年开办冬学，而土地改革以后，冬学规模之大、农民学习情绪之热烈都是空前的。

土地属于农民后，多劳能够多得，农民的生产积极性空前高涨。他们起早贪黑，精耕细作，同过去给地主种地时大不相同了。如黑龙江省肇源县四合屯的粮食产量，1947年为379石，1948年为480石，1949年虽遭旱灾，还收了510石。给地主当了32年长工的王振堂总结增产的原因时说："原先给地主干活，成年拼死拼活，到头来还是挨冻受饿，种地也就懒了性啦。铲苗时将好苗铲掉留坏苗，锄头被砸坏了乐得歇一会，庄稼怎么会长好？如今多收多得，谁都放满劲往前干。"因此，翻身农民努力改变落后的耕作方法，多上粪、勤锄草，想方设法提高产量。松花江北岸的有些地区，有的土地十余年没有上粪，有的粪堆数年没有动过，1948年粪全都送到地里去了。1947年，东北解放区平均每垧产量1500斤，到1948年达到1920斤，比1947年增加近三分之一。山东解放区1948年有50%～80%的土地施了优质豆肥，这在历史上从来没有过。为了克服牲畜不足带来的困难，农民普遍增加锄地次数，抗战前谷子高粱一般锄两到三遍，1949年普遍锄三到五遍。许多农民开始注意改良品种，防治虫害，修整土地等。据太行区和顺、平定、昔阳等六县统计，"土改"后的两三年中，因修渠、修滩增加土地50万亩，增加水浇地7800顷，增产粮食19万石。

"土改"使农民战胜灾荒的能力大大增强。国民党军队的进攻和自然灾害，给解放区的农业生产和人民生活带来巨大困难。如1948年上半年，在黄河南岸陇海路北的狭长地区，国民党军队曾集中了20个旅反复"清剿"，仅据不完全统计，抓走壮丁38万余人，抢走牲口16万余头、大车1764辆、粮食17亿余斤，烧毁民房32万余间，有许多村庄被烧光；麦收时节，国民党军队挖开卫河四道口门，制造了浚滑水灾区，仅高村抢险，就不得不动用民工30余万、牲口21万余头，极大地影响了农业生产。陕甘宁边区1947年遭国民党军队重点进攻后，损失粮食210余万石、农具30余万件、牲畜6万余头，360多万亩土地荒芜，50万亩青苗被毁，40万人口陷于饥饿、疾病之中。1947年，晋绥区因自然灾害有46万人口的地区收成极少或毫无收成。面对严酷的灾难，翻身农民毫不气馁。他们在解放区政府领导下

第二章
共产党人另起炉灶

互济互助,并将"土改"中得到的粮食、财物用于救灾。仅陕甘宁区群众互济粮食达5万石,"土改"果实用于救灾者25万余石;晋绥"土改"中获得粮食20万石、银洋220万元、银子127万余两、金子500余两,亦大部用于救灾。华北的农民组成民兵,带枪下地,抢种抢收,挖河疏水,使上千顷地免受水灾。

"土改"还使广大农村妇女取得了民主权利,她们积极参加生产,弥补了战争带来的劳力不足。如山东沂源县鲁村区齐家黄沟村在1947年蒋军进攻时遭遇浩劫,1948年春60户中有30户断炊,经政府救济,翻身农民组织变工,33名妇女参加变工,其余的人也纺线做鞋发展副业,当年消灭了全村的荒地,粮食产量超过1936年的27%,并从副业中获得粮食11404斤,战胜了灾荒。胶东妇女参加劳动者达能劳动妇女的80%。晋绥妇女以往很少下地,1948年据代县4个自然村统计,有705人参加生产,占妇女总数的46.3%。她们对战胜灾害起了重要作用。

人人都明白,没有战争的胜利,就没有永久的和平日子。青年人自愿参军,为的是保住家乡,保住分得的土地。村村都敲锣打鼓地欢送新兵,请新兵吃酒席,有能力的还发给新衬衣、新被子。新兵们的家门口都挂了块牌子,上面用鲜红的大字写着"光荣军属"。欢送时还贴了许多标语、诗歌,气氛热烈。那些诗都明白地抒发了保土保家的最现实的情感,如"参军打仗喜洋洋,谷子发芽上前方,我为人民扛起枪,保卫土地保家乡,报名参军最荣光。"

各村都专门成立了"优属委员会",照顾军属的家庭和生产,特别是负责"代耕制"。"代耕制"要求全村所有的壮劳力都为全村参军的人家负担义务工,共产党员们带头或超额完成自己的一份义务。正是这种对军属的优待,使得解放军战士在战场上表现出高昂的士气。

各地农民还踊跃参加战地勤务,抬担架、救伤员、押俘虏、送弹药、送情报、带路、破坏敌人交通,支援前线。有的组成民工连、民工团随军出征,转战几千里。群众的口号是"解放军打到哪里,我们就支援到哪里"、"前方需要什么,我们就送什么"。山东农民从1946年7月到1948年9月,支援前线的民工达580万人;冀中区达480万人。在解放区几乎没有现代化工具的情况下，如果没有无数民工来支援前线，人民战争的胜利是不可能的。

总之，"土改"运动使解放军的兵员十分充足，粮食、物资供应充分，后方空前巩固，人民革命力量空前强大，成为我党我军取得全国胜利的基本保证。刘少奇在全国土地会议上预见到这一真理，他说："搞了土地改革，农民翻了身，就使我们与蒋介石在力量对比上发生根本变化。他那里有三万万人，但没有人拥护他，还反对他。我们有一亿五千万人，群众自动参军参战，人力、物力、财力是无穷的……负担问题也是一样，农民翻了身，生产提高，从前三斗公粮还嫌重，现在出六斗也愿意。"又说："解放区搞好了，蒋管区也要起来。解决力量对比问题，就要实行土地改革，蒋介石靠美国，我们是靠老百姓。"毛泽东后来在七届三中全会上说："有了土地改革这个胜利，才有打倒蒋介石这个胜利。"

二、第二条战线的发展

蒋介石支持内战,靠的是美援,靠的是搜刮人民。战场上的不断失败,导致他们更疯狂地掠夺国统区的百姓,使民不聊生,百业凋敝,怨声载道。共产党审时度势,领导了国统区人民的斗争。五二〇"反内战、反饥饿、反迫害"运动标志着反蒋第二条战线的形成。

1. 物价——断了线的风筝

全面内战爆发后,国民党政府军费开支愈来愈大,以致收入远远不敷开支。1946年,全年支出法币8～10万亿元,但收入仅为2万亿元;1947年,全年支出法币100万亿元,但收入只有13万亿元,赤字高达支出总数的90%左右。巨额的财政赤字只能靠印发钞票来弥补,财政部在上海印钞票的印刷厂就有5家,拥有几十台印刷机,日夜开工,一刻不停地印,但国民党政府仍感到不够用,还到美国、英国去印制后空运回国。后来,蒋介石索性发行票面10万元一张的大钞,钞票雪片似地飞入市

◎ 国民党统治区物价飞涨,居民出行携带大捆钞票

场。蒋介石究竟印了多少钞票，实在是难以计算。

恶性通货膨胀的结果，是使国民党统治区的物价，像断了线的风筝飞入云霄，就连蒋介石的行政院长张群，也不得不承认物价的飞涨宛如"脱缰之马"。据计算，1947年7月的物价约为抗日战争前夕的6万倍。1947年1月至6月，上海的米价就从每担6万元涨到每担50万元。市民买米，要用成捆的钞票。据1947年6月上海报载，法币1万元仅值港币2元4角，但冥钞（即旧社会封建迷信，烧给鬼用的阴间钞票）1万元钞票的卖价是港币4元8角。很多居民敬祖烧纸，就干脆用比冥钞便宜得多的法币来代替。国民党统治区物价一日数涨，弄得人民痛苦不堪，有时一觉醒来，物价就涨了十几倍。

人们对法币产生了极度的憎恨，法币一到手就像接到蒋介石政府的"传票"那样恐怖，得赶快设法买些物品存积起来，否则稍一耽搁，就会贬值很多。有人形容物价的飞涨说："发了工资往外跑，过了马路跳三跳。"一个工人的收入，不够买一担米，不够养活两个人，许许多多的工人只好在吃光、当光、卖光的悲惨情况下，在饥饿线上挣扎。当时，成都小学教员月薪100万元，每小时4000元，可是在茶馆里吃碗茶要1万元，相当于小学教员半天的工资。

当时，有两首民歌唱出了挣扎在饥饿线上的人民的要求。一首歌道："物价旋头风，来势汹汹，吹上半天；怕你不嶙峋，饿倒街中。操纵获奇功，大显神通，笑了富家翁，但见他算盘在握,成竹在胸！"还有一首歌谣写道："薪水是个大活宝，想和物价来赛跑，物价一天一上涨，薪水半年赶不到。赶不到呀赶不到，公教人员怎开交？这个日子天知道，怎么能够过得了？年老的爹娘要活命，小小的孩子要温饱，自己突然得了病，那时有谁来照料？过不了啊吃不消，竟有人旁哈哈笑。可恨可恨又可恼，这样的日子要改造。"

1947年夏天，发生了一桩400多个中训团将官到南京中山墓哭陵的事件。那天上午10点半，中训团将官400人分乘卡车集合去中山陵，在陵前博爱坊整队，由黄埔一期生黄鹤将军任总指挥。黄鹤说："今天我们不是谒陵，是哭陵，为了我们的国家、我们的同胞，我们要大哭，一哭、二哭、三哭！现在我们的政府对我们一千多将官不加理睬，简直要断绝我们的生路，我们也是一个人，我们要求活着的时候有碗饭吃，死的时候要一块板！"

第二章
共产党人另起炉灶

黄鹤说完以后，便带领大家到陵前献花献祭，诵读祭文。当读到"今白骨成狱，碧血为渊；嫠妇夜泣，羁魂不昧，皆莫非为主义之实现及民族之复光，借知国运维新，大敌扫除，宪法颁行，飞鸟尽兮良弓弃，训政结束兮还民，军人之职责之尽？……今阴谋先烈之血迹未干，遗族之孤寡谁矜？成仁者固死得其所，成功者也应返归故里……"念到这些地方，大家放声大哭，最后高呼："打倒贪官污吏！"

这天参加哭陵的，还有第十军一九〇师副师长陈天民的太太和5个孩子。陈天民是在这年5月1日患肺病死的。他在长沙会战时有战功，死后4天还无法买棺掩埋，由全体受训学员每人捐6000元办理后事。可是物价这么高，买一担米就得费资50万元，每人6000元只能是杯水车薪了。当黄指挥官将这些介绍给全体学员时，全体大恸，泣不成声。还有一个53岁的老华侨奚泽，同盟会的会员，早年是华侨富商，追随孙中山革命时，曾变卖家产，得银170万两，捐献给革命。他后来在一个集团军里任参谋长，因为年老体衰，又不善理财，家境很窘迫，后举家挨饿，太太不别而行，留书"今生不能见面了！"便径去自杀。奚泽自己这天不堪刺激，竟在陵前晕厥。

美联社当时有个统计，以抗战前夜的物价为标准，到1947年7月，上涨了6万倍，年底更达到145万倍；法币100元，在1937年买两头牛，1938年能买一头牛，1941年能买一头猪，1943年能买一只鸡，1945年能买一条鱼，1946年能买一个鸡蛋，到1947年只能买1/3盒洋火。

1947年一年，物价普遍上涨了20倍左右，有的更涨到30倍以上。以上海的米价为例，1月初每担价格为6万元，6月便涨到50万元，12月中旬，更上窜到110多万元。这一年发生了6次遍及整个国统区的大涨风。如此的恶性循环，使国统区的财政金融处在崩溃的边缘。

在通货膨胀的打击下，在美货的大量倾销下，在四大家族的压制下，工业企业大量倒闭，民族工商业日趋破产。在上海，当时的纺织厂如"中国"、"泰记"、"勤益"、"华安"、"华丰"及有名的大伦毛皮厂、新大织造厂、源通绸厂都相继倒闭。在天津，原有大小工厂5000家，1947年保持全部开工的仅占1%，15%陷入半停工状态。国民党的后方四川，中小工厂1200家，80%关了门。工厂的纷纷倒闭，使大量工人因此而失业。1946年下半年，光是北平、上海、南京三地，失业和无业人员即达260万人。到1947年，仅上海一地失业半失业人数，骤增到近200万人。蒋管区人民普遍流传着这样一句话，叫作"有条（指金条）有理，无法（指法币）无天。"有人为当时失业工人的苦难写了一副对联，上联是"日日了日，日日不了，愁何日能了不了日"，下联是"年年过年，年年难过，想哪年无过难过年"。

在国民党统治区的农村，农民负担的田赋成倍地增长，各种苛捐杂税，更是名目繁多。当时四川农民缴纳的各种捐税，多达一百几十种，农民连最低的生活都很难维持。据1946年9月16日南京《大道报》报道，浙江绍兴一县，非法摊派达276种，再加上合法摊派，当更惊人。东北朝阳、北票、阜新一带流传着一首民谣说："中央来了上税，骑警队来了开柜。"湖南本是鱼米之乡，可是重庆派来的"别动队"、"地下军"、"正义军"，竞相搜括榨取，以致湘灾愈演愈烈。老百姓对"挺进队"赠给对联多副。有一副对联的上联说："挺鱼挺肉挺鸡婆正当道理"，下联是："进金进银进法币义不容辞"，对蒋军鱼肉乡里的"挺进功绩"，做了辛辣的嘲讽。

国民党抓壮丁、征民夫也越来越厉害，大量青壮年被抓丁拉夫，农村劳动力大大减少，直接影响到农业生产。从1946年到1947年，各地又连遭自然灾害，使农业生产、农民生活大受摧残。在这种人祸天灾的袭击下，农民大量破产，农业生产凋敝。

据1947年3月统计，国民党统治区农产品的总产量，仅为抗日战争前的63%，农民陷于饥饿、死亡的边缘。1946年，蒋管区各地饿死约1000万人。1947年，饥民达1亿人以上。"联总"运华救济物资210余万吨中，98.47%给了蒋介石，但绝大部分救济物资又都落入了四大家族及其仆从的腰包。

吉林北部蒋管区人民用"五缺"、"五多"概述人民陷入水深火热之中的悲惨境遇。"五缺"，即一缺丁：凡年在18岁以上50岁以下的男子，大都被蒋军抓去当兵。二缺粮：每垧地每季强征军粮八斗五升，农民连稀饭也快吃不上了。三缺肉：蒋军抓光鸡鸭后，又到处拉猪，群众已不敢养猪。四缺草：蒋军强征军草喂牲口并烤火，草价飞腾。五缺被：农民棉被大多数被蒋军抢去，常有一家数口合一被而卧。"五多"者，即一是捐税多：每人每月须缴人头税800元,房产捐每月500元,地捐每垧1000元,车捐每辆100元等。其他尚有门牌捐、迁移捐等,名目之多,甚于伪满。二是"寡妇"多:蒋军在驻地恣意诱迫少女结婚,事后则又遗弃。三是"胡子"多:蒋军装扮胡子行动,人心惶恐。四是恶霸多:伪满时期的屯长、警察、特务等均被蒋政府重用,继续鱼肉人民。五是礼节多:听到说声"蒋总裁",就得马上立正,犯者轻则罚款,重则入狱。

这样的日子叫老百姓如何能活下去呢!

2. 向谁要饭吃

严重的经济危机,把各阶层人民推上了饥饿和死亡的绝路,迫使他们不得不团结起来为生存而斗争。

1947年年初,上海三区百货业工会根据广大职工的要求,开展"爱用国货,抵制美货"运动。这项运动是一个争取生存的经济斗争,也是一个反美反蒋的爱国主义的政治斗争。同时,这个运动带动民族资本家,扩大了反美反蒋的统一战线。

◎ 上海饥民在抢米

三区百货业工会利用纪念中国国货公司成立十四周年之机,举办座谈会,目的是发动群众,并通过会刊——《百货职工》开展"爱用国货,抵制美货"的宣传。民族资本家在美货倾销的威胁下对开展这个运动表示同意,但是他们嫌"抵制美货"的口号政治化,怕受风险,主张只提"爱用国货"的口号。工会告以要"爱用国货",就必须"抵制美货",坚持了原来的意见。1947年2月5日,成立了"爱用国货抵制美货筹备委员会"(简称"爱抵会"),

接着发表了宣言和"告各界人士书",号召大家"不能束手待毙","必须挽救自己的命运",并决定于9日召开"爱抵会"的正式成立大会,邀请郭沫若、邓初民等到会演讲。

国民党反动派对职工运动极端仇视,事先已阴谋布置破坏这一运动,而职工中对反动派的阴谋却缺乏足够的调查和警惕。就在"爱抵会"召开成立会的当天(2月9日),特务破坏了会场。他们手执凶器,逢人便打,青年职工在掩护郭沫若、邓初民两先生和女职工离开会场时,永安公司职工梁仁达,由于怒斥特务的暴行而遭到打手们的拳足相加,铁尺乱捣,以致鲜血淋漓地被践踏在地上(当日午后因伤重身死)。这时,职工们愤怒到了极点,高唱"一个倒下去,千万人站起来"的歌曲,勇敢地向敌人反击,最后大家齐呼:"冲上去,捉特务!"特务头子见群众威力甚大,才被迫指挥打手退去。职工中,除梁仁达牺牲外,重伤13人,轻伤数十人,会场用具杂物全被捣毁,连私人的大衣、手表之类也被暴徒劫掠去了。这就是有名的"二九血案"。这一血案,正如百货工会宣言中所指出的:"从法律上说,是反动派侵害人民集会自由与身体自由,预谋杀害平民,危害公众治安的罪行;从政治上说,是反动派打击爱国民主运动,摧残人民力量的暴行……"

随着国民党统治区的日益殖民地化和经济危机的加深,各大城市中的摊贩业迅速发展起来。上海一地靠摊贩为生者达十余万人,他们主要是:破产或半破产的中小商人、城市贫民、失业或半失业的工人、职员和店员等。他们贩卖的东西主要是走私美货、粮食、贪官污吏盗卖的劫收物资、破产工厂商店的存货和破产家庭出售的旧货等。由于人民的贫困,许多人无力到大公司、大商店去买昂贵的东西,转而向摊贩购买便宜货,这就造成了上海摊贩业的空前繁荣。所以摊贩业的发展正是社会经济破产、物价飞涨和美货倾销、走私的结果。

四大家族残暴地实行经济垄断,不顾人民生计,以"妨碍市容"为名,从1946年7月起,三令五申地要取缔上海摊贩。8月28日,上海摊贩曾整队至国民党上海市政府请愿,要求收回成命,但毫无结果。10月中旬,摊贩市场全被赶散了,摊贩们要求划几个固定地段给他们谋生。到了11月中旬,国民党政府进而采取凡属摊贩一律取缔的严厉手段。警察们带着"取

第二章
共产党人另起炉灶

缔不力,渎职论罪"的命令,梭巡街头,一遇摊贩就连人带货捉去,对摊贩集中的黄浦、老闸两区,逼迫尤甚,先后被逮捕的小贩多达600余人。11月30日,摊贩3000人结队游行,赴国民党上海市参议会请愿,并包围了国民党黄浦警察分局,他们高呼"凭什么不给我们饭吃!"要求立即释放被捕同行。国民党上海警察总局当即派出大批警察用水龙喷射,还开枪射击,7名小贩中弹毙命,伤者更多。为了镇压全市摊贩的反抗,国民党上海市市长吴国桢下令12月1日起全市戒严,警察对群众可以"格杀勿论"。

高压政策激起了更大的反抗。反抗从游行、请愿、抗议、呼吁,迅速发展成大规模的格斗。12月1日,出现于街头的斗争队伍增至5000人,他们以石头、竹杠、木棒对抗全副武装的警察和军队,并继续包围黄浦分局。国民党动员了上海市的警察和军队,并以水龙、警棍、刺刀、步枪、机枪以及催泪瓦斯来对付反抗的群众,结果,群众又被杀害10人,受伤100余人,有些人还被逮捕了。在摊贩群众展开激烈斗争的这一天,公共汽车、电车停驶;全市商号除极少数外均停业,对斗争表示支援。这样就形成全市性的反蒋群众运动。

1947年5月,上海工人展开要求解冻生活指数的反饥饿运动,电信局职工又进行"饿工"斗争,提出"物价高,收入少,吃不饱,做不动"的响亮口号。参加这些斗争的前后达50万人。

在斗争中,工人们响亮地提出"内战不停,我们的任务一天没有完";电信局工人还提出"内战不停,电话不灵"的口号。有人还编了一首反内战的《四字经》:

"八年抗战,一旦光明;可是不幸,直到如今;东北烽火,遍地饥馑;四项诺言,没有下文;政治协商,更等于零;工业崩溃,厂家关门;美国货物,市面盈盈;官僚买办,笑脸相迎;民族工业,大喊救命;关税主权,交与外人;门户开放,内河航行;原因何在,内战残忍;人民呼声,充耳不闻。长此以往,中国何存?亡国灭种,歧途已临。全国同胞,不能再忍;团结起来,救亡图存。人民力量,制止罪行;从此弃戈,永久和平。"

天津、北平、武汉、杭州、宁波、青岛、济南、唐山、广州、汕头等20余个大中城市的水电、邮务、海关、交通、铁路、机器、纺织、化工、丝织、卷烟等50多个产业部门的工人320万人，参加了英勇斗争的行列。他们的阶级觉悟普遍有了提高，斗争十分英勇壮烈。1947年4月，京沪铁路工人3000多人，全部"卧轨罢工"，使这一主要动脉顿时陷于停顿。从1947年3月到8月，有38个城市的贫民，掀起了抢米风潮，参加的人数达17万以上。这其中包括了反动政府的首都南京，全国第一大商埠的上海，华北军政中心的北平，全国重要米市的无锡和芜湖，素以粮食富足见称的成都，以及江苏、浙江、安徽等省产米区的许多县市。这些"抢米"群众，除去壮年男女外，还有许多老人和儿童，他们抢遍了政府粮仓、军粮车船和公私米店。芜湖和府谷（在陕北）等地，还形成了固定的抢米队伍。

抢米风潮不仅先后出现于全国各地，而且在同一时期内到处发生，形成抢米的高潮。以1947年5月为例：自2日起，杭州发生抢米风潮，捣毁米店和警察派出所；上海发生了1000人抢米店的事件；南京100余饥民抢米店，又有2000多名铁路、码头职工捣毁了浦口镇所有的米店。4日至5日，无锡全市的米店被抢遍；成都米店在5日被抢了300多家。接着是：上海饥民5处抢米；由罗江运往成都的米船在广汉被抢光；合肥饥民5万人涌到码头抢米；杭州米店被抢了300多家；六合饥民鸣锣聚众，将米店"抢劫"一空；青岛饥民到处抢饭，还纷纷组织讨饭募捐队；北平饥民在闹市"抢烧饼"；成都饥民还开展了吃大户运动……如此，国民党统治区的广大城镇，很多都陷入"抢米"的风潮中，没有"抢"的地方，也都受到了波动。

抢米风潮是广大城镇贫苦人民反饥饿的斗争。对此，反动派不仅不设法解决民食问题，相反的却是用枪杀、殴打、逮捕等暴力来对付"抢米"群众，制造了一系列流血惨剧。

中共上海局于4月28日向中共中央的报告，分析了当时国统区的形势，提出了群众运动的发展趋势和做法。他们认为，继抗暴运动后的第二个高潮将很快到来，5月份可能是新高潮的开始，这一高潮将比抗暴运动具有更广泛、更坚强的社会基础。上海局决定发动群众，首先从生活斗争中突破，逐渐发展到反对国民党"借外债，打内战"的政治斗争上去。为领导这一新的高潮，把国统区爱国民主运动向前推进，在思想上、组织上、策略上进一步做好准备。

青年学生永远站在斗争的前列。5月份,在他们的带动下,全国掀起了一场新的运动——反饥饿、反内战、反迫害。

3. 反饥饿、反内战、反迫害

5月5日,中共中央发出指示,强调在国统区大城市的工作方针,"就是要保护我党及民主进步力量,以继续加紧开展人民运动"。要求党的地下组织"要时时注视情势的发展,坚持我党放手动员群众进行反美反蒋的方针,灵活地既结合又分别

◎ 清华大学"反饥饿、反内战"游行队伍

合法与非法的斗争。将适合群众迫切要求、提高群众斗争情绪的口号,均经群众面目提出,以发动群众;将党的宣传工作,侧重于以群众中有职业有地位人物,利用公开刊物、报纸、集会,批评时政,增强不满;而将党的广播言论、解放区胜利消息,经过极可靠关系,辗转秘密散布"。中央强调指出:"蒋管区城市工作,一切要从长期存在打算,以推动群众斗争、开展统一战线,如此,方能配合解放区胜利,推动全国新高潮的到来。"

由于国民党政治危机、经济危机的加深,教育危机也日趋严重。教育经费大量移充内战经费(1947年国民党政府教育经费仅占全部财政支出的3%,实际支付还不到此数),许多学校已处在风雨飘摇中,师生贫病交迫,不可终日;再加上教育制度的腐败,国民党党棍治校,特务横行,思想言论固然无自由可言,生命也毫无保障。所以,就在开展纪念"五四"活动的同时,许多学校即已分散地进行着反对各种不合理的斗争:英士大学因要求迁校和反对校长而罢课;上海交通大学为反对停办院系而开展"护校

运动"；沪江、大同等校为要求革新校政而斗争；高中学生为反对会考制度而进京请愿；河南大学、山东大学教师要求调整待遇罢教。这些斗争，通过纪念五四运动的一系列活动，很快就集中到一个总的目标上来，即反饥饿、反内战。

由于各校薪金经常被拖欠，物价又狂涨，教师们纷纷呼吁："活不下去了！"学生的膳食无法保证，很多学生被迫辍学。

为了发扬"五四"精神，向反动派做斗争，1947年5月初，南北各大学即纷纷举行"五四"纪念会。上海学生除举行各种形式的纪念会外，在"五四"的当天，还进行了反对内战反对卖国的社会宣传，国民党警察把正在街头宣传的两名上海法学院学生打成重伤，又无理拘讯他校学生多人。上海法学院学生立即罢课抗议，各校群起支援。9日，上海各校学生齐集国民党上海市政府示威，揭开了5月斗争的序幕。

5月2日，南京中央大学决定自即日起罢课，要求增加公费，由每月2.5万元增至10万余元。一小时内就有1500人在请愿书上签了名。15日，中大、剧专、音专、东方语专四校学生3000余人，唱着"我们要饿死了"的歌词，举起"朱门酒肉臭，路有冻死骨"的旗帜，冲入国民党教育部请愿，部长朱家骅被迫出见，一派官腔之后，拒绝了学生的要求。

学生们再到国民党行政院请愿。他们在行政院的金字匾额上贴了"民瘦炮肥"四个大字，并质问副院长王云五："国家的钱到哪儿去了？""国家财政有困难，为什么还要打内战？"王云五一味搪塞。学生们不耐烦，高唱："你！你！你！你这个坏东西！"把他哄走了。请愿斗争没有结果。

16日，北京大学院系联合会确定斗争的目标为反饥饿、反内战。随后提出六项要求：一是立即停止内战，反对武力统一；二是恢复政协路线，组织民主的联合政府；三是停止征兵征实征购；四是清算豪门资本，彻底挽救经济危机；五是实现"四项诺言"，保障人权，保障自由；六是提高教育经费，提高教育界待遇，全国学生普遍享有公费待遇。17日，清华为反饥饿、反内战，宣布罢课。同日，北大决定罢课，朝阳、中法、燕京、汇文等校相继响应，天津的南开、北洋等校也跟着罢了课。18日，清华、北大等校学生分队进行街头宣传。在西单活动的宣传队，正唱着"这年头，

第二章
共产党人另起炉灶

怎么得了,一百元的钞票无人要……"时,人群中忽然涌出100多个美式装备的青年军,围殴宣传队,伤10余人。当晚,北大、清华、南开等校学生代表在北大召开紧急会议,成立了"华北学生反饥饿反内战联合会",准备迎接更大的斗争。

当各地学生运动由分散的斗争向着全国性的大风暴汇合时,反动派极为恐慌,企图扼杀运动。5月18日,国民党政府颁布了所谓"维持社会秩序临时办法",严禁人民10人以上的请愿和一切罢工、罢课、游行示威,并授权各地国民党政府,对于人民的民主爱国运动采取血腥镇压的所谓"必要措施"和"紧急处置"。同日,蒋介石还亲自出场叫嚣什么"此次学潮之离奇怪诞,为以往任何时间所未有",学生已越出"国民道德","形同暴徒",他将"不能不采取断然处置"。

但是,学生的行动是正义的,社会的同情都在学生一边,他们已不是政府法令或强力镇压所能吓退的了。就在那个"维持社会秩序临时办法"颁布的第二天,上海7个国立大专学校7000多名学生,在党的领导下举行了反饥饿、反内战、反迫害的示威游行。

20日,华北、京沪等地的学生分别在北平和南京举行反饥饿、反内战、反迫害大游行,汇成了全国学生运动的高潮。

是日上午,北平各校学生在北大集合后,组成了7000多人的游行队伍。

午后1时许,队伍出发。他们沿途高呼:"反饥饿、反内战、反独裁!""反对征兵征实!""提高工人待遇,改善农民生活!""增加教育经费!"游行队伍通过东城区到西城区,然后再回到北大。队伍归来后,当即在红楼广场召开大会,一致决议:请愿未得满意答复前,继续罢课;6月2日为反内战日,号召全国学生在这一天游行示威。

20日上午,京、沪、苏、杭地区16个专科以上学校学生6000余人,在南京举行联合示威大游行,向国民党行政院提出增加伙食费及全国教育经费等五项要求。

学生们用新词唱着那首著名的《打倒列强》曲调——"烧饼油条,烧饼油条,天天涨,天天涨!都是为了内战,都是为了内战,所以涨,所以涨!"

学生队伍中有人扛着一幅漫画,上面骷髅成堆,旁边一只只破碗作为衬托，象征内战炮火使得千百万人陷入了死亡与饥饿的深渊，让人看了触目惊心。当队伍由鼓楼向国民参政会行进时，密集的宪警已在珠江路口摆下屠杀的阵势，红色巡逻车发出尖锐的叫声，远远传来；巡官来回奔跑，暴跳不已。游行队伍到达这里，几经交涉，仍不放行，只得冲了过去。于是宪警特务一齐动手，喷射水龙，迎面冲向学生，挥舞木棍皮鞭，逢人便打。当场学生被击流血者50余人，重伤8人，遭打的在500人以上。这就是南京"五二〇惨案"。学生们并没有被暴力吓倒，继续前进。但当队伍到达国府路时，又遭到了马队、防护团、武装宪兵和机关枪队密密层层的封锁。大队只好停下来，在倾盆大雨中，和军警、特务僵持了6个钟头，一直到封锁线撤去，学生才带着沉痛的心情、呼喊着愤怒的口号返回中央大学。

这天中午，蒋介石正在黄埔路他的官邸宴请部分参政员。金陵女子文理学院院长吴贻芳与蒋介石同席，谈到自己刚才看到的街头的学潮，建议将警察厅长撤换。谁知蒋介石听了气得面孔铁青，双手颤抖，恶狠狠地说："这些学生都是受共产党欺骗，不把共产党从学校赶出去，这学校是没法办下去！"

第二天，立法委员张西曼等在会上严厉谴责了政府的高压政策。他说："学潮政治性不可否认，要求和平则是全国人民的愿望。当心！玩火者必自焚！"

在这次运动中，大学教授们也卷进来了。南北各大学的许多教授，如清华教授80余人，北大教授30余人，燕京教授30余人，南开教授20余人，上海各大学教授30余人，还有其他大学的教授，也都出于义愤，纷纷联名发表书面意见，同情学生，指责国民党反动派。

日暮途穷的国民党政府，到处加紧迫害学生和各阶层的人民。6月1日的黎明，国民党政府在上海、南京、北平、天津、武汉、杭州、贵阳、昆明、重庆等城市，进行全国规模的大逮捕。这一天被捕的至少有2000余人，被捕者都是学生、教员、记者和市民。

而反动派制造的武汉大学"六一惨案"，尤其令人发指。

当天清晨3时，反动派调集军警、特务数千人包围珞珈山武汉大学。武大师生从睡梦中惊醒，许多学生立刻被绑，在枪托毒打之下，拖上卡车，

第二章
共产党人另起炉灶

有5位教授也同样被抓走。当最后一批同学被拖上车时,全体同学失声号哭,涌向车前。这时,特务们用手枪、步枪、机关枪和手榴弹一起对准学生猛射,学生成批受伤倒地,3人当即身亡。

6月2日,国民党区各大城市宣布戒严,军警全体出动,整日不断地在街道巡逻。全国学生在这一天举行罢课,并怀着极度悲愤的心情,进行了各种各样的活动。上海、杭州、北平、天津等地举行了追悼会和纪念会,追悼和纪念内战中死难的军民,纪念在这次大迫害中牺牲的和被捕的同学,控诉反动派的罪行。同日,昆明36所大中学校的学生举行了"反内战、反饥饿、反迫害"的大游行。一向沉寂的桂林,广西大学学生在这一天也举行了大游行。华北学联继上海学联(5月30日成立)之后,也在这一天宣告成立,发表宣言,指出:"我们深感向顽固执迷者要求和平,是一种不智之举,制止内战,端赖于全国同胞的努力。"这说明,通过斗争,广大同学对反动派有了进一步的认识。

6月2日之后,高潮过去了。但当武大惨案消息透过封锁传出后,又激起了人们的愤怒。6月10日,上海学生举行了总罢课。16日,北平学生也总罢课一天,并举行公祭。上海和北平的总罢课,虽然是此次运动的最后一战,可是全国学联就在这个时候成立于上海,它将更紧密地团结全国的青年,在中国共产党的领导下,展开新的斗争。

"反饥饿、反内战、反迫害"运动,是全国范围内革命时机成熟的标志。运动的规模和气概,为以往学生运动所未有,仅上海一地就有5万学生直接参加了斗争。各地学生都无一例外地和反动派展开了面对面的反复多次的斗争,而且得到了社会各阶层的支援和同情,特别是学生运动和国民党统治区民主运动的主力部队——工人运动密切地联系在一起,因而取得了伟大的胜利。国民党统治区工人、农民、学生、市民的斗争汇合在一起,形成第二条战线,有力地配合了人民解放军的作战。由于运动的深入发展,反动派的穷凶极恶更加暴露无遗,从而使广大青年和人民清楚地认识到:要生存,要和平,要自由,除了团结起来推翻国民党政府以外,别无出路。

知识界的觉醒,促进了国统区人民运动的高涨。

革命胜利的条件已在全国范围内成熟了。

1947年5月30日，毛泽东作《蒋介石政府已处在全民的包围中》，指出："和全民为敌的蒋介石政府，现在已发现它自己处在全民的包围中。无论是在军事战线上，或者是在政治战线上，蒋介石政府都打了败仗，都已被它所宣布为敌人的力量所包围，并且想不出逃脱的方法。"

毛泽东告诉大家："中国事变的发展，比人们预料的要快些。一方面是人民解放军的胜利；一方面是蒋管区人民斗争的前进，其速度都是很快的。为了建立一个和平的、民主的、独立的新中国，中国人民应当迅速地准备一切必要的条件。"

三、打倒蒋介石，解放全中国

从1947年6月30日起，刘邓、陈粟、陈谢三路大军大举进攻中原，在中原地区呈"品"字形的战略态势，其他各地解放军也相继进行大反攻，中国革命实现了走向胜利，蒋家王朝走向灭亡的大转折。毛泽东决策土地改革，以争取农民；制定城市工作方针，以实现乡村到城市的转交；整党整风，以迎接全国性的胜利和执政；开展新式整军，以提高军队素质。战略决战已准备就绪。

1. 把战争引向国统区

1947年9月1日，毛泽东在为中共中央起草的党内指示《解放战争第二年的战略方针》中明确指出，人民解放军第二年作战的基本任务是："举行全国性的反攻，即以主力打到外线去，将战争引向国民党区域，在外线大量歼敌，彻底破坏国民党将战争继续引向解放区，进

◎ 刘邓大军千里跃进大别山

一步破坏和消耗解放区的人力物力、使我不能持久的反革命战略方针。"

毛泽东以敏锐的目光，从战略战术上科学地分析了形势，作出了"大举出击，经略中原"的决策，并把战略进攻的矛头选择在中原地区的大别山，人民解放军转入战略反攻的直接目的，是把战争引向国统区，这就要求反攻的主要方向和目标应该选在敌人力量薄弱而又是要害的地区。首先进击中原，还可堵住华北战场南北的道路，把敌人的主力部队控制在长江以北，为条件成熟时与敌在中原决战创造条件。关于进攻方式，毛泽东亦做了明确规定：采取跃进的方式，下决心不要后方，长驱直入，一举插进敌人的战略要地，然后建立根据地。

为了实现千里跃进大别山，夺取中原的战略设想，毛泽东做了三军呈"品"字形展开，两翼牵制的周密部署，即由刘伯承、邓小平率晋冀鲁豫野战军实施中原突破，直趋大别山；陈毅、粟裕率华东野战军为左路，在鲁西南强渡黄河，掩护刘邓大军挺进大别山的战略行动，尔后挺进豫皖苏地区，实行战略展开；陈赓、谢富治率太岳兵团为右路，挺进豫西，配合西北野战军粉碎敌人的重点进攻，在豫西、陕南、鄂西北实行战略展开。三支大军在长江、淮河、黄河、汉水之间的广大地区，布成"品"字形阵势，互为犄角，互相配合，机动歼敌。两翼牵制是西北野战军在陕北出击榆林，调动进攻陕北的敌人北上，以利于陈谢兵团的行动，华东野战军的山东兵团在胶东展开攻势，以配合三路大军的行动。

根据毛泽东的部署，刘伯承、邓小平率晋冀鲁豫野战军1947年6月30日在张秋镇到临濮集300里的地段上，一举突破黄河天险，揭开了全国性大反攻的序幕。28日刘邓大军胜利结束了鲁西南战役。经过28天的连续作战，歼灭敌军5.6万人，取得了战略反攻的初步胜利，为跃进大别山把战争引向国民党统治区开辟了道路，同时打乱了敌人的全盘战略计划，有力地配合了陕北和山东的人民解放军粉碎敌人重点进攻的作战。

从8月1日开始，刘邓大军抓紧时间休整，准备于8月15日南进大别山。随着战争形势的变化，刘邓认为不宜留在豫皖苏，应直趋大别山。毛泽东对此建议极为重视，立即批准了这一果断的决定，并授权刘邓在情况紧急来不及请示时，一切由其果断处理。

8月7日夜，刘邓大军4个纵队分三路秘密南下，以战略上的极大突然

第二章
共产党人另起炉灶

性向南疾进。一纵为西路,沿曹县、宁陵、柘城、上蔡之线直奔豫南;三纵为东路,沿城武、虞城、鹿邑、界首之线直奔皖西;中原局、直属队和二纵、六纵为中路,沿沈丘、项城、息县之线直奔大别山腹地。自此开始了千里跃进大别山的壮举。

8月11日,刘邓大军跨越陇海路,首战告捷,将蒋军甩在陇海路北。12日,远在陕北的毛泽东对刘邓大军的远征行动做了具体的部署:"此次我军南进,必须减少不必要的性急,力争少走路多休息。情况紧张时应当走几天长的,但应跟着休息几天,恢复疲劳";"在目前几个星期内,必须避免打大仗,专打分散薄弱之敌,不打集中强大之敌,待我军习惯于先后方外线行动,养精蓄锐,又在有利于我之敌情、地形条件下,方可考虑打大仗"。

经过20多天的连续行军,刘邓大军粉碎了国民党军的前堵后追,先于蒋军进入大别山地区,胜利地完成了千里跃进大别山的战略任务。到达大别山后,刘邓大军迅速实施战略展开,开始重建大别山革命根据地。刘邓大军经过两个月的战斗,到11月下旬,共歼敌3万余人,建立了3个县的民主政权,初步完成了战略展开,在大别山站稳了脚跟。

刘邓大军挺进大别山后,牵制了20多个旅的敌人,西北野战军也将胡宗南主力吸引在西北,此时陕南、豫西地区极为空虚,毛泽东决定奇兵突击,杀向豫西山地,创建鄂豫陕根据地。1947年7月19日,毛泽东命令陈赓和谢富治率一个集团军(由晋冀鲁豫野战军第四纵、第九纵、38军和第八纵的22旅组成,后改为兵团)挺进豫西,配合刘邓大军经略中原,并进一步指出,豫西敌人兵力空虚,是个空子。

挺进豫西机动作战,大量歼敌,开辟根据地,可以迫使胡宗南军南调,配合陕北我军,打破敌人的"重点进攻",可以配合刘邓进击中原。毛泽东还给陈赓讲了破釜沉舟的故事,要求陈赓以最大的决心和勇气打出去,克服在新区遇到的困难。毛泽东说,弹药不足,由蒋介石来"补充",伤员安排,要依靠群众!根据地是创建起来的,不是一切都搞好了才去革命。蒋管区的人民遭受封建势力和国民党的残酷镇压,你们去了,要好好发动群众,依靠群众,把人民革命的高潮推动起来,这样就一定胜利!

遵照毛泽东的指示,8月22日陈赓等率部队在垣曲强渡黄河,迅速占领洛宁、新安、渑池、宜阳等城镇，歼敌四千余人，逼近洛阳城郊。陈赓等率主力向西挺进，经过3个月的作战，歼敌4万余人，建立了豫陕鄂、陕南根据地，完成了战略展开，孤立了豫西重镇洛阳，并威胁潼关，有力地配合了刘邓大军、西北野战军和华东野战军的作战。

依据毛泽东的战略部署，陈毅、粟裕率华东野战军8个纵队挺进鲁西南地区，9月9日在菏泽之沙土集歼敌9500余人，迫使蒋介石从大别山和山东战场抽兵增援，对刘邓大军和山东战场的人民解放军起了有力的配合作用。9月26日，陈粟大军6个纵队分两路挥师南下，越过陇海路，挺进豫皖苏，展开了大规模的攻势。9月底、10月初毛泽东连续电示陈毅、粟裕："在1个月至2个月内只打小仗，不打大仗，各纵队应划定地境，每纵几个县，从事歼灭境内小股敌军、军团、地匪、保甲，发动群众，建立政权，实行土地改革的任务，每师拨出一个营的架子（干部）及一个连的兵力，建立各县武装基干，各纵主力则在自己辖境内往来机动作战，包括破击铁路在内，使敌主力置于无用之地，疲于奔命，为不久的将来集中兵力作战打下基础。"

根据毛泽东的指示，陈粟大军以纵队为单位分散展开，广泛发动群众。至10月底，解放了洪泽湖以西、平汉路以东、淮河以北、陇海路以南的广大地区，歼敌1万余人。11月上旬，又发动了对陇海路的破击战，破坏了陇海路徐州至兰封段的铁路线，进一步沟通了豫皖苏与鲁西南的联系，迫使国民党军调集15个旅的兵力增援，其中包括用于进攻刘邓大军的8个旅，打乱了蒋介石的战略部署。陈粟大军在两个多月的时间里，完成了在豫皖苏地区的展开，孤立了敌人的战略要地开封、郑州。

人民解放军转入战略反攻后，刘邓、陈谢、陈粟三路大军分别进入大别山、豫陕鄂、豫皖苏地区，并胜利完成了战略展开，在中原战场上形成"品"字形的有利战略态势，互为犄角，互为配合，使国民党军后方变为人民解放军的前进基地。蒋介石为了争夺中原，经营华南，于11月下旬成立了国防部九江指挥所，纠集了33个旅向大别山地区的刘邓大军进行围攻。根据这一情况，毛泽东指示陈粟野战军和陈赓的太岳兵团发动平汉路、陇海路的破击战，刘伯承、邓小平率部开展内线外线的斗争。

为此，邓小平率3个纵队在大别山坚持斗争，刘伯承率1个纵队向淮西转移，另以2个纵队越平汉路，开辟了桐柏、江汉解放区。12月中旬，陈粟、陈谢两路大军发动了平汉路、陇海路破击战。经过一个多月的英勇奋战，终于粉碎了国民党的"总力战"。12月30日，三路大军在确山胜利会师，大别山、豫皖苏、豫陕鄂三块根据地连成一片，创建了中原解放区。

与此同时，内线各战场的人民解放军根据毛泽东的部署也展开了战略反攻。西北野战军在取得了沙家店大捷后，转入内线反攻，发动了黄龙、延清等战役，使关中、华北连成一片。许世友等率领华北野战军山东兵团举行胶东战役，歼敌6.3万人，从根本上改变了山东战场的形势，有力地配合了人民解放军的外线作战。聂荣臻率领晋察冀野战军发动清风店战役和石家庄战役，使晋察冀解放区与晋冀鲁豫解放区连成一片。林彪、罗荣桓等率领东北野战军发动了大规模的秋季攻势，歼敌6.9万人，将敌人压缩于长春、吉林、沈阳等孤城。各战场人民解放军的内线与外线的攻势作战，构成了人民解放军全面战略进攻的总形势，国民党军队被迫由战略进攻转为"全面防御"，从而结束了中国人民革命战争长期以来的战略防御地位。这标志着战争形势的根本改变，标志着中国革命战争已经到了一个新的转折点。

正如毛泽东所指出的："这是蒋介石的二十年反革命统治由发展到消灭的转折点。这是一百多年以来帝国主义在中国的统治由发展到消灭的转折点。这是一个伟大的转变。"

为了加快战争胜利的进程，更好地迎接新中国的诞生，十二月会议后，毛泽东把主要精力放在对党的重要政策的研究上。这些政策包括：土地改革、工商业、统一战线、整党、新区工作等方面。在1948年上半年这段时间内，这种政策性的指示、文章、讲演有近百篇。

2. 一厢情愿的"行宪国大"

1948年是国民党政权走向全面崩溃的一年，3月至5月的行宪国大，蒋介石原准备以所谓的行宪为自己贴金，但不期引起各派反对，总统、副总统选举，进一步加深了蒋桂矛盾。经济上，恶性的通货膨胀，工农商业破产，使国统区陷入全面混乱。政治、经济、军事危机交织在一起，国民党统治走向了全面的崩溃。

1948年，国民党当局召开第一届国民大会，选举总统和副总统。蒋介石原想通过这次大会达到孤立共产党的目的，但他没有想到，对在中央供职一向不感兴趣的李宗仁却不顾蒋介石劝告，执意参加副总统竞选，结果蒋桂矛盾由此进一步激化，国民党统治集团陷入分崩离析之境。

◎ 1948年行宪国大，李宗仁、蒋介石等人走出会场

制宪国大闭幕以后，蒋介石认为自己的内战政策已经有了更为"合法"的根据，决心在美帝国主义的支持下，放手扩大内战。1947年3月，国民党大举进攻延安，声称3个月内"击破共军主力"。接着，又于4月宣布"改组政府"，成立所谓"介乎训政与宪政之间的过渡政府"。4个月后人民解放军即由防御转入进攻，国民党军队由进攻转入防御。面对这种局面，美国总统杜鲁门于1947年7月11日宣布派魏德迈为"特使"，率领使团来华进行所谓"调查"，其目的是通过实地考察，谋划如何加强美援和发挥美援的效能，以挽救蒋介石的败亡和进一步控制国民党反动政府。美帝国主义在继续支持蒋介石的同时，又策划新的侵略阴谋。其要点包括必要时去掉已丧失人心的蒋介石，代之客观存在还保存相当实力、一部分人民对其尚有某些幻想的新的傀儡，以图重整旗鼓，维持国民党摇摇欲坠的反动统治。9月，美国驻华大使司徒雷登回国答复国务院征询时说："在学生中间，作为国民党统治的象征的蒋介石，已经大大地丧失了他的地位。大多数的学生，甚至毫不客气地认为他是完蛋了。""李宗仁上将日益获得了公众的信赖。"这就表明，李宗仁已成为美帝国主义物色好了在必要时取代蒋介石的新的

第二章
共产党人另起炉灶

傀儡人选和扶持的对象。当时,司徒雷登就已亲自出马,策动李宗仁在即将召开的行宪国大上竞选副总统。

国民党反动派在军事上连遭失败和政治、经济危机日益严重形势下,为了苟延残喘,在美帝国主义的阴谋策划下,1948年3月29日至5月1日,于南京召开了行宪国大,其中心议题是选举国民党政府的总统和副总统。

围绕总统和副总统的选举,国民党内各派系展开了激烈的明争暗斗。会前,发生了"代表资格"问题的争斗。原来规定,国大代表由国民党中央和民社、青年两党分别提名,然后经"民选"产生。还规定国民党党员非经中央提名不得当选。但各地未经国民党中央提名而由"选民"签署选出的代表就有600多名,而原来约定分配给民社、青年两党的名额几乎全被挤掉。为此,国民党中央命令未经"圈定"而当选的国民党员,把名额让给"圈定"的党员和民社、青年两党。但这批花了大量血本贿选弄来"代表资格"的"民选代表",纷纷以"国法"对抗"党纪",拒不退让。他们还组织了"民选代表联谊会"向国民党中央请愿。一些由国民党提名而落选的人也跟着吵闹。天津一个"民选"代表,抬棺材到"国民大会堂"门口示威,另有一些人到会堂绝食,以示抗议。蒋介石亲自出来训话也无济于事。3月29日晨,国民党当局只得派军警和卡车拖走绝食者,拉走棺材,始得开会。

开会以后,因为各派争权夺利,互不相让,选举主席团就用了一个星期时间。会场上更是乌烟瘴气,有"呼呼入睡的","有养神的,有闲谈的,有吃花生的,有脱鞋弄足的,有梳头的"。会场内嘘声、叫声、打骂声不断,有时甚至闹到"全场鼎沸,人人离席,拂袖挥拳,大打出手"。蒋介石不得不出面进行训斥。

1948年3月29日,国民大会开幕,蒋介石明确表示准备请胡适出任总统,自己出任行政院长。3月30日下午3时,王世杰向胡适传达了蒋介石的意见。蒋介石此举使胡适颇受感动。

4月3日夜,蒋介石亲自找胡适谈话,胡适终于相信蒋介石确是出自真心,决心答应蒋介石的要求。蒋介石告诉他说,所以选他来做总统,是因为1946年制定的宪法规定,国家最高的行政实权在行政院,而他这个人不宜做没有实权的总统,所以愿将总统让给胡适,他自己当行政院长。有蒋介石亲自许诺,胡适这个总统的座位眼看就要坐上了。

会上最热闹的是总统、副总统的选举。4月4日,国民党第六届中央执行委员会在南京召开临时全体会议,专门讨论总统候选人提名问题。蒋介石在会上假惺惺地表示无意竞选总统,宁愿当行政院长,首届总统应由在学术上有成就、国际上有声誉和曾对"国家有贡献"者的党外人士(暗指胡适)担任。

谁料到,蒋介石其实并非真想把总统的座位让出去。4月4日,国民党举行临时中央执行委员会全体会议讨论总统、副总统人选问题。中委们除了吴稚晖和罗家伦赞成蒋介石的意见外,都吵吵嚷嚷地仍坚持必须由蒋介石做总统候选人。

蒋介石本人当然知道做总统的好处。中国到底是一个农业社会,总统作为国家元首,与皇帝的地位无异。但是,宪法已经颁布,蒋也不便即行修宪。因此,必须有个折中的办法。在5日的国民党中常会上,蒋介石的心腹张群明确告诉与会的中常委:"并不是总裁不愿意当总统,而是依据宪法规定,总统是一位虚位元首,所以他不愿处于有职无权的地位。如果常会能想到一个补救办法,规定在特定期间,赋予总统以紧急处置的权力,他还是要当总统的。"

实际上蒋介石的用意是嫌总统权力受到限制。经过全会和中常会的多次讨论。4月5日,国民党中常会通过张群提出的"赋予总统以紧急处置权"的建议。经过这番安排,蒋介石表示"尊重"和"接受"全会决定。4月5日,蒋介石把王世杰找去说,他的计划是无法实现了。一因党内同志不赞成,二因如他拒为总统候选人,必有别人出来竞选总统,将来的结果必定很坏。王世杰随即把蒋介石的意思转告给了胡适。8日晚,蒋介石又约胡适到自己的官邸吃饭,向胡适表示歉意。胡适还是诚惶诚恐地表示理解,甚至恭维道:"党的最高干部敢反对总裁的主张,这是好现状,不是坏现状。"真不知道胡适这里讲的是真心话,还是违心话。

胡适与他的总统机遇就这样擦肩而过了。

按照"制宪国大"规定,1948年为实行宪政年,通过选举产生总统和

第二章

共产党人另起炉灶

副总统。当时任北平行辕主任的李宗仁动了竞选副总统的念头。1947年7月，李宗仁电邀程思远来北平告之以参加竞选的打算，而后请程思远回南京带给蒋介石、吴忠信两封亲笔信，表明他要竞选副总统，要求蒋介石予以批准，希望吴忠信在蒋介石面前善为疏通，并随时打听消息告知。起初，蒋介石对李宗仁意欲参加竞选一事，没有什么表示，因此李宗仁以为蒋介石已同意了，于是在1948年1月8日的一次外籍记者招待会上，向公众宣布将参加副总统竞选。消息传来，蒋介石气得捶胸顿足，觉得"好比一把刀指着胸膛那样难过"。旁人也认为李宗仁异想天开，成功希望十分渺茫。桂系首要人物、国民党国防部长白崇禧听说李宗仁要竞选，吓了一跳，说："德公（李宗仁）一向沉默持重，凡事不为天下先。这一次竟这样当仁不让，全力以赴，我完全料想不到。"广西省主席黄绍竑匆匆飞抵北京，劝说李宗仁打消参加竞选的意图，免得竞选不成，反而引起蒋桂之间的严重摩擦："既吃不着羊肉，何必惹一身膻呢？"黄绍竑进而劝李宗仁竞选监察院院长，说于右任院长春秋已高，可能要退休了，李宗仁若去竞选，一定是轻而易举的事。但李宗仁态度依旧坚定不移，他对黄绍竑说："季宽（黄绍竑），我的看法与你和健生（白崇禧）的看法大不一致。你们知道国民党政权在现在人民眼光中已反动透顶，但是一般人民又怕共产党。因此大家都希望我们党内有像我这样比较开明而敢作敢为的人出来辅佐蒋先生，换换空气。此次竞选，蒋先生和CC系不反对我便罢，他们愈反对，我自信我获选的可能性便愈大。"

李宗仁顶着蒋介石的压力，不顾桂系人物白崇禧、黄绍竑、程思远等人的劝阻，执意参加副总统竞选，并非异想天开。

李宗仁也想借竞选之机，摆脱在北平无所作为的困境。蒋桂战争中，蒋介石打败了桂系，桂系元气大伤，实力和影响跌入低谷，在以后的反蒋战争中，桂系仅充当个配角。1931年至1936年，桂系励精图治，休养生息，积蓄力量。桂系打出的口号是"建设广西、复兴中国"。抗战前夕，桂系已经从原来一个单纯军事集团，成为集政治派别、军事集团、经济实体三者为一身的地方实力派。抗战时期，李宗仁因指挥台儿庄等战役获胜，获得极高的声誉。蒋介石不满意桂系再次崛起，抗日战争结束后，对李宗仁、白崇禧都做了明升暗降的处置。白崇禧被任命为国防部长，而军政、军令权一概操于参谋总长陈诚手中。李宗仁被蒋介石派往北京担任北平行辕主任，为华北地区军政最高长官，管辖两个战区（第十一、第十二），包括五省（河北、山东、察哈尔、绥远、热河）、三市（北平、天津、青岛），辖区内一切党、政、军的设施都听命于主任。但李宗仁心中明白蒋介石绝不会授他以实权。蒋介石的目的在于把李宗仁捧得高高在上，而削弱其调兵遣将、控驭下属的权力。果然，李宗仁在北平一开始办公就发现"主管无权，政出多门"，"主任"却不能自主。而东北三省，"败征已见，全部沦陷只是时间问题，任何人不能起死回生"。李宗仁庆幸自己没有介入东北危局，但觉得北平也非久留之地，因为东北一旦失守，华北便首当其冲，共军必自四面向北平合围，而下级将领近半系"天子门生"，真是"既不能令，又不受命"。李宗仁曾几次提出辞去这令他"上不沾天，下不着地"的职务，均被蒋介石拒绝。现在如参加竞选，不仅可以自动解除北平行辕主任的职务，还可以远离北平这块是非之地。

李宗仁企图以副总统的身份，对国民党政治做一番改良。李宗仁反蒋，但不反对国民党，他与国民党政权间有着血肉不可分的联系。他懂得"皮之不存，毛将焉附"的道理。所以，李宗仁是不愿看到国民党政权失败，特别是为共产党政权所取代。所以李宗仁决心"不顾艰难，以天下为己任，挺身而出，加入中央政府，对彻底腐化了的国民党政权作起死回生的民主改革"。他提出应自力更生，外交上亲美而不反苏，经济上反对官僚资本恶性膨胀，并指出这是一切腐败的根源，是与民生主义背道而驰的，主张"节制资本，取豪之财富，充实国帑，课资产以重税，平衡收支"，"平均地权，分地主过量之土地，归诸佃户，纳于公仓"。李宗仁把竞选副总统，看作是实现上述政治抱负的唯一途径。

美国对华态度的转变对李宗仁坚持参加竞选也起了关键作用。自蒋介石挑起内战以来，美国政府给予国民党巨额援助，然而，武器精良的国民党军队在各大战场却连连失利，杜鲁门开始失望了。1947年8月，他派魏德迈来华对国民党政府进行了为期1个月的调查。魏德迈离华前夕宣读了一份声明，其中指责国民党政府"贪污无能"、"麻木不仁"，称"中国的复兴有待于富有感召力的领袖"。同时美国驻华大使司徒雷登在给美国政府的

第二章
共产党人另起炉灶

报告中还谈道:"象征国民党统治的蒋介石,其资望已日趋衰微,甚至视之为过去人物",而"李宗仁将军资望日高"。既然有美国的撑腰,李宗仁也就无须担心蒋介石奈何他了。

可见李宗仁参加竞选并非异想天开,而是经过慎重考虑的。李宗仁于1948年3月11日,信心满怀地宣布参加副总统竞选。蒋、李由此展开一场激烈的权力争夺。

1948年4月25日,南京国民大会为选举民国副总统正准备第三轮选举,在前两轮选举中获选票最多的李宗仁却突然宣布退出副总统竞选。李宗仁这一行动,曾使许多人感到迷惑,甚至连李宗仁的夫人郭德洁都不大明了其中的奥妙。其实,李宗仁"罢选"并非真心不愿当选,而是针对蒋介石所采用的一个计谋。

蒋介石不赞成李宗仁参加竞选,他认为,李宗仁竞选成功,对他的威胁是很大的,因为李宗仁是拥有军事力量最强的地方实力派,在目前内战节节失利的局势下,桂系大有以美国支持为背景伺机取而代之的可能。所以蒋介石要不惜一切手段,阻止李宗仁参加竞选。

李宗仁早在1947年年底委托秘书程思远转交一封给蒋介石的亲笔信,信中表达了参加来年竞选副总统的意愿。7个月过后,蒋介石始终不置可否,李宗仁以为已得蒋介石默认,于是满心欢喜,又是召开新闻发布会,又是成立竞选事务委员会,还许下诺言:如果当选副总统,当尽力所能及,在政治上实行民主政策。当时除李宗仁参加竞选外,还有于右任、程潜、莫德惠、徐傅霖。5人中最具竞争力的是李宗仁,蒋介石最不愿看到的也是这样的局面。为此,蒋介石想寻找出一个能够与李宗仁抗衡的人物参加竞选。他最终选定了孙科,孙科是孙中山之子,具有一定的影响力。孙科是广东人,竞选副总统,会得到广东人的支持,而李宗仁的选票或许握在广东代表手中。孙科原本无意参加竞选,说副总统没有实权,只是在蒋介石的鼓动下才于3月17日公开表态,参加竞选副总统。这么一来,李宗仁处境变得大为不妙。

4月3日,蒋介石亲自出马,找李宗仁谈话。客套寒暄既毕,开始了一段耐人寻味的谈话。蒋介石说:"总统、副总统的候选人,均由中央提名,副总统的候选人已内定孙哲生(孙科),希望你顾全大局,退出竞选。"李宗仁颇感意外，说："半年前，我已向总裁请示，所以我就积极准备一切。事到如今我已欲罢不能了。""你还是自动放弃的好。"蒋介石不耐烦地说。李宗仁回答："委员长，这事很难办呀！"蒋介石十分恼怒，敲着沙发扶手，提高嗓音说："我是不支持你的，你还能选得到？"李宗仁毫不含糊地回答："委员长，我一定选得到。"

4月4日，国民党第六届中央执行委员会临时全体会议在南京丁家桥中央党部礼堂开幕，蒋介石提出总统、副总统候选人应由党内提名，李宗仁、于右任、程潜为对付蒋介石霸道作风，暗地里结成联盟，一致反对蒋介石的提议。会议最终决定：本届总统候选人，仍拥护总裁竞选，但党内不提名，本党同志当依法联署提名，惟下届总统、副总统竞选，应由党内提名。由于会议取消了蒋介石的提议，他心里很不是滋味，在4月12日纪念周中，借题发挥、指桑骂槐，大骂不受党约束的人，矛头指向李宗仁。

4月23日，国民大会选举副总统开始了。当日开票结果：李宗仁得754票，孙科得559票，程潜得522票，于右任得492票，莫德惠得218票，徐傅霖得214票。因候选人所得票数无一人超过法定有效数字，依选举法规定，得票较多的李宗仁、孙科、程潜需进行第二次竞选。第二轮投票结果表明：李宗仁虽在候选中占据领先地位，但还是未达到法定人数，故仍需举行第三次投票。

蒋介石看到孙科不是李宗仁的对手，于是在第二次投票前，找来湘籍代表贺衷寒、袁守谦，面嘱他们助选程潜，并拨给竞选费交他们支配。蒋介石希望程潜能够分到李宗仁的选票而使孙科当选。可惜这一着并没有起作用，李宗仁在第二次选举中依旧位居榜首。于是蒋介石又把贺衷寒、袁守谦找来，要他们把投程潜的票改投孙科。同时示意程潜放弃竞选，并将选票投向孙科。程潜严词拒绝，当日声明罢选。

在此关键时刻，南京城内又奇怪地出现了反李宗仁内容的传单："台儿庄胜利是假的"，"竞选口号与共产党一样"，"郭德洁在北平贪污，以金钱收买国大代表"等。许多支持李宗仁的代表先后被告之，他们"已失去选举自由"。形势对李宗仁十分不利。24日晚饭后，李宗仁召集白崇禧、黄绍竑、程思远等到大悲巷雍园一号白崇禧的寓所密谋，想出一个"罢选"绝招。

第二章
共产党人另起炉灶

4月25日，南京各报纸赫然刊载李宗仁罢选声明。李宗仁、程潜分别退出竞选，把孙科一人晾在台上，处境尴尬，无奈也被迫放弃竞选。

蒋介石没有想到搬起石头砸了自己的脚，只得派人劝各候选人取消罢选。随后又亲自接见白崇禧，表示一定要全力支持李宗仁。于是白崇禧回报说，蒋介石信誓旦旦，应该对他信任。李宗仁沉吟片刻，同意取消放弃竞选的行动。4月29日，国民大会再度进行投票，李宗仁以1438票的多数战胜孙科，当选民国副总统。

5月20日，南京国民政府在一片礼炮鼓乐声中，举行了正副总统就职典礼。当李宗仁披挂戎装肃立在身着长袍马褂的蒋介石身旁时，如梦初醒，方知又遭蒋氏戏弄。原来，李宗仁事先征询蒋介石参加庆典穿什么样式的服装，蒋介石明确答复穿军服。如今蒋介石违背先约，使李宗仁形如侍卫一般，以此发泄对他竞选成功的怨气和不满。

新华社在《旧中国在灭亡，新中国在前进》的社论中指出："蒋介石统治中国二十一年所追逐的最后一出戏"，"是演得这样难堪，以致人们不知道他们是在作喜事，还是在出丧。"5月20日，蒋介石、李宗仁就任伪总统和副总统。政府在"行宪"以后，孙科与陈立夫于5月中旬分别当选为正副立法院长；5月下旬，前行政院长张群辞职，由翁文灏、顾孟余分别任行政院正、副院长。这样，这次行宪国大滑稽地由国民党首领、"国民政府"主席蒋介石，"还政"给同一个国民党首领、"大总统"蒋介石。这就是他们标榜多年的所谓"还政于民"。

李宗仁竞选获胜，但国民党内部的矛盾也更加激化了。

对于李宗仁当选副总统所揭示的党内严重的分裂问题，蒋介石是束手无策的。以前他可以依靠军事力量对不同的派系大加讨伐，但现在他所有的军队都被牵制在战场上，况且，目前的局势，也不得不使他求助于各派系。对此一切，他只好哑巴吃黄连，把恨意埋藏在心里。但他并没有忘记对桂系"分而治之"。在确定李宗仁当选副总统之后，他就免去桂系小诸葛白崇禧的国防部长之职，遗缺以何应钦继任。

白崇禧被任命为"华中剿总"总司令，要到武汉去。蒋介石对桂系素有戒心，抗战期间，白崇禧入京任副总参谋长，李宗仁即去徐州任第五战区司令长官；抗战结束，白崇禧任国防部长，李宗仁就到北平任行辕主任。现在李来白去，也是这样的道理。蒋介石认为只要不使他们在一个地方，桂系就成不了大气候。

两年以前，白崇禧任南京政府首任国防部长，陈诚是总参谋长。白崇禧、陈诚不和，蒋介石深知，所以白崇禧不仅有职无权，且不能参加黄埔路官邸的作战会报。现在蒋介石要把白崇禧外放，白崇禧乘机提出一个建议，认为守江必守淮，这是一个战略原则，主张华中只能成立一个战区，以期兵力能够集中使用。因此他的"华中剿总"总部将设在蚌埠，而以重兵运动于江淮河汉之间，以巩固南京这个政治中枢的防卫。

但是蒋介石说，徐州将成立另一个"剿总"，以刘峙为总司令，"华中剿总"将设武汉，仅指挥江北上游部队。白崇禧以为中原划分两个战区，缓急不能相顾，根本违背了他的"守江必守淮"的战略方针，如此分兵使用，前途不堪设想。但蒋介石不允所请，径将任命发表。6月6日，白崇禧邀李宗仁在他的大悲巷雍园一号寓所午餐，说他将赴上海住一个时期，除非蒋介石答应他的要求，绝不接受此项任命。

不多几天，蒋介石派吴忠信到上海去劝白崇禧回南京接受新命，白崇禧不为所动。后来又叫桂系的创立人，投蒋的黄绍竑去劝他，黄绍竑一到上海即打电话给住在虹口的白崇禧。

白崇禧在电话中说："你如果代表那个人来劝我，那我们便没有什么好谈。"

黄绍竑说："当然是那个人叫我来，但我自己还有别的看法。"

等到两人一见面，黄绍竑就开门见山地说："人家都说你是小诸葛，现在我看你这个诸葛亮，实在太不亮了。这些年来你在南京，不过是笼中之鸟，既然蒋介石要放你出去，你何不借此机会远走高飞？你到武汉之后，把广西部队掌握在自己手里，一到时机成熟，就可以制造形势，迫蒋介石下台，让德邻出来代理总统，开创一个新的政治局面，岂不是一举而数利吗？"

白崇禧一听此说于己有利，随即回南京，同李宗仁面谈一切。

6月28日，白崇禧在汉口就任"华中剿总"总司令职务，他的"守江必守淮"的主张也就搁置不谈了。

第二章
共产党人另起炉灶

何应钦继任国防部长以后，司徒雷登曾向蒋介石建议，在作战部署上要保证使何应钦同美国军事顾问团团长巴大维密切合作。

可是蒋介石口头答应却并不实行，因此司徒雷登于6月14日报告美国国务院，说蒋介石曾保证同意他的建议："令何应钦将军与巴大维将军密切合作，共同指挥作战，其后蒋委员长食言，仍由其本人命令无能之参谋总长（顾祝同），而亲自指挥作战。"

8月22日，司徒雷登又报告说："巴大维将军曾就当时军事行动所引起之若干特殊问题，向委员长有所建议，但此项建议每不为其所重视。巴大维将军执行其使命所遭遇之最严重困难，全因中国统帅部不能达成其任务所致。"

战事的失利，派争的表面化，加上美国对蒋介石的失望，桂系将计就计，伺机起事。此刻蒋家王朝已是风雨飘摇了。

3. 大决战前的准备

随着人民解放军的节节胜利，到1948年，占领了越来越多的城市。根据迅速发展的形势，毛泽东总结了以往接收和管理城市的经验教训，制定了完整的城市工作方针和政策。

城市工作的方针是建设城市，而不是破坏城市。

◎ 1947年冬至1948年春，开展新式整军运动：诉苦和"三查"

1948年4月5日，人民解放军第二次攻克豫西重镇洛阳，毛泽东为中共中央起草了《再克洛阳后给洛阳前线指挥部的电报》，明确指出："城市已经属于人民，一切应该以城市由人民自己负责管理的精神为出发点。如果应用对待国民党管理的城市的政策和策略，来对待人民自己管理的城市，那就是完全错误的。"并要求"一切作长期打算。严禁破坏任何公私生产资料和浪费生活资料，禁止大吃大喝，注意节约"。这就从根本上确定了城市工作的方针是建设城市。

要学习管理和建设城市的知识，争做内行，对负有重要责任的"市委书记和市长必须委派懂政策、有能力的人担任。市委书记和市长应该对所属一切工作人员加以训练，讲明各项城市政策和策略"。在党的工作重心从农村转向城市时，这一问题显得尤为重要。

毛泽东指出，我们要在城市中维持政权，站稳脚跟，就"必须全心全意地依靠工人阶级，团结其他劳动群众，争取知识分子，争取尽可能多的能够同我们合作的民族资产阶级分子及其代表人物站在我们方面，或者使他们保持中立，以便向帝国主义者、国民党、官僚资产阶级作坚决的斗争，一步一步地去战胜这些敌人"。这就明确规定了在城市工作中反对谁、团结谁、依靠谁。

毛泽东制定了恢复和发展生产，改善城市人民生活的具体政策。在恢复和发展生产中，必须根据革命的需要，有所侧重，并按照一定的顺序来进行。毛泽东规定为："第一是国营工业的生产，第二是私营工业的生产，第三是手工业生产。"同时，在恢复和发展生产中，对城市中的各种经济成分，必须采取不同的政策。

毛泽东还指出，"大城市目前的中心问题是粮食和燃料问题，必须有计划地加以处理"。但是，改善城市人民的生活必须是有计划有步骤的，由于中国共产党尚在领导人民进行革命战争，大量的人力和物力主要用于支援战争，因此，改善城市人民的生活是有限度的，"必须有计划地逐步解决贫民的生活问题"。在入城之初，"不要轻易提出增加工资减少工时的口号"，"不要忙于组织城市人民进行民主改革和生活改善的斗争"，"不要提'开仓济贫'的口号"。至于进一步改善城市人民的生活水平，则要根据形势的发展酌情处理。

毛泽东指出，"在战争时期，能够继续生产，能够不减工时，维持原有工资水平，就是好事。将来是否酌量减少工时增加工资，要依据经济情况即企业是否向上发展来决定"；当我党在城市中站稳了脚跟，"市政管理有

第二章 共产党人另起炉灶

了头绪，人心已经安定，经过周密调查，弄清情况和等有妥善解决办法的时候，才可以按情况酌量处理。"毛泽东制定的这一政策，既解决了城市人民迫切需要解决的生计问题，又从人力上物力上支援革命战争，实践证明是完全正确的。

彻底砸碎国民党的反动国家机器，但对官僚资本主义企业的组织机构和管理机构则要利用、改造。毛泽东指出，人民解放军占领城市后，对国民党反动国家机器必须彻底砸碎，建立人民的革命政权，要"极谨慎地清理国民党统治机构，只逮捕其中主要反动分子，不要牵连太广"；对"国民党员和三青团员，必须妥善地予以清理和登记"。这样就可迅速惩处罪大恶极的反革命分子，巩固新生的革命政权。对于旧政府的工作人员，只要没有大的罪行，经过改造后可加以利用。而对于官僚资本主义企业的组织机构和管理机构可暂时利用，待条件成熟时再逐步改革。

毛泽东制定的城市工作方针和政策有力地推动了城市工作沿着健康的方向发展，中国共产党迅速在城市中站稳了脚跟，恢复和发展了生产，改善了城市人民生活。

到1947年，党员人数已猛增至270万人，这是一个极大的跃进。但是，地方基层组织，尤其是农村基层组织中的成分不纯、思想不纯、作风不纯的问题尚未得到解决。

1947年全国土地会议决定在进行"土改"的同时，整顿党的基层组织，解决党内成分不纯、思想作风不纯等问题，从而促进中国共产党健康成长，领导人民夺取全国革命胜利。

在毛泽东的领导下，各解放区农村中的党组织从1947年冬开始，结合土地改革，进行了以查阶级、查思想、查作风和整顿组织、整顿思想、整顿作风（即"三查三整"）为主要内容的整党运动。毛泽东总结了抗战时期延安整风的经验教训，提出此次整党的基本方法是"在党内展开批评和自我批评，彻底地揭发各地组织内的离开党的路线的错误思想和严重现象"。各解放区农村基层党组织根据毛泽东的指示，开展了轰轰烈烈的整党运动。

首先公开党的支部，在上级党组织领导下，依靠党支部中立场坚定和党性强的党员为骨干，同时吸收非党员积极分子参加党支部的某些会议，包括党的批评检讨会议,开展批评和自我批评,征求非党群众对党组织和党员的意见,然后党组织的领导者再进行认真细致的审查和妥善处理。这样可使党外群众能够尽情地批评、检举某些党员和干部,党组织的领导者可根据群众的意见和党内情况,全面地考虑问题,分清是非轻重,给以公正的处置。同时还可以吸收为群众所推荐或拥护的积极分子加入党的组织,扩大党的队伍。这种整党方法"既整顿了党的队伍,又整顿了群众的队伍,建立起党内外的民主生活","将极大地提高党的威信"。

在整党运动中,各解放区采取了毛泽东一贯倡导的"惩前毖后,治病救人"的方针,对犯不同错误的党员给予不同的处理。对少数阶级异己分子、蜕化变质分子、坏分子和反革命分子坚决清除出党,对犯有错误但能认识错误、改正错误的党员不论其出身如何,都加以教育,而不是抛弃他们。

但是,在整党运动开始时,一些地区发生了"左"的倾向,夸大了党内不纯的现象,抛开了党的既注重成分又重个人表现的政策,大搞"唯成分论",甚至搞"搬石头",提出"斗干部就是斗地主"、"整党就是整地主"等,对党员干部采取极其粗暴的政策,一些地区甚至发生了对干部乱打乱杀的现象,这些已严重影响了整党运动的发展。毛泽东对这些问题极为重视,在十二月会议上,他明确提出绝对不许重复历史上所犯过的"左"的错误。1948年1月18日,他又为中共中央起草了党内指示《关于目前党的政策中的几个重要问题》,指出在每一个局部上,在每一个具体问题上,要采取谨慎态度,讲究斗争艺术,否则就会犯"左"倾错误,这就从总体上为纠正整党中"左"的倾向奠定了思想基础。对整党宣传中的"左"的倾向,毛泽东也做了严肃的批评和纠正,指出,"关于既反对忽视成分、又反对唯成分论的宣传,有些地区不够有力,甚至有唯成分论的错误宣传",要求各级干部充分认识这一问题,并加以检查,切实克服整党中的"左"的倾向,使整党工作取得成功。

整党中的另一个偏向是尾巴主义。一些党组织对群众的要求不进行认真细致的分析,甚至对错误意见也不加批评,在"群众要怎么办就怎么办"的口号下发展了尾巴主义。这种倾向对整党工作同样是有害的,继续发展下去将会使整党工作陷于无组织的状态。毛泽东对这种偏向也进行了批评

第二章
共产党人另起炉灶

和纠正,指出"在领导者和群众的关系问题上,关于既反对命令主义,又反对尾巴主义的宣传,有些地区注意了;但在许多地区却错误地强调所谓'群众要怎么办就怎么办',迁就群众中的错误意见,甚至对于并非群众的、而只是少数人的错误意见,也无批判地接受。否定了党的领导作用,助长了尾巴主义。"

1948年4月1日,毛泽东在晋绥干部会议上,对这一问题又一次做了批评,阐述了党和群众的正确关系,即"凡属人民群众的正确的意见,党必须依据情况,领导群众,加以实现;而对于人民群众中发生的不正确的意见,则必须教育群众,加以改正。"次日,他在同《晋绥日报》编辑人员谈话时,又一次阐述了党和群众的关系,要求各级党组织"善于把党的政策变为群众的行动,善于使我们的每一个运动,每一个斗争,不但领导干部懂得,而且广大的群众都能懂这是一项马克思列宁主义的领导艺术"。毛泽东的这些指示,丰富和发展了党的群众路线,从根本上纠正了尾巴主义的倾向。

在毛泽东的领导下,整党工作取得了巨大的成果,克服了各种错误倾向,走上了健康发展的道路。经过整党,纯洁了党的组织,提高了党员的思想觉悟,加强了党组织与群众的联系,改进了基层党组织的工作方法和工作作风,增强了党的战斗力,从而在思想上、组织上保证了"土改"工作的完成和人民解放军的胜利进军。

在进行土地改革、整党运动的同时,毛泽东又领导人民解放军从1947年冬至1948年夏,灵活地利用战争空隙,进行了大规模的新式整军运动。从1946年全面内战爆发到1948年7月,有160万农民加入了人民解放军,同时争取80万俘虏加入了人民解放军的行列。这一方面壮大了人民解放军的力量;另一方面则带来了一些新问题,如他们的政治觉悟较低、自由散漫、侵犯群众的利益等。

上述问题引起了毛泽东的高度重视,1947年9月28日,他修改和批转了辽东三纵队关于诉苦教育经验的总结。遵照中央军委和毛泽东的指示,人民解放军从1947年冬开始了轰轰烈烈的新式整军运动。

新式整军运动首先在西北野战军中开展,后在全军推广,其主要内容是"诉苦"和"三查"。"诉苦"就是诉旧社会和反动派给予劳动人民之苦。在诉苦运动中,采取引苦、诉苦、挖苦根三个步骤。先选出典型人物进行诉苦,带动广大干部战士一起进行诉苦,有时还邀请群众典型来部队诉苦。通过开展诉苦运动,使广大干部战士倒出了苦水,挖出了苦根,使他们深刻认识到只有推翻帝国主义、官僚资本主义和封建主义三座大山,才能彻底获得解放,明确了革命战争的目的是为了保卫人民的胜利果实,解放劳苦大众,从而使他们逐步树立了为人民服务的思想。在提高阶级觉悟的基础上,开展"三查",即查阶级、查工作、查斗志。通过充分发动群众,揭发和批判了某些人身上的官僚主义、军阀主义、斗志不强等错误现象,同时进行了"土改"、工商业等政策教育。

在"诉苦"、"三查"进行的同时,人民解放军在毛泽东的领导下还开展了军队内部的民主运动,使政治、军事、经济三大民主得到进一步的发扬。从而调动了干部战士的积极性,士气大振,提高了党的威信,密切了干群关系,许多战士纷纷要求加入中国共产党。一些新加入人民解放军的战士深有感触地说:共产党和国民党大不一样,在国民党军队里批评干部是根本不可能的事,兵见官长,一不对头,就要挨棒子,甚至军法从事。

此外,人民解放军还恢复和健全了党委制,开展了立功运动,加强了军政训练。这次新式整军运动是在党组织的严密领导下有秩序地采用民主的方式进行的,它是一场群众性的自我教育运动,也是毛泽东军事思想以及人民解放军的政治工作和民主运动的一个重要发展。

新式整军运动激发了广大指战员的积极性和主动性,增强了战斗力和纪律性,并融化了80万人的国民党俘虏兵,使他们成为解放军战士。历史证明,毛泽东领导的新式整军运动直接促进了全国解放战争的胜利,是加强人民解放军建设的成功经验。

4. 埋葬蒋家王朝

1948年3月,各个解放区战场的形势已经起了根本变化,陕北、晋冀

第二章
共产党人另起炉灶

鲁豫、晋察冀、东北、华东各地已陆续转入战略进攻。中央机关已胜利完成了留守陕北的任务,决定东渡黄河,前往河北平山县西柏坡村,同刘少奇、朱德的中央工委会合。

23日,毛泽东率领中央机关从吴堡县川口村南的渡口东渡黄河。离开陕北后,毛泽东一行又一路跋涉,来到了西柏坡。

西柏坡,位于河北省平山县境内,是滹沱河北岸一个仅有七八十户人家的偏僻

◎ 毛泽东到达西柏坡

山村。它西靠连绵逶迤的太行山,东与华北大平原相衔接。这个普通平凡的小村庄,却在解放战争时期享誉中外,曾被称为"中国黎明前的红色首都"。

1947年6月,朱德和刘少奇就率领中央工委来到了西柏坡。1948年4月,周恩来和任弼时率中央机关部分人员先期抵达西柏坡。5月26日,毛泽东一行到达西柏坡。至此,毛泽东、朱德、刘少奇、周恩来、任弼时5位中央书记处书记终于会面了。晚饭以后,5位书记聚集在毛泽东的办公室开会,研究各个战场上的形势。

解放战争进入第三个年头,国共双方的军事力量发生了显著的变化。到1948年秋,人民解放军已由120万人增加到280万人,其中正规军149万人,而国民党军队由1946年的430万人减少到365万人,其中能用于第一线作战的兵力只有170万人。

东北战场上为卫立煌集团,共48万人,分布在长春、沈阳、锦州三个孤立地区,依靠北宁的锦(州)榆(山海关)段作为和关内联系的通道。华北战场上为傅作义集团,共60余万人,分布于平绥线上的张家口、归绥及北宁线上的北平、天津、唐山等要点,依靠塘沽港作为海上补给的通道。华东战场上为刘峙集团,共60余万人,集中在以徐州为中心、西起商丘、东至连云港、南至蚌埠的地区。中原战场上为白崇禧集团,约75万人,分布于平汉南段及以武汉为中心的地区。西北战场上为胡宗南集团,约30万

人,盘踞以西安为中心的关中一隅。这五大战略集团彼此孤立,难于机动,战略机动兵力根本无法使用,完全处于被动地位。国民党军后方的兵力约23万人,36个旅,很难机动作战。至此,国民党军已没有完整的战线。

国民党于1948年8月在南京召开军事会议,制定了撤退东北,确保华中,经营华南,坚持沈阳到10月底,以观时局发展的计划。如果蒋介石将东北的军队撤至关内或江南,将使人民解放军丧失战机,并增加南下作战的困难。

根据毛泽东的战略部署,东北野战军于1948年9月12日至11月2日进行了战略决战的第一个战役——辽沈战役。毛泽东在指挥辽沈战役中,根据东北敌军分别收缩于长春、沈阳、锦州及其锦州的重要战略地位,确定了首战锦州,关门打"狗"的作战方针。

在毛泽东的军事指导下,9月10日,东北野战军作了南下北宁线的部署:以1个纵队及7个独立师继续围困长春;以6个纵队及4个师南下北宁线,相机攻取锦州、锦西、山海关等地;以3个纵队(欠1个师)配置于沈阳以西,以2个纵队配置于沈阳以北地区,共同对付沈阳之敌,并准备阻击长春突围之敌。

9月12日,辽沈战役打响。东北野战军在北宁线义县至唐山段展开了大规模的攻击。9月27日,毛泽东作出了先打锦州之敌的战略决策,并电示林彪等。林彪等根据卫立煌军的态势及兵力部署,决定先打锦州尔后进攻锦西,并预计锦州战役可能会演变成全东北之决战。

由于情况有变,林彪一度动摇了攻打锦州的决心。在罗荣桓、刘亚楼等人的说服下,林彪坚定了攻打锦州的决心,并调整了作战部署。

10月9日,东北野战军开始了锦州外围战。次日,毛泽东致电林彪等,要求东北野战军坚决攻击锦州,"只要攻克了锦州,你们就有了主动权,就是一个伟大的胜利"。

遵照毛泽东的指示,东北野战军经过5昼夜激战,将锦州外围敌人据点扫清。10月14日对锦州发起总攻,经过31小时激战,攻克锦州城,生俘东北"剿总"副司令范汉杰等10万余人。与此同时,东北野战军在塔山地区顽强阻击廖耀湘兵团6昼夜,将其钳制在彰武、新立屯一带,有力地配合了东北野战军在锦州的行动。长春守敌在东北野战军的声势震撼和政

第二章
共产党人另起炉灶

治攻势下,敌军第六十军军长曾泽生于10月17日率部起义,东北"剿总"副司令郑洞国于19日率部投降,长春宣告解放。

28日全歼廖耀湘兵团10余万人,生俘廖耀湘等国民党高级军官。为了将国民党军全歼在东北,东北野战军乘胜猛追,分多路向沈阳、营口方向疾进。11月2日解放沈阳、营口,歼敌14.9万人。11月8日,锦西、葫芦岛之敌逃跑。至此,东北全境解放。

辽沈战役激战之时,毛泽东已开始部署淮海战役。淮海战役是人民解放军在以徐州为中心、东起海州、西至商丘、北起临城(今薛城)、南达淮河的广大地区进行的另一场战略大决战。淮海战役从1948年11月6日起到1949年1月10日结束。

当时中原野战军和华东野战军共有60余万人,在数量上和装备上都劣于国民党军。为了加强对淮海战役的领导,由邓小平、刘伯承、陈毅、谭震林、粟裕组成总前委,邓小平任总前委书记。

第一阶段从1948年11月6日开始,到11月22日结束。战役开始后,华野与中野从徐州的东、西、南、北四个方向同时发起攻击。后华野和中野根据毛泽东的部署,采取了"先打弱敌,后打强敌,攻其首脑,乱其部署"的战法,攻击被围于碾庄的黄百韬兵团。攻击碾庄从11日正式开始,至22日歼灭黄百韬兵团10个师约10万人,黄百韬也被击毙,并击溃了敌人增援之兵,淮海战役第一阶段胜利结束。共歼敌17.8万人,完全孤立了徐州,解放了徐州附近的广大地区,为争取淮海战役的全胜创造了极为有利的条件。

第二阶段从11月23日开始到12月15日结束。经过第一阶段的作战,敌人被分割在徐州、蚌埠、双堆集三个地区。11月25日,黄维兵团被中原野战军包围在宿县西南双堆集地区。毛泽东要求中野"集中火力,各个分割歼灭敌人",中野进行了大量而周密的攻坚准备工作。12月1日,杜聿明率邱、李、孙三兵团共27万人弃守徐州南下。毛泽东分析了此时的态势,认为不能与敌人长期相持,必须加速战役进程,决心采取集中兵力围歼黄维兵力,困住杜聿明集团,阻击李延年、刘汝明兵团的方针。中野遂于13日晚发起总攻,经过一天的激战,全歼黄维兵团,生俘黄维。刘汝明、李延年兵团也被迫撤至淮河以南,杜聿明集团更加孤立,从而加速了淮海战役的进程。

第三阶段从1948年12月16日开始到1949年1月10日结束。当黄维兵团被歼、杜聿明集团被围时,平津战役已经开始。为了配合华北战场上人民解放军"隔而不围"、"围而不打",争取和平解放平津的战略行动,毛泽东决定淮海战场上的人民解放军进行休整,对敌人进行防御。这样就可以麻痹敌人,使傅作义暂不海运平津诸敌南下,实现将国民党军队歼灭于长江以北的战略设想,亦可使中野和华野获得休整,使两个战场互相配合,钳制敌人。待华北战场布置停当,毛泽东立即命令在淮海战场上对敌人发起总攻。1月6日总攻开始,经过4天激战,歼灭了邱李兵团,击毙邱清泉,生俘杜聿明,至此淮海战役胜利结束。

淮海战役历时65天,人民解放军共歼敌55万余人,解放了广大地区,将中原、山东、苏北等解放区连成一片,直接威胁了南京、上海和武汉。

当淮海战役鏖战正酣之际,毛泽东又部署了三大战役中的最后一个战役——平津战役。傅作义集团约60万人,收缩在以北平、天津为中心,东起唐山,西至张家口长达1000余里的铁路线上。毛泽东认真地研究了敌我状况,做出了稳住敌人、不使逃跑、分割包围、就地全歼的战略计划。11月18日,毛泽东命令林彪等在辽沈战役结束后,不待休整,立即迅速隐蔽入关,力求就地将敌人歼灭。为加强对平津战役的指挥,由林彪、罗荣桓、聂荣臻组成总前委。

第一阶段从1948年11月29日开始到12月20日结束。为了阻止傅作义集团西撤,必须控制平绥路。为此,毛泽东于11月22日、24日命令华北野战军第三兵团迅速挺进军事重镇张家口附近,并切断张家口和宣化的联系。12月8日,第三兵团将傅作义的主力部队包围在张家口、新保安地区,平绥路东段被切断,使傅作义企图西撤的阴谋破产。根据毛泽东的战略部署,东北野战军迅速完成了对北平、天津、塘沽的战略包围,至此,傅作义集团被分割在新保安、张家口、北平、天津、塘沽5个孤立的据点,斩断了傅作义的"一"字长蛇阵,达到了稳住敌军的目的,为以后从容地逐个歼灭敌人创造了条件。

第二章
共产党人另起炉灶

第二阶段从1948年12月21日开始到1949年1月15日结束。华北野战军第二兵团12月20日占领新保安，24日解放张家口。至此，傅作义的嫡系部队基本上被消灭了。1949年1月7日东北野战军决定用5个纵队歼灭天津守敌，由刘亚楼统一指挥。14日东北野战军发起攻击，经过29小时的激战，歼敌13万人，活捉陈长捷。17日解放塘沽。

第三阶段从1949年1月16日开始到21日结束。天津、塘沽、新保安、张家口解放后，百万解放军云集北平，驻守北平的国民党军20余万人已成囊中之物。北平乃文化古都，为了保护文化遗产和人民的生命财产安全，毛泽东决定在对其进行军事打击的同时，大力开展政治攻势，使国民党军官兵放下武器，归向人民。22日傅作义向北平守军做出了《关于全部守城部队开出城外听候改编的通知》。31日人民解放军入城接防。同日，北平军管会和北平市人民政府宣告成立。2月3日人民解放军举行隆重的入城仪式，古老的城市北平回到了人民的怀抱，平津战役胜利结束。此役历时64天，歼灭和改编国民党军队52万人。

辽沈、淮海、平津三大战役胜利之速、规模之大、歼敌之多，不仅在中国战争史上是空前的，在世界战争史上也是罕见的。三大战役共歼敌154万人，国民党赖以发动内战的精锐主力部队几乎丧失殆尽，全国已处在革命胜利的前夜。毛泽东在指挥这场震撼世界的大决战中，其高超的指挥艺术达到了炉火纯青的地步。他深谋远虑，以无产阶级革命家的伟大气魄，及时抓住了战机，正确地选择了决战方向，根据敌我态势的发展变化制定了已被实践证明是完全正确的作战方针。三大战役环环相扣，期间的战略衔接亦连贯密切，三大战役使毛泽东军事思想得到了充分的体现和进一步发挥，极大地丰富了马克思主义军事理论宝库。

三大战役的胜利，给了国民党反动统治以毁灭性打击，国民党军队的主力已被消灭，其作战部队仅剩下100多万人，分布在新疆到台湾的广大地区内和漫长战线上，蒋介石赖以发动内战的资本基本上输完了，长江中下游以北的广大地区得到解放，国民党反动统治的基础从根本上瓦解，全国解放战争的胜利指日可待。经过三大战役，敌我力量对比发生了根本变化。中国人民解放军已发展壮大至300万人，国民党军队则下降至290万人。

主客已经易位。

1949年元旦的上午,蒋介石在南京总统府邸举行了新年团拜会,并宣读了乞和的《新年文告》,暗示自己将下野。毛泽东于1948年12月30日为新华社写了题为《将革命进行到底》的新年献词。毛泽东明确表示不怜悯任何装死的反动派,要将革命进行到底,并规划了1949年的蓝图。

1月14日,解放区电台播出《中共中央毛泽东主席关于时局的声明》,表示为了迅速结束战争,实现真正和平,减少人民痛苦,愿与南京蒋介石政府及任何国民党地方政府和军事集团,在八项条件的基础上进行和谈。这八项条件是:(一)惩办战争罪犯;(二)废除伪宪法;(三)废除伪法统;(四)依据民主原则改编一切反动军队;(五)没收官僚资本;(六)改革土地制度;(七)废除卖国条约;(八)召开没有反动分子参加的政治协商会议,成立民主联合政府,接收南京国民党反动政府及其所属各级政府的一切权力。

蒋介石被迫"引退",于1949年1月21日离开南京,由李宗仁出来代行"总统"职务。李宗仁想通过和谈,同中共实行"划江而治"以保住国民党统治的"半壁江山"。毛泽东对这一切自然看得很清楚,但他为了减少战争对人民的损害,早日实现和平,还是复电李宗仁表示愿意同南京政府进行和平谈判。2月22日,毛泽东、周恩来在石家庄西柏坡接见了以上海和平代表团名义赶来的颜惠庆、章士钊、邵力子、江庸四人,就国共和平谈判及南北通航、通邮等问题,广泛交换了意见。

4月1日,南京政府和平谈判代表团到达北平,首席代表是张治中。从2日到12日,先由双方代表个别交换意见,磋商、酝酿协定的方案。4月8日,为了推动谈判顺利进行,毛泽东和周恩来在香山双清别墅接见张治中。第二天,毛泽东又同南京代表团的邵力子、章士钊交谈。第三天,同黄绍竑、刘斐交谈。

4月13日晚,以周恩来为首的中共代表团同以张治中为首的南京政府代表团,举行第一次正式谈判,讨论由中共代表团提出的和平协议方案。他们在会后提出一个修正案,包括修改意见四十多条。中共方面经过研究,接受了所提修改意见中的过半数,形成《国内和平协定》(最后修正案)。

4月16日,黄绍竑和屈武由北平飞回南京。黄绍竑说在北平谈判中,

第二章
共产党人另起炉灶

南京去的代表已尽了最大努力，经过激烈的争论，三番五次的修改，才得到如今比较好的条件。随后，李宗仁、何应钦一连两天在总统府召开会议正式讨论《国内和平协定》的问题，并由张群带着"协定"去溪口向蒋介石请示。不久，张群带文件去溪口请示蒋介石，蒋介石大骂"文白无能，丧权辱国！"到20日那天，南京政府正式宣布拒绝了《国内和平协定》。

21日，毛泽东、朱德发布《向全国进军的命令》。4月21日晚12时，南京代表团接到李宗仁、何应钦电报，要求其回南京复命，随即派专机来接。经中共代表团恳切挽留后，南京代表团表示坚决留下。

解放军在接到毛泽东主席和朱德总司令的进军命令后，随即向尚未解放的广大地区举行了规模空前的全面大进军，西、中、东集团，三军过江，各显神通。蒋介石精心布置的长江防线不堪一击。在整个渡江战役中，刘伯承的西集团军动手最早，对面江防军队为刘汝明第八兵团，共3个军。

1949年4月23日黄昏时分，陈士榘、袁仲贤指挥的第八兵团进入南京城，登上总统府，扯下青天白日旗，升起一面鲜艳的红旗。总统府前欢声雷动："活捉蒋介石，解放全中国！"

南京解放，全国人民和全世界人民都为之欢腾。中共中央在贺电中说："南京迅速解放，国民党反动统治从此宣告灭亡，江南千百万人民迅即重见天日，全国欢腾，欢欣鼓舞，此皆我前线将士英勇善战，后方军民努力支援，江南民众奋起协助，其他野战军地方军一致配合行动所获的结果。"

4月24日清晨，毛泽东在北平香山双清别墅的凉亭，工作人员把《人民日报》上登载的关于占领南京的捷报送给他，他看得很专心，摄影师徐肖冰抓紧时间进行抢拍，照片中的毛泽东手拿报纸，凝神端视，喜悦之情溢于言表。毛泽东在双清别墅还写下了热情讴歌中国革命伟大胜利、重申将革命进行到底的一首七律。

人民解放军占领南京预示着一个旧王朝的终结，一个新时代的到来。之后人民解放军继续向全国进军，第一野战军并指挥十八兵团、十九兵团完成解放西北五省的任务；第二野战军进军西南，在第十八兵团的协同下，解放与经营川、黔、滇、康四省；第三野战军除以主力位于京沪地区，准备应付美帝国主义入侵外，以有力兵团进军福建，完成解放华东地区的任务；

第四野战军并指挥第二野战军第四兵团,进军中南,经营豫、鄂、湘、粤、桂等省。我强大的人民解放军在中共中央和毛泽东主席的指挥下,征战于浩浩大漠、行走于雪域高原、出击于祖国海疆、奔袭于崇山峻岭,克服了重重困难,在极短的时间内解放了除台湾与澎湖列岛以外的全部国土,将蒋家王朝彻底埋葬。

全国解放战争时期是中国新民主主义革命取得全国性胜利的关键阶段。从1946年6月开始进行自卫战争算起,经过仅仅三年多的时间,中国共产党就率领人民以雷霆万钧之势,推翻了以国民党蒋介石为代表的帝国主义、封建主义和官僚资本主义的反动统治,实现了党的七大确立的"解放全国人民,建立新民主主义的中国"的奋斗目标。气势磅礴的人民解放战争的进展之快,影响之广,在中国历史上是前所未有的。

党的正确领导是全国解放战争胜利的根本条件,那个时期的中国共产党,已经是一个思想上、政治上、组织上高度成熟的马克思列宁主义的政党。党根据革命发展的进程,适时地提出为建立新中国而斗争的基本政治纲领和各个发展阶段的动员口号,为中国人民的团结奋斗指明方向。从"和平、民主、团结"到"武装自卫",从"打倒蒋介石,解放全中国"到"将革命进行到底",党的这些口号将中国人民团结、凝聚成为无坚不摧、所向披靡的强大力量。党制定和实施关于农村工作、城市工作、在国民党统治区和国民党军队中的工作等一系列正确的方针、政策,并善于将其转化为群众的行动,同时考虑到各个阶级、阶层的切身利益,从而广泛地动员和组织了人民群众特别是农民群众的力量,建立起了最广泛的人民民主统一战线。党根据形势的变化和敌我力量的消长,准确把握战争的进程,适时地实行战略转变。从战略防御到战略进攻,充分显示出党领导革命战争的卓越能力和高超的军事指挥艺术。这个时期,中共中央和中央军委无论是在战争节奏的把握上,还是在作战原则和方法的运用上,以及对战争发展趋势的预测上,都显示出对中国革命战争规律的掌握和运用达到了炉火纯青的程度。

人民群众是全国解放战争顺利进行的力量源泉。抗战胜利后,国民党统治集团推行独裁统治和内战政策,把广大人民群众推到了饥饿和死亡的

第二章
共产党人另起炉灶

边缘。而共产党先是倡导和平、民主、团结,在被迫进行自卫反击之后,坚持实行保护人民利益的各项政策,特别是在广大的解放区内进行广泛深入的土地改革,使上亿农民在政治上、经济上翻了身。国共两党的政策给广大人民带来的是两种截然不同的命运,而广大人民从切身的体验中所做出的选择,则决定了国共两党完全不同的前途。国民党政权日益陷入全面的经济、政治、军事的危机之中,加速了覆灭结局的到来。而中国共产党则不仅在解放区赢得了广大人民的信任,而且在国民党统治区也获得了人民群众的真心拥护。中国人民投身于革命的洪流,不仅以人力、物力大力支援人民解放战争,而且积极参加党在国民党统治区内开辟的第二条战线的爱国民主运动,为中国革命的胜利提供了取之不尽、用之不竭的力量源泉。人民群众和人民解放军干部不怕牺牲、英勇奋斗,创造了可歌可泣的光辉业绩,中国人民在中国共产党的领导下,用鲜血和生命换来了和平和新中国的诞生。

从客观方面看,国民党的倒行逆施和腐败没落促成了中国革命高潮的早日到来,加快了人民解放战争的胜利步伐。抗战胜利后,国民党统治集团代表大地主、大资产阶级和帝国主义在华势力的利益,违背人民要求和平、民主的意愿,坚持独裁统治和内战政策,与广大人民为敌,迫使中国人民不得不奋起反抗。这就决定了国民党政权的灭亡是不可避免的。况且在抗战胜利后,国民党以在"收复区"的大肆掠夺为起点,贪污腐化之风迅速呈现出愈演愈烈之势。这一方面在很大程度上削弱了国民党政府的组织力、军队的战斗力和政纲的号召力,严重地动摇了其统治的基础;另一方面则使得国民党逐渐失去了民心,最终只能被人民所抛弃。

第三章
建国力量大汇合

一、中间党派向"左"转

抗日战争胜利伊始,中间势力就为建立英美式的资产阶级民主共和制国家的理想而四处奔走、呼喊。1947年11月,蒋介石下令,宣布民盟为"非法团体",令其立即解散。民盟为了保存实力被迫宣告解散了,其他的民主党派也转入地下活动。民主党派逐渐认识到了国民党的反动本质,在斗争中清醒地意识到了"中间道路是无法继续走下去"的客观现实,从而完成了立场的转变。

1. 请不来的和平

1946年,国民党蒋介石在美帝国主义的援助下,积极准备内战,妄图用武力征服共产党,消灭八路军、新四军,"统一中国"。虽然政治协商会议决议早已通过,明文承认了人民的人身自由、政治自由、言论自由,但是,国民党却一意孤行,继续坚持其反动的独裁专制政策。而中国共产党和广大学生、工人,乃至上层知识分子、各民主党派、进步团体,都对国民党的内战独裁政策极为不满,他们赤手空拳,举行集会、请愿、游行、示威、罢工,以各种和平手段反对国民党发动内战,争取和平。

对付这些"刁民百姓",蒋介石有他的拿手好戏。将近二十年的当权生涯中,他一贯的做法就是"高压",对付异己分子、进步人士,蒋介石从不手软。在蒋介石的词典里,没有"仁慈"二字。

于是,在中国的大西南,在中国的每一个角落,都出现了刀枪对准人民的现象。人民在哭泣,江河在呜咽,中国正在被一群张牙舞爪的恶魔所

第三章

建国力量大汇合

蹂躏!

1946年6月,马叙伦、陶行知、王绍鏊、许广平等知名人士联名致函蒋介石和马歇尔,强烈要求国民党当局制止爆发全面内战,要求美国政府审时度势,重新考虑援助国民党的价值和意义,从外交上帮助中国摆脱内战的阴影。与此同时,他们也给中共代表团团长周恩来写了一封信。

但是,摆在他们面前的却是两种截然不同的结果。蒋介石根本不予理睬。中共代表团的周恩来、董必武、陆定一、邓颖超则联名复信给马叙伦、陶行知等,表示全力支持他们反对内战的正义行动。

信中说:"顷奉惠函,并承示上蒋主席书。雒诵回环,弥觉辞危而情苦,感人至深,曷胜钦仰。窃以中国政事之败,民生之苦,于今已达极点。而国民党统治集团中之好战分子,依然恃美国武器之资助,积极进行全面反共之内战。设使此辈得逞,则域内势成糜烂。是以敝党于国内一切冲突,夙主无条件停止。盖惟有停止国内武装冲突,民主团结才有途径可循。谈判以来,即坚持此旨。以此之故,卒在广大人民之呼吁与马歇尔将军努力之下,获得东北停战十五日之结果。姑不问国民党当局于此诚意者何,敝党决愿本一向和平民主团结统一之帜志,进行谈判,并盼能从此长期停战,永息戎争,俾使政协决议整军方案得以顺利实行,斯为国家之福,人民之幸。惟前途困难正多,尚祈诸先生再接再厉,制止内战,挽救国运于阽危,张民主之大义。时迫事急,临颖不尽。除遵嘱将函转陈毛泽东外,专此肃复。"

根据中共中央和周恩来同志的指示,中共上海地下党决定组织上海各界人民团体的代表团去南京请愿,揭露蒋介石集团假和谈、真战争的面目,以配合中共与国民党的和谈斗争。

当时,呼吁和平、反对内战已成为全国人民的共同要求。如上海经济界17个团体,即上海工商协会、中国农业协进会、中国保险学会、中国经济事业协进会、中国农村经济研究会、现代经济研究所、宣怀经济研究所、经济新闻社、经济周报社、平学会、银行周报社、中国工业经济研究所,曾致电蒋介石、马歇尔和毛泽东,呼吁停止内战,实现和平。在给蒋介石的电报中指出:"八年抗战,复加以十月内争,国民经济,凋疲已极。农田荒芜既触目皆是,而工业生产又半趋停滞。发行狂增,物价飞涨。饥民遍地,死亡载道。民生已濒绝境,战端何能再起。钧座七日所颁停战协商之令,实为我全国人民所共拥护。同属国人,何事不可以政治协商,而必以干戈相见。万望钧座益宏仁之抱,严诫好战之徒,迅颁令,永停内战。俾和平建设,得在钧座领导之下,早观厥成。国家兴亡,民心向背,在此一举。谨陈刍议,尚祈鉴纳。"

可见,在全面内战爆发之前,广大人民群众对美帝国主义、对国民党的本质并未认识清楚,还寄希望于美蒋"大发善心",倾听人民的呼声,停止内战,实行民主。

为扩大争取和平民主力量,进一步开展反独裁、反内战、反美帝的斗争,5月5日,在中共上海地下党领导下,中国民主促进会、民主建国会、工商协会、杂志联谊会、妇联会、学生团体联合会和上海纺织业、丝织业、机械业、水电业、棉纺业、百货业、酒菜业等工会以及文化、医药、银钱、教师等各界52个主要人民团体联合组成"上海人民团体联合会",代表各界群众45万,以马叙伦、王绍鏊、林汉达、陈巳生、梅达君、徐伯昕、许广平、周建人、沙千里、沈志远等29人为理事。

6月上旬,上海人民团体联合会决定组织上海人民反对内战大会。6月中旬,上海人民团体联合会各团体经过协商,推举9人为和平请愿代表,另由上海学生和平促进会选出两位学生代表共11人,组成上海人民团体代表团,又称和平请愿团,赴南京向国民党政府请愿。

6月23日,上海市五六万人在火车站广场召开群众大会,欢送代表赴南京请愿。上海人民团体联合会理事王绍鏊首先致欢送词,他说:"欢送人民代表赴京请愿,不是争取和平运动的结束,而是开始。假如这次不成功,将来还要第二批、第三批接着去京请愿,直到和平实现为止。"全场群众跟着呼喊:"去!去!去!我们都去!"接着,黄延芳致答词:"中国一定要和平,不能再打下去了,再打下去,把青年学生打老了,我老头子打死了,工商业打垮了,中国就亡了。再打下去,真是不堪设想了!"

从上海到南京,不过近300公里的路程,按照正常速度,上午1点开车,下午4点应该到达。但是,就是在这一小段的路途中,上海人民请愿团的代表们遇到了国民党特务制造的重重障碍,无理蛮横、骇人听闻!

第三章

建国力量大汇合

经过长达 8 个小时的艰难旅程，列车终于到达南京下关车站。代表团刚刚下车，就有 3 个自称是"苏北流亡青年"的人，挤到代表身边来，要代表说明此行的目的，发表对时局的意见。代表团秘书胡子婴答复道："此行的目的无非是要向政府当局和中共呼吁停战，达到全面永久和平。"这三个人仍不满足，反复问道：

"战争的责任究竟谁负？"

"你们对共产党的印象怎样？"

直到把手上拿的纸条上写好的问题问完了方才住口。

代表们好不容易才找到搬运工，把行李搬出月台，走出站台。忽然有人鸣笛，一群自称"难民"的暴徒蜂拥而来，骂声四起，一片混乱，把代表们包围起来。而两旁站立着的军警视若无睹，听之任之。在混乱中，代表团被有计划地分割成两部分：马叙伦、雷洁琼、陈震中、陈立复被推推拉拉，进了候车室；盛丕华、萨延芳、吴耀宗、阎宝航等则被挤进了西餐厅。

这些"代表"提了十几个条件，除了送他们"还乡"之外，还有什么"共党放下武器"、"民盟不搞政治活动"等。这样的条件，当然谈不出所以然。"难民代表"就请阎宝航出去向"难民"讲话。阎宝航慨然允诺，出去向这些所谓的难民进行宣传和解释。刚讲了几句，"难民"就狂叫："不听！不听！叫姓马的出来！"还有几个"难民"向着阎宝航大喊："跪下来！跪下来！"阎宝航气得浑身发抖，愤慨地说："我在东北打了几年游击，从来也没有向日本人屈膝。跪，办不到！你们枪毙我好了。"这些"难民"见吓不倒阎宝航，又大叫大嚷："叫姓马的出来！"

这样纠缠了几个小时后，一辆满载武装宪警的卡车开进了火车站，他们包围了现场，并不进行"弹压"，却站在远远的地方袖手旁观。代表们要求他们维持秩序，他们置之不理。同时，"难民"不断增加。

到晚上 11 点多，也就是代表们被围困 5 个多小时后，候车室门口只剩下一个宪兵和一个警察，而围在外面伺机行凶的"难民"却有一二百人。突然，"难民"堆里一个人敲破窗户钻进候车室，于是，大批"难民"一拥而入。顿时，桌椅、汽水瓶一齐向代表们飞来。

阎宝航和雷洁琼为了保护马叙伦，拼命以身体挡住暴徒，但挡了这面，露出那面，挡不胜挡，结果马叙伦还是挨了打。后来马叙伦被一个宪兵推到男厕所后面的办公室里躲起来，才免于继续挨打。学生代表陈震中被打成重伤，记者高集背部、腿部受伤，头部受伤最重，左眼球已突出。

事件发生时，政府当局置若罔闻。夜里12时，经民盟及中共代表数小时向孙科、邵力子、李济深、冯玉祥、马歇尔紧急呼吁，再经冯玉祥、邵力子及马歇尔致电陈诚、俞大维等交涉，代表们才在宪兵"保护"下，被送入中央医院。

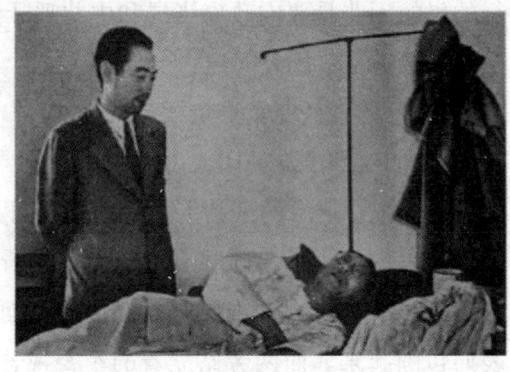
◎ 周恩来赴医院看望被打致重伤的马叙伦

事件发生后，中共中央驻南京代表团成员周恩来、董必武、滕代远、邓颖超、齐燕铭等立即赶到医院表示慰问，并在第二天发出备忘录，交给美方代表马歇尔和国民党方面代表徐永昌、俞大维，对下关事件提出严重抗议，"人民团体推派代表向政府请愿，不论其性质属于何种，都应得到政府保护，何况此次人民团体所推派之代表，原为请愿和平及停止内战而来，且又拟向三人会议中马歇尔将军、政府及中共代表陈述意见，俾有助于三人会议之进行，更宜受到应有之保护。"因此政府必须惩凶赔偿，保护代表在京及其以后的行动安全。

与此形成明显对比的是，直到28日，蒋介石才决定只接见代表团成员黄延芳。黄延芳见到蒋介石后，陈述了工业危机、农村破产、饿殍遍地、人民厌战的情况，以及上海各界人民迫切需要和平的希望后，黄接着说："再打内战，国家前途不堪设想。"蒋介石虚伪地表示必须避免内战，实现和平，但又颠倒黑白地说："我不要打，是共产党要打。"黄延芳说："我们也和共产党说，不要打，我们还见过马歇尔，要他努力调停，总之，人民不要看见打仗了。"蒋介石假惺惺地答道："和平很有希望的，就是他打过来，我也不打过去。"可是，就在当天，蒋介石密令刘峙进攻中原解放区，并加紧布置向苏北解放区进攻。蒋介石的谎言立即被事实戳穿。

在全国舆论的强大压力下，国民党当局也不得不做一些表面文章。内政部长张厉生在 25 日上午的行政院例会上做"检讨"说:"此次事件发生,治安当局未能尽到保护之责,内政部当局亦难辞其咎。该管区警察所长余湛防范不力,予以撤职;下关警察局局长余翼群记大过一次;首都警察厅长韩文焕予以申诫。"对 8 名所谓的"嫌疑犯",宪兵司令部军法处"侦讯"后,以"毫无参加殴打事情"为由,取保开释了 2 人,其余 6 人于 27 日移送南京地方法院"审讯"。

声势浩大的上海人民团体联合会和平请愿团只落得个如此结果!

2. 艰难的中立

1946 年 1 月政治协商会议之后,民主同盟倾注极大力量,调解国共,促成"和谈",结果却是"谈而未合"。蒋介石发动了全面内战,单独召开了一党国大,制定片面宪法,继续维持其独裁统治。不仅国家没有民主,人民也未见和平。而另一方面,"第三方面"却出现了四分五裂的局面。青年党在召开政治协商会议时,就从民盟中分裂出

◎ 民盟主席张澜

去,并参加了"国民大会"。国家社会党同在海外的民主宪政党合并,称为"民主社会党",也参加了"国民大会",被民主同盟开除出盟。民盟中的救国会领导人,则被人讥为"中共的尾巴"。

在国共两党的对立中,民主党派究竟应该怎么办?为了决定行动方针,巩固组织,1947 年 1 月 6 日至 10 日,民盟在上海愚园路召开了一届二中全会。民盟主席张澜致了开幕词和闭幕词,他在讲话中强调民盟是一个独立性的政治团体,并说:"我们必须把握自己的独立性,无论从主张上说,从组织上说,我们首先要自己立得住脚。""我们不能随便抛了自己的主张,而随

声附和,勉强从同,尤其重要的,我们决不可被人利诱、威胁,以至于自己放弃了立场,只为一时苟且因应之计,而忽略长久远大之图。""我们宁可长期不参加政府,而断不可一旦失去了自己的立场。"同时,张澜还强调了民盟的根本态度是拥护政协。他认为:国民党处于"超法律"地位,凭借这种"超法律"的权力,就撕毁了政协决议,更片面制定了所谓"宪法",企图以"法治"之名来保"党治"之实。他说:"我们要争取到不折不扣实现'政治民主化,军队国家化'的政协纲领及决议,我们决不让政协纲领及决议这一张'支票'不能实现,我们就有代表人民拿着这张'支票'向政府'采券责偿'的责任","这是我们今后努力的目标,也是历史赋予我们的使命。"

《政治报告》是二中全会的主要文件,会后以宣言的形式发表。它提出了民盟今后对国事的方针。《政治报告》高度赞扬了政协决议是"中国的大宪章",指出国民党片面召开的国民大会是彻底撕毁政协决议的标志。《政治报告》重申"政治民主化,军队国家化"的主张,"解决国共的争端,一方面必做到政治还诸人民,一方面必做到军队还诸国家"。"以政治民主化保证军队国家化之实施,同时军队国家化之实施更稳固政治民主化之基础。"《政治报告》公开表明对国民党统治的严重失望,"今天的中国,人民只有贫穷、冻饿、死亡的极大自由,这样的国家,成什么国家?这样的政府成什么政府?"《政治报告》谴责"国民党方面的好战分子迷信武力万能的错误政策,坚持武力接收政权,因此造成去年一年的战祸","国民党支撑一个千孔百疮的政府,在经济破产崩溃的关头,还要进行内战,其势必愈战愈弱",其前途必定是一个不可收拾之局。《政治报告》还指出"站在政团的立场,对国共两党的党争,民主同盟是个第三者,我们应保持不偏不倚的态度",但民盟"对国事自然明是非曲直,是非曲直之间就绝对没有中立的余地、民主同盟的目的是中国的民主,是中国的真民主,民主与反民主之间、真民主与假民主之间,就绝对没有中立的余地。这是我们中国民主同盟坚定不移的方针"。《政治报告》中提出了民盟对目前时局的主张:竭力促使国共和谈,重新召开政协会议,实行政协决议;成立由各党派参加的联合政府,以实现国家真正的和平统一。最后,《政治报告》表示"我们应该把握住这个时机，以完成争取中国的和平、团结、统一、民主这个使命"。

此次全会重申了民盟的政治立场："国民党召开一党的国大，我们不能参加，在一党国大闭幕后产生的一党政府，我们不能参加，同时的，如果时局演变中共也召开代表大会，也组织联合政府，基于我们主张团结反对分裂的精神，我们一样是不能参加。"

为了应付可能发生的困难，二中全会决定民盟今后的组织方针是"上层争取公开合法，下层采取秘密活动"、"宣传采取公开合法，组织保持秘密方式"，"简化总部，侧重地方"。

一届二中全会，表明了民盟仍坚持独立的第三方面的立场，为调解国共之争，使中国实现真正的和平、民主而奋斗。

国民党单方面召开"国民大会"，即宣告国共和谈彻底破裂，和平成了泡影。1947年3月1日，国民党当局强迫中共代表团退出南京、上海和重庆，并派特务监视驻上述三地的中共人员。在撤回延安之前，中共代表团将中共在上述三地的全部房屋财产交给民盟代管。王炳南代表中共，罗隆基代表民盟还公开登报声明请律师作证，并"分函政府及有关机关"。

3月8日，民盟为国共和谈正式破裂发表宣言。宣言说："不幸今日国共两党终于正式宣告和平破裂，痛心！痛心！然同人仍欲向作战当局进吾逆耳之言，须知不论谁胜谁败，所屠杀者都是中国之人民，所断送者都是中国之元气。"宣言希望"政府切实保障人权，即使此人确为共产党也，亦不应故加迫害"。宣言再一次重申了民盟的立场，"吾人站在和平民主统一之立场，固与共产党为友，然亦同为国民党之友也。至于同不参加国大与政府，乃为倍守政协精神，以期达成和平民主统一之实现"。宣言还表示："国共调解工作，虽已宣告失败，同人仍当日日怀念吾天职之所在，吾舌尚存，必发为言论，吾笔未秃，必写为文章。如定欲横加诬陷，甚而迫害之，则眼前之刀锯斧，决不苟避幸免，将来之是非黑白，天下自有公评。"此宣言说明了民盟已做好了在黑暗中奋斗的准备。

1947年4月18日，蒋介石又导演了改组政府的骗局，组成所谓国民党、青年党、民社党三党政府，做出准备行宪的姿态。蒋介石宣称："国民党已作出了还政于民的诺言"，改组后的政府已是"自由主义的多党政府"。对此，各民主党派纷纷发表声明进行揭露和抨击。

4月22日，民主建国会发表《对政府改组的声明》。声明指出：在内战中改组的政府，根本不可能贯彻政协决议和扩大政府的群众基础，如果改组后的政府真"以和平建国纲领为施政准绳，那第一件事就是要彻底停止内战，公告国人恢复和谈，更应该切实保障人权，决不仅仅在文告上说得响亮，而让人民还是一个一个失踪"。

4月25日，民盟举行记者招待会，发表对时局的宣言。对改组后的政府，宣言郑重声明：改组后的政府不是依据政协程序及精神产生的政府，不是促进和平、实现民主的政府，而是一个由"国民党领导而民、青两党参加的"、"扩大分裂的"、"共同负责与共产党作战之政府"。此为国事上极大的遗憾。宣言还说："民主必须从尊重人的尊严做起，必须从保障神圣不可侵犯的人权做起。在一个国家，和平公开的在野政团能否存在，即是政治是否民主的考验。"

5月5日，中国各民主党派领导人，如李济深、彭泽民、李章达、陈树渠、陈其尤等留港民主人士联合致函全国同胞，指出："国民党反动派一意孤行，前既召开一党包办之国民大会，断绝国内和平之机，今又悍然……实行所谓政府改组，摈真正民主党派自由分子于门外"，其目的"原不过假借改组政府之名义，拉拢一二无足轻重热衷作官之政客，配合马歇尔临行授计之所谓'中国自由分子'组织政府，以欺骗国际视听，向美国骗取巨额贷款，以从事长期而惨酷之内战而已"。改组之后的政府只能使中国内战延长，人民的痛苦愈加惨重。因此，他们"号召国人共起而反对之"。

在此期间，1947年2月3日，中华民族解放行动委员会在上海召开了第四次全国干部会议。会议决定把党的名称改为中国农工民主党。会议确定今后的基本方针：为和平的民主而斗争。会议发表的《宣言》指出："中国问题并非战争所能解决，而和平民主的要求，则已普及全国，农工大众更以民主行动达成全国之和平及自身之解放。"会议认为由于当前国内外政治条件的变迁，"党已没有继续采取武装斗争的必要而应转入和平的民主斗争"。会议决定"今后组织路线的基本方针，为和平的民主斗争"。

在内战爆发和平无望、一党国大召开、民主亦成泡影的情况下，各民主党派仍坚持调解国共,求和平民主统一的第三方面立场,批评国民党的倒行逆施。很显然,蒋介石是不能容忍存在对政府指手画脚的第三方面势力的,他们把青年党、民社党拉拢过去以后,即对民盟等民主党派和爱国民主人士进行了残酷的镇压和迫害。中间道路已走到了尽头。

3. 中间道路走到了尽头

1947年4月22日,国民党《中央日报》发表社论,公然否认民盟的"合法平等地位"。5月3月,国民党中央通讯社公布了一份捏造的所谓从延安搜获毛泽东签署的《中共地下斗争路线纲领》,说什么民主同盟、民主建国会、民主促进会等均为中共操纵之工具。同时,中央社还发表了某政治观察家的谈话,说"民盟组织已为中共所实际控制,行动亦均循中共意旨",又说"民盟及各民主政团,目前倡组中立民主统一战线,亦受中共之命,而准备甘为中共之新的暴乱工具。"5月4日,国民党中央宣传部训令各地各级党报,揭露民盟、民建、民联等团体的"共产奸谋"。南京《中央日报》《和平日报》等均据此训令刊登"路线纲领",并撰文攻击中共,诬蔑各民主党派。

捏造的《纲领》和"观察家"的谈话发表之后,各民主党派立即起来进行揭露和斗争。当天,罗隆基即对新闻界发表谈话,指出今天国民党发动这类宣传的目的,即是打击和压迫民盟等一切进步团体。谈话还提请国内外人士注意今后此项阴谋之发展。5月8日,民盟主席张澜致函行政院长张群,对此表示强烈抗议,认为此举是公开对民盟加以诬蔑,且公然否认民盟合法平等地位,"令人疑及政府即以此为打击压迫民盟之先声"。5月10日,民建发言人公开发表谈话,指出:"本会成立迄今,始终采取独立自主之立场",所谓民盟约民主建国会加入民主同盟,纯粹是无稽之谈。5月12日,民主促进会发表《致张院长公开信》,信中说:"本会等以人民立场而要求民主,争取民主,凡不直乃以叛之名加诸人民,颠乎否?名之不正甚也!此是非之所以不明也,然而人固知中宣部之所谓叛者,谓叛国民党耳!"5月15日,农工民主党主席章伯钧也致书张群,指责中央社捏造所谓"路线纲领"，是国民党政府对其他党派"安排罪案，进而剥夺其合法地位，不容其在野生存"的独裁行径。

5月14日，国民党政府新闻局长董显光又在记者招待会上公开警告说："民盟与中共曾公开否认宪法和国民大会之合法性，该盟与反叛政府之中共既有密切关系，虽仍称系一和平之政党，然政府对该盟之态度将视其政策及行动而定。"

1947年7月4日，国民党政府颁布"戡平共匪叛乱总动员令"。7日，蒋介石发表"剿匪建国"的广播演说。随后"戡乱时期危害国家紧急治罪条例"、"后方共产党处置办法"、"戒严令"等一系列的反动法令纷纷出台。国民党的逻辑是"反内战就是反政府，反政府就是共产党，就要按照处置共产党的办法进行处理"。国民党准备以血腥镇压的手段对付民主党派了。

国民党训令各级组织，对各民主党派的上层分子"暂时容忽敷衍"，对中下层分子，则只要发现，不问情由为何，一律格杀勿论。随后，蒋介石又秘密召集各地特务头子，布置对各民主党派和爱国民主人士的更大规模的迫害。在此前后，各地民盟中有许多盟员被逮捕、关押、杀害。

1947年10月1日，董显光在记者招待会上声称民盟是"中共之附庸"，攻击民盟盟员"破坏总动员，参加叛乱，反对政府"。这是国民党发出公开镇压民盟的信号。

10月7日，民盟西北总支部主任委员杜斌丞，在西安被国民党当局以"勾结匪军密谋暴动"的罪名杀害。

10月23日，国民党政府派出大批军警宪特包围了民盟南京总部，切断电话，不准进出，并扬言要逮捕民盟总部的工作人员。当时，留守在民盟总部的罗隆基、周新民、李相符、罗子为等人都做好了牺牲的准备。民盟在上海的办事处亦同时被包围。10月24日，董显光在记者招待会上承认，派军警特务包围民盟的原因是民盟的活动违反政府利益。

10月27日，在上海的民盟领导人张澜、沈钧儒、黄炎培、史良、叶笃义、章伯钧等召开民盟中常委紧急会议。经商讨决定：如政府不下令解散，即发表声明维持现状，通告盟员停止政治活动，并派人要求撤退武装包围。于是，会后黄炎培、叶笃义即赴南京与同盟南京总部的罗隆基等人同国民

第三章

建国力量大汇合

党政府进行交涉。然而，就在同一天，10月27日，国民党政府内政部发言人宣布民盟为"非法团体"。次日，国民党中央社发出《政府宣布民盟为非法》的声明，宣称"民主同盟勾结共匪，参加叛乱"，"煽动5月学潮及上海工潮"，"作叛乱宣传，掩护共匪之间谍活动"，"企图颠覆政府"，通令"今后各地治安机关，对于该盟及其分子一切活动，自应依据《妨害国家总动员惩治条例》和《后方共产党处置办法》严加取缔，以遏乱萌，而维治安"。

◎ 1947年11月，国民政府内政部宣布民盟为"非法团体"

再说已经到南京的黄炎培、叶笃义会同罗隆基，到美国使馆，请美驻华大使司徒雷登出面斡旋，希望他能够劝说国民党政府撤除对民盟南京总部和上海办事处的武装包围。司徒雷登不仅表示爱莫能助，反而劝民盟"光荣解散"。黄炎培等人又找国民党政府代表张群等人。在会谈中，张群提出要民盟发表声明承认伪宪法，同意国民党的"戡乱"措施。黄炎培坚持民盟的立场，断然拒绝承认"宪法"，拒不支持反共"戡乱"措施。由于交涉无效，张群威胁说："民盟总部如不解散，各地干部将有七百余人继续被捕，罗隆基有生命危险。"

最后，陈立夫代表国民党政府与黄炎培正式谈判。陈立夫一开始就说："宣布民盟为非法，是蒋主席直接交办的。"民盟必须解散，决无回旋的余地，而且要求民盟自行宣布解散。"如果政府下令解散，就要逮捕民盟全体中央委员，并勒令全国盟员登记自首"。为了避免全体中央委员被逮捕，为避免被作为"奸盟"成员登记、捕杀，黄炎培被迫同意民盟总部宣布解散。

11月3日，与国民党达成协议，由黄炎培起草民盟总部解散公告，交给国民党通过后，由黄炎培把公告带到上海，张澜以民盟主席的名义公布，且不准改动一字。黄炎培也要求国民党政府准许各地盟员一律免除登记，并享有一切合法之自由，"各地盟员，政府如认有违法行为以及先经因案被捕者，均由政府依法处理，如无共产党籍实据，不援用《后方共产党处置办法》"。

11月4日晚，黄炎培、叶笃义、罗隆基三人在两名特务的"护送"下，回到上海。

11月5日，民盟中央常委扩大会议在永嘉路集益里8号和成银行宿舍张澜的住处举行。这时，楼下挤满了军警、记者，门外还停着警车。会议开始，黄炎培报告了同国民党政府谈判的经过和结果。然后传阅黄炎培由南京带回的公告草稿。众人看罢心情非常沉重。然而事已至此，与会者不得不同意按照国民党当局的指令发表这份不准更改一字的公告。

公告全文如下：

"中国民主同盟向以民主、和平、团结、统一为一贯之主张，不幸战祸愈演愈烈，同人处此惟有痛心，更无为国家服务之余地。最近政府宣布民盟为非法团体，禁止活动，同人已不能活动，当经公推常委黄炎培代表同人自沪赴京，与政府洽商善后事宜，经政府提示办法如下：（一）政府已宣布民盟为非法组织，希望民盟自行结束，解除负责人之责任。（二）关于房屋：(1)民盟代管中共房屋物件，即行移交政府接收；(2)民盟自有房屋，可缓接收；(3)政府拨给民盟使用之房屋应交还，如一时不及迁出，可暂借用；(4)盟员的私人住所不予干扰；(5)上海朱葆三路民盟代中共保管之房屋，同样由政府接收，如一时学校无法迁出，应另商共用办法。"

"当经常委黄炎培答复如下：（一）民盟既经政府认为非法团体，惟有通告盟员停止活动，自经通告，以后盟员如有言论，应由个人负责。（二）关于房屋各点，自当照办，惟须补充说明者：民盟本无财产，如其有之，应请民盟自行处理。（三）各地盟员一律免除登记，并享有一切合法之自由。（四）各地盟员，政府如认为有违法行为以及先经因案被捕者，均由政府依法处理，如无共产党党籍实据，不援用'后方共产党处置办法'。以上（二）（三）（四）各点，是否可行，候示。至报端发表各种文件，有盛责民盟之处，多违事实，此时未拟置辩。"

第三章
建国力量大汇合

"政府示复如下：（一）如民盟能遵照内政部发言人所公布的命令正式宣告自行解散，停止活动，各地盟员之登记手续可予免除，并保障合法自由；如今后有假借名义作非法活动者，各地治安机关仍当依法处理。（二）凡因案被捕之盟员，如司法机关根据调查实据，判定其为非共产党党员，或非为共产党工作者，自可不援用'后方共产党处置办法'之规定。合将洽商经过情形公布周知，并通告盟员自即日起一律停止政治活动，本盟总部同人即日起总辞职，总部即日解散。尚希公鉴。"

11月6日，民盟被迫解散公告发表之后，民盟总部便自行宣布解散了。

民盟宣布解散的第二天，张澜曾对叶笃义说："杀头我是不怕的，我之所以这样做，完全是为了国统区全体盟员的身家性命，至于我个人的一切，早已置之度外了。"同日，张澜以个人名义发表声明，说："余迫不得已，忍痛于十一月六日通告全体民主同盟盟员，停止政治活动，并宣布民盟总部解散，但我个人对国家之和平民主统一团结之信念，及为此而努力之决心，绝不变更。我希望以往之全体盟员，站在忠诚国民之立场，谨守法律范围，继续为国家之统一团结而努力，以求达到目的。"

11月15日，黄炎培在《国讯》第439期上发表《我与民盟》一文，对国民党当局解散民盟的卑劣行径表示抗议："一部大历史，信而见疑，忠而被谤者，不知凡几。民盟已矣，知我罪我，其惟春秋。请大家公正检讨民盟从创始到结束，前前后后所有文件，曾有一字一句是以构成危害国家、颠覆政府的罪行者否？"

民盟被国民党政府宣布为"非法团体"，并被迫解散，也引起在港的民主党派领袖和负责人的强烈不满和一致抗议。民主促进会领导人李济深发表谈话指出："蒋介石政府宣布民盟为非法团体，是彻头彻尾暴露其独裁专制的面目"，"结果只会使过去对他还存有幻想或中立派人士也起来反对，以致蒋介石政府的崩溃更早到来。"

国际舆论对此事也普遍不满，甚至连美驻华大使司徒雷登在给国务院的报告中也认为蒋介石解散民盟的举动是"失策"，"使人民失去其对政府的信心，并因而使民盟赢得主张实行开明宪政程序者的同情，而且将驱使民主同盟盟员更趋'左倾'与转入地下活动"。

民盟被迫宣布解散后，其他民主党派也失去了进行公开的政治活动的自由，民盟和各民主党派相继转入地下，继续坚持斗争。由于国民党当局对各民主党派领导人进行残酷迫害以致他们在国内的生存都受到了威胁。所以，许多民主党派的领导人、爱国民主人士，都在中共地下党组织的帮助下，离开大陆，来到香港，继续开展反对国民党的斗争。

此后，各民主党派在香港重新集结力量，香港遂成为民主党派活动的中心。在香港，他们经过对以往经验教训的痛苦思索，逐渐放弃了第三条道路的幻想，站到了共产党一边，同中共一道，为迎接新中国的胜利做出自己的贡献。各民主党派从此也进入了一个新的历史时期。

二、进一步加强合作

香港本来就是民主党派的活动基地,民盟被宣布为非法团体之后,它的一些组织和成员转入地下坚持斗争,在香港更积极地开展工作。与此同时,国民党内的民主派也在革命的立场上实行联合,它们的一些领导人秘密到达香港,继续进行反蒋斗争。有些则继续在国统区坚持斗争,积极参加民主运动。1948年4月30日,中国共产党发布了"五一口号",提出召开新的政治协商会议,各民主党派纷纷响应,实现了历史性的转变,团结在中国共产党周围,合作建国。

1. 香港成为反蒋基地

香港本来就是民主党派的活动基地。中国致公党的总部即设在香港。致公党是一个华侨政党,于1925年10月成立于美国旧金山,成员以海外华侨为主。致公党原来实行总理制,但在第一任正、副总理陈炯明、唐继尧相继去世后,其领导工作便由以陈其尤为首的中央干事会负责。

1947年5月,致公党第三次代表大会在香港召开。会议修改了党章和党纲,发表了《中国致公党第三次代表大会宣言》、《中国致公党告海外侨胞书》、《中国致公党致杜鲁门总统文》等。会议一致决议致公党加入中国共产党领导的人民民主统一战线。

中国致公党第三次代表大会是致公党历史上的一个重大转折,使该党由一个海外华侨的松散的政治联盟,转变为一个现代政党。因为致公党的活动中心一直在香港,在参加了人民民主统一战线之后,便为内地到香港的各民主党派和民主人士的在港活动,提供了便利的条件。

◎ 1947年2月28日,台湾"二二八起义"现场

香港也是台湾民主自治同盟的诞生地。抗日战争胜利之后,台湾回到了祖国的怀抱,但国民党政权给台湾人民带来的只有痛苦和失望,真是"想中央,盼中央,中央来了更遭殃"。于是,1947年2月28日,伟大的台湾"二二八起义"爆发了,但起义由于国民党的血腥镇压而失败。起义的领导者谢雪红等人纷纷逃离台湾,辗转来到香港。到达香港后,他们总结起义失败的教训,认识到必须团结起来,组成一个坚强的政治团体,以领导全台湾人民共同斗争。台湾民主自治同盟便是在这样的背景下成立的。

1947年11月,台湾民主自治同盟第一次会员代表大会在香港召开。会议通过了《台湾民主自治同盟纲领草案》、《台湾民主自治同盟规程草案》、《第一次会员代表大会文告》和《对时局口号》,并推选谢雪红、杨克煌、苏新为台盟的负责人。11月8日,香港《华商报》发表了《台湾人民筹组"民主自治同盟"》的消息,遂宣告了台湾民主自治同盟的成立。

台盟的主张同其他党派一样,也反对蒋介石的独裁统治,主张建立民主联合政府,要求和平,反对内战,同时要求实现台湾自治。在《第一次会员代表大会文告》和《对时局口号》中,台盟提出了自己的近期奋斗目标:

第三章
建国力量大汇合

打倒独裁专政，实行人民民主制度；打倒官僚资本，没收贪污财产；反对帝国主义侵略，美国退出中国去；不做日本奴隶，也不做美国奴才；立即释放民变被捕者及一切政治犯；保护民族工商业，撤废一切经济统制；反对征兵征粮，取消一切苛捐杂税；打倒贪官污吏，土豪劣绅；要和平，反内战。

台盟成立后，即在香港开展了反对台湾独立的斗争。

1947年11月，民盟被国民党政府宣布为"非法团体"而被迫解散后，除张澜、黄炎培、罗隆基在上海被特务软禁、监视外，沈钧儒、章伯钧、周新民等都先后来到了香港。他们到港后会合邓初民、沈志远、李相符、楚图南、李文宜等，商讨在香港召开民盟一届三中全会，恢复民盟总部的问题。

会议的第一天即发表了《中国民主同盟一届三中全会紧急声明》。声明代表全体盟员一致否认南京政府宣布民盟为"非法团体"的"无礼而又狂妄的举动"，认为此种行为仅证明"其坚持独裁专制而已"。声明同时表示不能接受总部在南京反动独裁政府的劫持与威胁下发表的"辞职"、"解散总部"及"停止盟员活动"的公告，并要求全体盟员"今后将更坚强地站起来，为彻底摧毁南京反动政府，为彻底实现民主、和平、独立、统一的新中国而奋斗到底"。

民盟一届三中全会通过的一系列决议，得到了民盟各地组织和广大盟员的一致拥护和赞同。沈钧儒在闭幕词中转达了张澜等留沪同志对会议的意见，他说："我们接到上海同志们的来信，他们和我们完全采取了共同一致的意见，这是开会中值得我们骄傲的。"民盟英国支部、马来支部以及在国统区进行地下斗争的盟员都致函香港总部，对《紧急声明》、宣言和政治报告表示拥护。一届三中全会的召开，标志着民盟实现了伟大的历史转折。至此民盟彻底抛弃了"中间道路"的幻想，即长期坚持的介于国共两党之间的第三者身份和合法斗争的方式，走上了接受中国共产党的领导，积极支持人民武装斗争的新民主主义革命道路。

民盟的这一转折，得到中国共产党和各民主党派的热情欢迎，而对国民党则是一个沉重的打击。1948年2月13日，国民党中央召集党政军联

席会议，商讨对策。他们诬蔑民盟"恢复组织及其活动，纯系章伯钧等在共匪策动之下所组织之军事间谍机构，其宣言内容已明白说明与共匪取同一态度，公开声明粉碎中立路线，配合共匪武装叛乱，及非法活动，以颠覆政府"，因此，民盟与共产党"应同受戡乱时期危害国家紧急治罪条例之惩处"。此后，国民党政府更加紧了对民盟成员的镇压。

在民盟等民主党派在香港进行公开的反蒋斗争的同时，国民党内的民主派也逐渐地在香港集结起来，并经过一段时间的准备，于1948年1月1日成立了统一的组织——中国国民党革命委员会。

1947年秋，中国人民解放军转入全国规模的战略进攻。10月，发表了《中国人民解放军宣言》，提出"打倒蒋介石，解放全中国"的口号，而国民党统治则处于全面崩溃的境地。蒋介石反动统治的覆灭已不可避免。在这种情况下，国民党内的民主派组织和国民党爱国民主分子深感有必要进一步团结起来，提出《共同纲领》，建立共同组织，以更有利于反对蒋介石的反动统治，争取民主革命的胜利。

国民党民主派的组织主要有：三民主义同志联合会（简称民联）、中国国民党民主促进会（简称民促）、旅美中国和平民主同盟等。"民联"1945年10月28日在重庆成立，主要领导人有谭平山、陈铭枢、朱蕴山、王昆仑、杨杰、柳亚子等人。1946年总部迁到上海，并在香港成立了"民联"粤港澳总会。1947年3月30日，粤港澳总会发表成立宣言，批评蒋介石独裁政策，并提出"本党一切民主分子必须联成坚强的阵线，然后可以与各党派共同巩固国内和平统一团结之局面"。"民促"是由国民党"左"派人物何香凝、李济深联合发起的，于1946年4月14日在广州成立。成立时的主持者是蔡廷锴、李章达。"民促"成立后，准备在广州成立"现代出版社"，但被国民党当局特务所侦悉。随即出版社被当局勒令封闭，而且限期蔡廷锴、李章达离开广州。这样，"民促"中央不得不迁往香港。1946年5月，"民促"在香港成立了港九总支部。"旅美中国和平民主联盟"是1947年11月9日，冯玉祥联合旅美的国民党民主派人士，在纽约成立的。中国国民党革命委员会即是以这些组织为基础而成立的。

1948年1月1日，中国国民党革命委员会成立大会在港召开。大会推

第三章

建国力量大汇合

举宋庆龄为名誉主席，李济深为主席，李济深、何香凝、蔡廷锴、谭平山、冯玉祥等人为中央常务委员，同时还选举了中央执行委员和中央监察委员若干人。

民革成立之后，民联和民促在组织上并没有立即并入民革，而是各自独立地存在和活动，并独立参加新政协会议，直到1949年中国国民党民主派第二次代表大会时，才完全并入民革中去。

民革的成立标志着国民党民主派同蒋介石集团的彻底决裂，使国民党民主派的反蒋斗争发展到了一个新的阶段。

到1948年年初，民盟、民革、致公党、台盟等民主党派和广大的爱国民主人士齐集香港，他们放弃了"第三条道路"的幻想，宣布与中国共产党合作，公开树起了推翻蒋介石反动统治的旗帜。香港成了各民主党派反蒋斗争的基地。

1948年1月2日，各民主党派负责人和民主人士在港举行新年团拜会，参加者有李济深、马叙伦、沈钧儒、谭平山、彭泽民等百余人。他们在会上一致表示，要与人民解放军相配合，在这一年内把蒋介石的反革命势力消灭。所以，"今年团拜庆祝新年，就是庆祝民主胜利年"。新年伊始，他们便投入了积极的反蒋斗争之中。

1948年1月18日，上海同济大学学生为反对国民党训导处开除同学，争取学生会的民主权利而罢课，并于29日赴南京请愿。在交大、复旦等校学生前来欢送时，上海市市长吴国桢亲自指挥军警对学生进行镇压，并逮捕学生200余人。31日，上海舞厅的职工与舞女，因反对国民党当局强迫抽签停业而集会，又有近800人被捕。2月2日，申新九厂罢工工人也遭到镇压，伤亡几十人，100余人被捕。

对于上海接连发生的三次惨案，各民主党派表示极大的愤慨。2月3日，民盟总部发言人指出："这几次事件证明，独裁政权一天存在，则人民一天不能享受民主权利，人民的生活更无从改善。"中国致公党也发表谈话，号召海内外同胞，为了维护人民的基本权利，一致来阻止国民党反动政府的高压、屠杀政策，并为支援祖国青年学生而斗争。2月7日，民革主席李济深发表书面谈话，认为上海的这几次惨案，更加证明了蒋介石独裁政权的反动。上海此次抗争运动，绝不是地方事件，而是全国人民反对南京政府的反动统治的一种表现。2月15日，在港的妇女界知名人士何香凝等42人发表联合宣言，认为这三次惨案中所流的血指明了反动统治者的末路，引导我们走向更坚决的斗争。这次抗争，特别是舞女们都已挺身而起伸出了拳头，最深刻地表明广大人民对于南京反动政府已经不再有一丝一毫的幻想了。

1948年五六月间，国统区爆发了声势浩大的反对美国扶植日本侵略势力复活的爱国学生运动。司徒雷登在南京的记者招待会上，污蔑这一爱国运动，并威胁学生停止这一运动。6月6日，民盟、民革、民进、致公党等8个民主党派的领导人在港联合发表《反美扶日痛斥司徒雷登宣言》。宣言指出："美帝国主义欲奴役我中国……乃复扶植日本复兴，竟公然承袭日寇'工业日本，农业中国之亡华故智'，今我全国爱国青年及工商界文化界人士，已一致奋起反对，乃美帝不自反省，竟由其驻华大使司徒雷登，发表荒谬绝顶之声明，强为扶日措施作辩护，并以狂妄言辞恫胁我爱国学生。昔时暴日之所不敢为者，今美帝竟悍然为之而毫无顾忌。此实我中华民族之奇耻大辱。……同人等素以国家独立、民族平等、世界和平为职志，美帝政策，向所反对。今受此侮蔑，誓愿与全国同胞再接再厉，以自卫答复侵略。"

在各民主党派批判、揭露国民党倒行逆施，支持国统区的爱国民主运动时，民革还利用它在国民党内部的各种社会历史关系，进行策动各地反蒋起义的活动。早在抗战胜利之时，李济深即提出开展反对蒋介石发动内战的策反工作。民革正式成立后，制定了一个《军事工作大纲》，并成立了由李济深、蔡廷锴、龙云、谭平山、杨杰、王葆真、朱蕴山、梅龚彬组成的秘密军事小组，以领导和指挥策反行动。民革的这一活动在解放战争中起到了很大作用。像济南吴化文起义，国民党五十九军淮海战役起义，十九兵团张轸部起义，湖南和平解放，川康刘文辉、邓锡侯起义，云南卢汉起义等，民革都起了关键作用。

各民主党派及广大爱国民主人士在因蒋介石的高压、迫害政策而逃到香港后，彻底放弃了和平斗争的幻想，放弃了他们一直坚持的中间道路，终于与中国共产党携起手来，共同为推翻国民党政府的反动统治、建立和平民主的新中国而斗争。

2.中共的"五一"口号

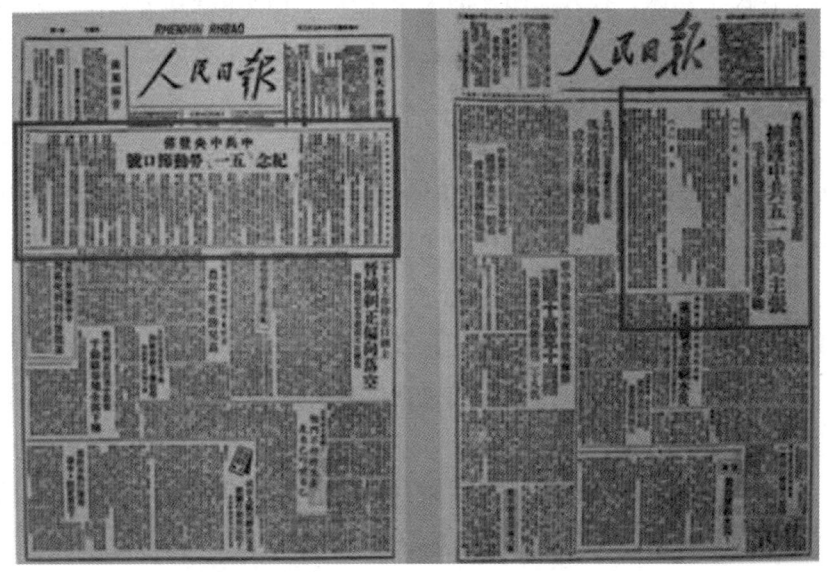

◎ 民建常务理监事联席会议决议赞成中共"五一"口号

中国革命发展到1948年5月,已处于革命力量和反革命力量决战前夕,中国人民解放战争的胜利已成定局。为了向全国人民指出新的奋斗目标,迎接全国革命的胜利,1948年4月30日,中国共产党发布《纪念"五一"劳动节口号》。在这个号召中,中共中央提出:"各民主党派、各人民团体及社会贤达,迅速召开政治协商会议,讨论并实现召集人民代表大会,成立民主联合政府。"

中国共产党的这一主张表达了中国人民的要求,在全国范围内得到了广泛的传播和宣扬。5月1日,中共中央主席毛泽东写信给中国国民党革命委员会主席李济深和中国民主同盟中央常务委员沈钧儒。毛泽东在信中写道:"在目前形势下,召集人民代表大会,成立民主联合政府,加强各民主党派、各人民团体的相互合作,并拟订民主联合政府的施政纲领,业已成为必要,时机亦已成熟。国内广大民主人士业已有了此种要求,想二兄必有同感。但欲实现这一步骤,必须要邀集各民主党派、各人民团体的代表开一个会议,在这个会议上,讨论并决定上述问题。此项会议宜定名为政治协商会议。一切反美帝反蒋党的民主党派、人民团体,均可派代表参加。不属于各民主党派、各人民团体的反美帝反蒋党的某些社会贤达,亦可被邀参加此项会议。此项会议的决定,必须求得到会主要民主党派各人民团体的共同一致,并尽可能求得全体一致。会议的地点,提议在哈尔滨。会议的时期,提议在今年秋季。并提议由中国国民党革命委员会、中国民主同盟中央执行委员会、中国共产党中央委员会于本月内发表三党联合声明,以为号召。此项联合声明,弟已拟了一个草案,另件奉陈。以上诸点是否适当,敬请二兄详加考虑,予以指教。三党联合声明内容文字是否适当,抑或不限于三党,加入其他民主党派及重要人民团体联署发表,究以何者为宜,统祈赐示。兹托潘汉年同志进谒二兄,二兄如有所指示,请交汉年转达,不胜感幸。"

关于目前的形势与任务,毛泽东判断:召集人民代表大会,成立民主联合政府,加强各民主党派、各人民团体的相互合作,并拟定民主政府的施政纲领,业已成为必要,时机业已成熟。

决战尚未开打,毛泽东就开始预先筹划政治运作。

如何实现这一步骤,毛泽东认为:必须先邀集各民主党派、各人民团体召开政治协商会议。政协——人大——政府,关于建立新中国的民主程序,毛泽东已经有了系统的设想。

关于政协会议的组成,毛泽东认为:此项会议,一切反美帝反蒋的民主党派、人民团体,均可派代表参加,不属于各民主党派、各人民团体的反美帝、反蒋的某些社会贤达,亦可被邀请参加此项会议。

一向主张多团结人的毛泽东,在政协问题上打算尽量扩大民主范围。

关于政协会议的决定原则,毛泽东提出:必须要求得到到会各主要民主党派及各人民团体的共同一致,并尽可能求得全体一致。强调求得一致,是这个时期毛泽东的普遍民主作风,不仅对党外如此,党内决策也是如此;

第三章

建国力量大汇合

不仅对政治如此,对军事决策也往往如此。

关于会议的召集,毛泽东提议:由中国国民党革命委员会、中国民主同盟中央执行委员会、中国共产党中央委员会于本月内发表三党联合声明,以为号召。抑或不限于三党,加入其他民主党派及重要人民团体联署发表,表现出对党派间的极大尊重。

从这封信可以看出:中共召集政协的最终目标是建立全国政权,这一做法严格遵守了民主程序。体现出了中共"五一"口号关于召开政协会议的提议,非但不是虚晃一枪,反而是政治斗争的致命出击。

对人是否尊重,是衡量政治风范的重要尺度,如果再赋予现代的民主内容,就更具深意。政协会议的邀请对象大多是社会名流,十分注重礼仪,有别于"五一"口号的现代白话文和"打到南京去,活捉伪总统蒋介石!"的振聋发聩,毛泽东的信件使用的是那时流行的半文半白的文体风格,古色古香的谦辞与音译的西语混合,传递的内容也是既传统又摩登,颇见文笔功夫。毛泽东此信,对收信人用语谦恭:"究以何者适宜,统祈赐示。"

原来,这封信是写给两位老先生的,收信人是中国国民党革命委员会主席李济深和中国民主同盟代主席沈钧儒。李先生时年63岁,沈先生时年73岁,二者皆年长于毛泽东,对年长的友党领导人以弟自居,完全符合中国传统的社交礼仪。这恰恰体现了中共的周到之处和尊敬之情。

民主始于对他人的尊重,毛泽东十分敬重地致信李济深、沈钧儒,在政治运作规则中,意味着建立最高领袖直接对话机制。"五一"口号不只是宣传,扎扎实实的协商已经开始。

中国国民党革命委员会(以下简称民革),是国民党内各种反蒋派别的联合组织。它于1948年元旦在香港成立,主要包括三方面的代表人物:一部分是坚持孙中山三大政策的原国民党"左"派和革命的知识分子;一部分是遭受蒋介石集团打击和排挤的抗战将领、国民党元老和爱国民主人士;一部分为地方实力派中的由于受蒋介石排挤而趋向反蒋的分子。该党的《行动纲领》规定:"本会以实现革命的三民主义,建立独立、民主、幸福之新中国为最高理想。本会行动纲领以中国国民党第一次全国代表大会决定对外对内政策为基本原则。本会当前之革命任务是推翻蒋介石卖国独裁政权，实现中国之独立、民主与和平。"民革成立以后，开展了多方面的活动来促进结束蒋介石卖国独裁的事业。他们广泛地策划反蒋起义，争取了一大批国民党内掌握重权的地方军事领导人。民革的中央委员李济深、何香凝、柳亚子、蔡廷锴、冯玉祥等都是中国共产党的老朋友。

中国民主同盟（以下简称民盟）在1947年被蒋介石宣布为非法团体，被迫解散。1948年1月5日至19日，民盟第一届中央委员第三次扩大会议在香港召开。在沈钧儒和章伯钧主持下，该党发表庄严声明：否认南京反动独裁政府，否认关于宣布民盟为"非法团体"之无理而又狂妄的举动……国内外数十万盟员今后将更坚强地站立起来，为彻底实现民主、和平、统一的新中国而奋斗到底。民盟对时局的主张包括：彻底推翻国民党反动集团的统治；彻底驱逐美帝国主义出中国；消灭封建性的土地制度，实行耕者有其田；铲除封建统治的经济基础，并为真正的民主政治奠定基础；加强与中国共产党及其他民主党派的亲密合作。民盟恢复后，它各地各级组织密切配合中国共产党的武装斗争，开展反美、反蒋斗争，以促使蒋介石政权的倒台。

民革和民盟具有与中共相似或相近的纲领，集中了大批爱国民主人士，具有广泛的人民群众基础，所以毛泽东首先向民革和民盟发出了召开新的政治协商会议、成立民主联合政府的倡议。

5月2日，中共中央致电上海局，说明邀请各民主党派及重要人民团体的代表来解放区讨论：甲，关于召开人民代表大会并成立民主联合政府的问题；乙，关于在反美反蒋斗争中加强各民主党派、各人民团体的合作及纲领政策问题。要求上海局通过华南分局和香港工委等地下党组织，征求各党派是否愿意派遣代表来解放区开会讨论上述问题。会议名称拟称为政治协商会议，开会地点拟在哈尔滨，开会时间拟在今年秋季。会议拟由中国国民党革命委员会、中国民主同盟联合发起。并且暂定了拟邀请来解放区开会的民主党派人士名单，这些人包括：李济深、冯玉祥、何香凝、李章达、柳亚子、谭平山、沈钧儒、章伯钧、彭泽民、史良、邓初民、沙千里、郭沫若、茅盾、马叙伦、章乃器、张炯伯、陈嘉庚、简玉阶、施复亮、黄炎培、张澜、罗隆基、张东荪、许德珩、吴晗、曾昭抡、符定一、雷洁琼等，中共中央要济南市地下党组织，就以上各点，征求这些民主人士的意见。

3. 站在进步的一边

◎ 各民主党派分别通电响应中共"五一"口号的报道

香港这颗璀璨的东方明珠，在解放战争末期，成为民主党派的发祥地和重新集结地。国民党在祖国大陆上肆意横行的日子里，他们拼命地迫害和限制民主党派的活动，在中共地下党的保护和协助下，各民主党派在香港重整旗鼓，满怀热情地开展轰轰烈烈的"反蒋抗美"民主运动。

中共"五一"号召发布后，得到了台湾、香港各进步民主党派的热烈响应。5月5日，香港大公报社收到一份来自各民主党派负责人的联合通电。这些负责人包括中国民主同盟负责人沈钧儒、章伯钧，中国民主促进会负责人马叙伦、王绍鏊，中国致公党负责人陈其尤，中国农工民主党负责人彭泽民，中国人民救国会负责人李章达，中国民主促进会负责人蔡廷锴，三民主义同志联合会负责人谭平山，无党派人士郭沫若等联合通电全国响应"五一"号召。

这些民主党派人士还向毛泽东发出响应的回信。信中表示："南京独裁政府窃权卖国，史无前例，顷复与美国互相勾结，欲以伪装民主，欺骗世界。

人民绝不受欺，名器不容久假，当此解放军队所至，浆食传于道途，武装人民纷起，胜利已可期待。国族重光，大计亟宜早定。同人等盱衡中外，正欲主张，乃读贵党'五一'劳动节口号第五项：'各民主党派，各人民团体，及社会贤达，迅速召开政治协商会议，讨论并实现召集人民代表大会，成立民主联合政府'；适合人民时势之要求，尤符同人等之本旨，曷胜钦企，除通电国内各界暨海外侨胞共同策进，完成大业外，特行奉达，即希朗洽。"

各民主党派、人民团体不仅向全国同胞和毛泽东表明态度，还相互组织起来，就中共"五一"号召召开座谈会讨论。中共香港局和上海局也积极地与各民主党派接触，交换关于召开新的政治协商会议的意见。

香港的一些报刊在一段时期内连续不断地登载了各民主党派的宣言。在这些宣言中，各民主党派对新政协的组织形式、性质、任务、地位等提出了各自的看法。

中国国民党民主促进会在宣言中指出：

"新政协必须是紧密联系各民主党派、各人民团体及海外华侨和民主人士，一致通过革命斗争方式，彻底摧毁独裁政权，永远使其不有复活的机会。新政协必须是建筑在反对封建剥削、反对帝国主义、反对官僚资本、反独裁和协调各阶层民众共同利益发展之立场上，以安定社会，谋求和平进步的建设。新政协必须是坚强领导目前全国反美抗日和反美支援独裁政权之爱国运动，与号召全国人民自动武装起来，反征粮、反征购、反征兵、反苛捐杂税及一切反迫害、反饥饿的运动。新政协必须是以国家民族利益为前提，而不以党派利益为前提。"

中国致公党则在宣言中提出新政协必须以彻底消灭国民党反动统治，反对帝国主义、封建主义和官僚资本主义为基本前提，坚决不要一切反动阶层、党派及个人参加。

中国人民救国会在宣言中指出，新政协与旧政协已截然不同，新政协的路线必须以彻底达成反侵略、反封建的双重任务为归趋。

台湾民主自治同盟表示积极响应中共"五一"号召，呼吁台湾同胞赶快行动起来，准备参加新政协人民代表大会和民主联合政府，这样，台湾人民才能从美蒋联合统治的痛苦中解放出来。

民革和民建两党派也发表了类似的宣言。

除各民主党派外,在香港的各学术团体也纷纷发表声明,响应中共"五一"号召。柳亚子、沈雁冰、章乃器等125位民主人士发表响应"五一"号召的联合声明,指出:"新的政协召开之后,中国历史将会翻开灿烂的一页,真正建立一个统一的、真正属于人民的国家"。

1948年8月1日,毛泽东复电各民主党派和民主人士,电文如下:

"五月五日电示,因交通阻隔,今始奉悉。诸先生赞同敝党五月一日关于召开新的政治协商会议,讨论并实现召集人民代表大会,建立民主联合政府的一项主张,并热心促其实现,极为钦佩。现在革命形势日益开展,一切民主力量亟宜加强团结,共同奋斗,以期早日消灭中国反动势力,制止美帝国主义的侵略,建立独立、自由、富强和统一的中华人民共和国。为此目的,实有召集各民主党派、各人民团体及无党无派民主人士的代表们共同协商的必要。关于召集此项会议的时机、地点、何人召集、参加会议者的范围以及会议应讨论的问题等项,希望请先生及全国各界民主人士共同研讨,并以卓见见示,易胜感荷,谨电奉复,即祈谅察。"

中国共产党人的坦诚和谦虚溢于言表,在香港的各民主党派深受鼓舞,在收到毛泽东复电后,他们进一步具体讨论新政协问题。

由于人民解放军在大陆的胜利,也由于中国共产党在中国人民中无与伦比的威信,港英当局对港岛上的进步民主活动的限制,不得不放松,港岛的新政协筹备工作轰轰烈烈地进行起来。一些西方国家之舆论对此做了大量报道。1948年11月2日,英国的《德臣西报》发表了李济深答记者问。李济深是个颇有影响的人物,时任民革主席,他在国内外有广泛的社会关系。当国民党行将分崩离析之时,各种反动势力都想争取他,以此作为政治斗争的资本。现在,李济深公开发表讲话,阐述对时势的具体看法,无疑令世人瞩目。

李济深针对蒋介石划江而守、再造南北朝的企图这样说道:"我以为南北朝的局面是不可能的,蒋政权的崩溃一定是全面的崩溃,因为这一战争是全国人民对独裁的战争,全国人民都反对这个反动政权。"

李济深还表示了他对中共的信任。他说:"……新政协的范围很广,连蒋管区人民团体、工商界、大学教授，都欢迎派代表参加，即使是蒋管区的军人、地方政权，只要有事实行动表现，他们接受我们的看法，同意我们的原则，都可能被邀请参加政协。"

11月和12月间，李济深又两次接受了美国《纽约时报》记者和法国新闻记者的采访。在采访中，李济深重申："新中国的建设诚然需要西方国家的帮助，特别是重工业的机器，不过必须在平等互助的基础上，否则我们就宁可不要西方国家的帮助，我们决不可能因为取得西方国家的机器而损害自己国家的主权和人民的利益。"

李济深作为中国民主党派的代表发表这一原则讲话，表明各进步民主党派以国家主人翁的责任感开始了筹备新中国的工作，表明各进步民主党派完全和中国共产党、中国人民站到了一边。世界人民开始清晰地预感到，一个团结、民主的新中国即将出现。

三、奔向解放区

通过直接和间接的对话和协商，在香港的各民主党派和无党派人士与中共就召开新政治协商会议达成了一致意见。1948年8月起，在香港和南方大城市的各民主党派、无党派民主人士，应中共邀请陆续从海陆两途北上，分别进入东北、华北解放区，与中共共筹新政协的召开和建国大计。

1. 一路向北寻民主

◎ 1949年1月，沈钧儒（左二）、李济深（左三）、郭沫若（左五）等在沈阳观看秧歌表演

从1948年8月至1949年3月，数十名民主人士分四批北上，分别从大连、安东进入东北解放区。中共中央东北局领导人高岗等负责接待并受

中央委托同他们进行初步商谈。还有一些民主人士，如符定一、吴晗、周建人、刘清扬等，则通过另外的关系秘密到达平山县，由中共中央统战部负责接待并与之进行协商。

第一批民主人士沈钧儒、章伯钧、谭平山、蔡廷锴等由章汉夫陪同，9月26日抵大连，29日抵哈尔滨。沈钧儒、章伯钧代表民盟北上后，于11月16日发表对时局声明，谴责蒋介石一面忘本寻求美援和在长江下游集中兵力，一面利用御用文人呼吁和平的阴谋，重申了民盟三中全会的主张。

11月25日，民盟南方总支部发表对时局宣言，认为"京徐走廊的战争（淮海战役），可以说是长江以北的最后一战"、"蒋军的失败的命运是注定了的"，号召华南人民拥护《华南人民武装当前行动纲领》，与北方同胞共同完成解放全中国的革命大业。1948年年底至1949年年初，民盟发表声明，申斥蒋介石的"求和"阴谋，表示拥护毛泽东1949年1月14日对于时局的声明及所提八项和平条件。民盟发言人指出："今天所争的，绝不是蒋介石下野枝节问题，乃是如何整治内战罪魁，实行土地改革，争取民族独立的问题。如果有人还企图用'和平'的伪装来阻挠人民力量的胜利，或借以维持过去反动政权，割据地方，这绝对是徒劳的。"1月21日民盟在"对和平的态度"专门声明中，集中揭露了蒋介石集团的"和平攻势"，痛斥了南京、上海市参议会的"和平"运动，并表示反对反动政府哀求美帝国主义出来调停内战。

1949年3月5日，民盟在北平成立了民盟总部北平临时工作委员会，在总部由香港迁到北平之前，负责筹备召开四中全会，并对外代表民盟。同时议决在香港的联席会议停止活动。该委员会委员有沈钧儒、章伯钧、张东荪、朱蕴山、潘光旦、李章达、丘哲、吴晗、邓初民、陈此生、辛志超、楚图南、沈志远、李文宜、刘清扬、张云川、彭泽民、千家驹、胡愈之、严信民、陈鼎文等。以后陆续抵平的中执委及地方负责人均为临时工委委员。临时工委推选吴晗、辛志超、沈志远为秘书，组织秘书处，办理一切日常工作。民盟此举加强了对国内外盟员的领导，适应了形势发展的要求。

1949年3月7日，临工委上书毛泽东，表示"对于今后工作的进行，本盟同人将以至诚接受贵党的领导，在新民主主义革命建设之伟大事业中并愿与贵党密切配合，尽其应尽之责"。10日，毛泽东从西柏坡复电沈钧儒、

第三章
建国力量大汇合

章伯钧，表示欢迎合作，并派李维汉、齐燕铭到北平接洽。临工委还电告在沪的张澜主席，希望他早日来平参加领导工作。从此，北平临工委代表民盟积极参加了新政协的筹备工作。6月16日，民盟在北平创刊了《光明日报》，社长章伯钧，总编辑胡愈之。

在上海方面的民盟领导人张澜、罗隆基、黄炎培等，在困难的条件下，坚持了进步的民主立场。他们从政治、经济上支持香港总部，刘文辉、龙云向民盟捐赠的款项存在和成银行，均由张澜汇给香港总部。1948年12月12日，国民党主和派张治中同黄炎培，谈及"和平"问题。黄炎培主张提出三点方案：一是蒋介石宣言停战下野；二是中共响应停战；三是重开政协决定一切。黄炎培又提出，此方案须先征得中共同意并和美苏大使馆接洽，在进行此项活动时，孙科应暂不就任行政院长，宣言中也不提副总统之事。

1949年1月上中旬，杜月笙、潘公展、钟天心等请张澜、黄炎培等出面对国共双方停战言和，均被拒绝。1月22日，李宗仁致电民盟中央，劝民盟对和谈"一致主张，力加赞助"。1月27日，张澜、黄炎培等发表谈话，认为从前国共两党之争，他们是第三者，但现在局势已经完全改变，是革命与反革命之争，他们将站在革命的一边，不能做调解人。至少，也须先与民盟已在解放区及在香港的代表洽商后，才能发表意见，拒绝了李宗仁的意见。当张群将赴四川任重庆绥靖公署主任，来向张澜辞行时，张澜劝他不要再跟蒋介石瞎跑，要为四川人民做些好事。张群到四川后，释放了关押在渣滓洞集中营的21名民盟盟员，将征兵名额由42万减少至6万余，还减少了征粮、征实物，表示他听从了张澜的劝告。上海解放前夕，国民党反动派妄图将困在虹桥疗养院的张澜、罗隆基等劫持到台湾，经中共地下党多方设法周旋才脱离危险。早在1月20日，中共中央指示方方、潘汉年等，要他们邀请张澜、黄炎培经香港北上。5月31日，沈钧儒等代表临工委托请张澜等联合北上。6月24日，张澜、罗隆基、郭春涛、王葆真、史良等到达北平。

从1948年10月起，在上海的黄炎培即被特务跟踪、监视。12月4日，黄与胡厥文、盛丕华、杨卫玉会商，派章乃器、施复亮、孙起孟三人代表民建赴解放区参加新政协筹备会。为了免于被敌人迫害，1948年2月15日，在中共地下党帮助下，黄炎培秘密离开上海，18日到达香港。翌日，民建港九分会成立，黄炎培到会报告上海的情况。黄炎培在香港还几次与盛丕华等讨论民建的性质、对象等问题，并曾与龙云长谈，受张澜之托，请龙云赞助民盟活动费港币2万元，龙云慨然解囊。龙云请黄炎培北上后做他与刘文辉的代表，并托他转告中共，希望派华岗赴云南与卢汉联系，黄炎培即将此意转告潘汉年。3月14日，黄炎培偕姚维均、盛丕华、俞寰澄、盛康年等离港北上，3月25日到北平。当日下午，黄炎培去西郊机场同其他民主人士一起欢迎毛泽东等进入北平。

民革主席李济深的北上是一个充满斗争和危险的过程。香港当局把在港的李济深作为中国政府的"反对派领袖"予以保护，派警察在李济深宅前守卫。香港总督府政治处主任王翠微经常到李济深家中聊天，实际是监视李济深。在解放军尚未打过长江以前，美国和英国决策者都企图把李济深扣在香港，作为在中国实行"划江而治"的筹码。中共中央对李济深北上十分重视，周恩来亲自指挥了李济深等人北上的计划。

1948年12月26日，也是圣诞节的第二天，李济深、朱蕴山等人先乘坐一条小艇，带了一些酒菜，装作泛舟游览的样子。一个多小时后，李济深等人乘船靠拢北上的苏联货船"阿尔丹"号。27日晚，苏联货船"阿尔丹"号载着李济深等一批民主人士，神不知鬼不觉地离开了香港。

1949年元旦，李济深等民主人士在船上度过了难忘的一天。李济深在这天写下了一首诗：

同舟共济，一心一意，为一件大事！

一件为着参与共同建立一个独立、民主、和平、统一、康乐的新中国的大事！

同舟共济、恭喜恭喜，一心一意，来做一件大事。

前进！前进！努力！努力！

就在这天，香港《华商报》还发表了李济深早写好的一篇元旦献词，题目是《团结建国——三十八年元旦献词》。李济深在献词中说：

"人民革命已获得决定性的胜利，中华民国的第三十八年，全国同胞必然走尽了黑暗的历程，而踏进了光明的大道。因而我们是以空前的兴奋和愉快来迎接这一元旦的。一切民主阵线的朋友,爱国的人士,到今天,应该各准备以其知识、能力,为建立一个民族独立、民主自由、民生幸福的新中国而奋斗。"

"有些人鉴于过去的内战,一幕一幕地出现,因而忧虑到我们打倒卖国独裁政权以后,会重蹈覆辙。这是希望国家安定的一番好意,我们应该谨慎避免。但这一次战争,是人民以自己的力量去进行的革命,和过去的一切军阀混战不同;人民的力量既然足以打倒最顽强的独裁卖国者,自然亦可以制止一切无理取闹。""建国的领导者,如果能坚守为人民服务的原则,凡事以人民的利害为利害,根本上就不会发生纠纷;再能保持民主的风度,凡事相互尊重,心平气和地研究讨论,服从众议,一切问题都容易解决,用不着以兵戎相见了。"

李济深在献词中写道:"新政协的召开,是制定一个照顾各阶层利益,促进各阶层合作的《共同纲领》。""自此以后,占中国绝大多数的农民,要得到适合他们耕种能力的土地,不仅足食,而且要日渐获得改善生活条件的能力和购买工业必需的购买力,同时又使中国的工商业与城市获得更富裕更低廉的原料与粮食。中国的工商业一定会在民主政府的有计划安排与指导下,获得国家的保护与奖励,而有利于国计民生的企业,一定可以获得国家的资金融通,保证它们合理的利润,使新事业如雨后春笋般生长起来,而且日趋繁荣。各业的劳动大众,更会在国家保护与扶持下,改善劳动条件,并保证他们免于失业、饥饿的权利。文化工作者,他们将得到国家、社会对他们的尊重和待遇。下一代的主人青年,他们将得到周到的葆爱与教育,准备对未来中国的建设肩负更繁重的责任。总的说来,在人民民主政权的中国除了封建地主和帝国主义工具外,不问阶级,不问职业,不问男女,有贡献其心于国家的机会。"

1949年1月7日,李济深、朱蕴山、章乃器等抵达大连,中共中央派李富春、张闻天专程前往大连迎接。朱蕴山曾作诗一首表述登陆后的喜悦心情:

解放声中到大连,

自由乐土话翩翩。

狼烟净扫疮痍复,

回首分明两地天。

李济深等人成功地离港北上,粉碎了各种反动残余势力的幻想。在李济深离开香港的数日之后,国民党拥有重兵的桂系军阀白崇禧,曾派人携带亲笔信和巨额款项,乘坐专机飞往香港,迎接李济深去武汉"主持大计"。他想利用李济深做号召,来反对蒋介石,抗拒中国共产党,实行划江而治。当李济深到大连的消息传来时,白崇禧连叹:"大事去矣!"继李济深之后,1949年2月28日至3月18日,柳亚子、陈叔通、叶圣陶、马寅初、傅彬然、包达三等27人应邀到北平。4月何香凝抵北平。

北上、进入解放区,对许多民主人士来说是又一次政治、思想上的转折。由国统区进入解放区的新环境,使人耳目一新。俗话说"百闻不如一见",现在亲眼见到的尽是新人新事,许多人思想为之一振,兴奋的心情溢于言表。诗人柳亚子,从起程到抵平,一路上诗兴大发。2月28日起程北上时,他曾写下:"六十三龄万里程,前途真喜向光明。乘风破浪平生意,席卷南溟下北溟"的诗句。

李济深到沈阳后,第三天即致电毛泽东、周恩来称:"贵党领导中国革命,路线正确,措施充当,洽符全国人民大众之需要,乃获今日之成就,无任钦佩。济深当承中山先生遗志,勉尽绵薄,为争取中国革命之彻底胜利而努力。"3月8日,李济深、蔡廷锴电告朱德、周恩来,为配合解放战争,他们曾在香港通过人事历史关系进行军事策反工作,他们现已北上,指导很不方便,打算电知香港各方面负责人,交由中共南方局处理。3月11日,朱德、周恩来复电表示慰谢。李济深等人的行动,对人民解放军的进军是有利的。在北平和谈期间,民革协助中共,派人向李宗仁、白崇禧做了不少工作。4月3日黄启汉回南京,李济深派人转告李宗仁"务必当机立断,同帝国主义和蒋介石决裂,向人民靠拢"。

除了在香港,留在国统区的民建领导人和成员,以各种方式坚持支援人民解放战争。在上海,胡厥文等人同民建临干会一起展开了迎接解放和协助接收上海的工作,并为此付出鲜血甚至生命的代价。临干会常务干事黄竞武(黄炎培次子),5月12日被特务逮捕,5月18日被活埋于南火车

第三章
建国力量大汇合

站附近。上海解放后人民政府找到他的遗体时，头上还蒙着蓝布，腿被打断，惨不忍睹。民建上海分会理事姜化民也被逮捕，5月20日被杀害。6月4日，陈毅、饶漱石、潘汉年、沙千里致电黄炎培表示慰问。6月5日黄炎培复电说："竞儿仅一专门技术人员，只因为民主服务，惨遭杀害，亦可云求仁得仁。炎培虽老未衰，犹愿随诸先生后，对人民革命更加努力，以补诸先生等对此儿已绝之期望。"这封电报充分表达了黄炎培义无反顾从事反蒋斗争的决心。

远在美国的冯玉祥在1948年1月民革成立大会上被选为中央政治委员会主席，同在香港的中央委员会时刻保持密切的联系。1948年7月31日，冯玉祥响应中共号召，回国参加新政协。不幸，9月1日，当冯玉祥乘坐的轮船行至黑海时，突然起火，冯玉祥和他的女儿冯晓达遇难。冯玉祥将军是中国共产党的老朋友，毛泽东、朱德致唁电给冯玉祥的夫人李德全，称赞"冯先生置身民主，功在国家"。

民革中委杨杰将军是西南川、康、滇、黔四省民革总负责人。杨杰在30年代曾任国民党陆军大学教育长，他利用在国民党军队中的影响，按照中共地下党的指示，积极而又慎重地做一些国民党军政大员的工作。1949年4月，人民解放军摧毁蒋介石长江防线后，南京、上海、武汉等地相继解放，蒋介石企图以川、康、滇、黔四省为根据地做最后顽抗。杨杰加紧在重庆国民党党、政、军、各界活动，策动国民党地方武装起义，筹建人民自卫军等武装组织，决定全省发动武装起义，迎接人民解放军。1949年5月，在杨杰手下工作的李宗煌在崇宁发动1000余人的武装起义，由于计划不周，准备不充分而失败。1949年7月，杨杰离开重庆到昆明。此时，国民党特务已开始监视、跟踪杨杰。杨杰不顾个人安危，多次举行演讲、谈话，分析国内战争的形势和国际局势，指出："国民党蒋介石政权无法逃脱败亡的命运。"1949年8月间，国民党国防部云南特派专员兼保密局云南站站长沈醉接到保密局局长毛人凤亲自密电："杨杰正在大肆活动，替民革拉拢国民党军队的高级将领，务必先将此人除去，以免后患。限期三天内务必执行，否则按团体纪律严惩。"但是沈醉做好一切暗杀准备后，杨杰闻讯转移至香港。正当杨杰准备北上出席新政协会议之时，国民党特务已经完成暗杀准备。

1949年9月19日,杨杰被暗杀于香港轩尼诗道302号4楼同乡伍集成家里。

各民主党派、民主人士北上后的重大行动之一,是1949年1月22日55位民主人士联合发表的《我们对于时局的意见》,登载在当时香港的《华商报》上。这篇《我们对于时局的意见》长达3000余字,字里行间表明了各民主党派对蒋介石政权的无比痛恨,对中国共产党的无限拥戴之情。它的发表在全国各界,乃至在全世界发生了极大的影响,它表明中国的民主党派已完全站在中国共产党一边,中国民主党派经过血与火的考验,已成了中国共产党最忠实的同盟军,将在中国共产党领导下,开始谱写新的历史篇章。

2. 建立全国群众团体

◎ 1949年4月11日,中国新民主主义青年团第一次全国代表大会开幕

新政协是包含有各人民团体的,在筹备新政协、建立全国人民政权的时候,召开各界人民团体代表大会,建立全国性的群众团体组织,是一项迫切而重要的任务。按照中央书记的分工,朱德主要负责这项工作。

1949年7月23日至8月16日,中华全国总工会在北平召开工作会议,到会代表254名。代表除了工会工作负责干部外,还有各省市的党政机关负责干部。毛泽东、朱德、周恩来、薄一波都亲自到会讲了话。

全国总工会副主席李立三在会上致开幕词,他回顾了自第六次劳动大会召开以来中国工人阶级所做出的历史性贡献。并指出,要把全国工人群众组织起来,更进一步地提高觉悟,负起领导中国人民把革命进行到底,同时开始进行艰巨的建国工作的任务。

会议确定:"当前全国工会工作的中心任务,是在一年左右基本上把全国工人阶级,首先是产业工人组织起来。"

中华全国总工会派代表参加了新政协,总工会副主席李立三在中国人民政治协商会议开幕时代表全总讲了话,庆祝新政协的召开。

1949年4月11日至18日,中国新民主主义青年团第一次全国代表大会在北平艺术专科学校礼堂隆重举行。到会的340名代表,代表着各条战线的19万青年团员。

毛泽东和朱德为大会题了词,朱德出席了大会的开幕式。

4月12日,任弼时抱病代表中共中央向大会作了政治报告,阐述了中国青年的光荣历史、新的历史使命和如何开展青年团工作等。

在同一天,冯文彬作了《中国新民主主义青年团的任务与工作》的报告,就青年团的任务、工作、工作方式和作风、团与各方面的关系、团中央的工作等提出了具体的意见。

选举产生了中国新民主主义青年团中央第一届委员会,其中中央委员45人,候补委员15人,一致通过任弼时为团中央名誉主席的决议。

4月22日至24日,中国新民主主义青年团一届一中全会在北平召开。冯文彬当选为书记,廖承志、蒋南翔当选为副书记。

青年团一大闭幕后不久,5月4日至11日,中华全国青年第一次代表大会在北平举行。出席会议的代表有533名,包括海内外不同地区、不同民族、不同阶级、不同党派、不同政治信仰和不同职业的青年工作者。

大会通过了全国青年联合会简章,一致同意扩大中国解放区青年联合会为中华全国民主青年联合会,并选出109名全国委员会委员。在召开的第一次全国委员会议上,选举出25名常务委员,廖承志任主席。

1949年3月24日至4月3日，中国妇女第一次全国代表大会在北平中南海怀仁堂举行。到会代表471名，旁听代表265名。

毛泽东、朱德、刘少奇、周恩来、任弼时分别为这次大会题词。

在开幕式上，蔡畅致开幕词。中共中央代表董必武到会祝贺并讲话，其他各界代表也到会致贺词。妇女代表李坚真和许广平致答谢词。

3月26日，邓颖超在大会上作了《中国妇女当前的方针任务报告》。

邓颖超高度评价了中国妇女运动，提出了要"把反对帝国主义、封建主义、官僚资本主义的斗争进行到底，完全肃清国民党反动残余势力，建设统一的人民民主共和国，完成新民主主义革命，这就是中国妇女运动当前的总任务"，并提议成立中华全国民主妇女联合会。

3月27日下午，毛泽东、朱德、刘少奇、周恩来、任弼时在香山接见了妇代会的代表们，同全体代表合影留念。领袖的接见，使代表们深受鼓舞。

经过民主选举，产生了51名执行委员、21名候补执行委员，组成中华全国民主妇女联合会。

在大会闭幕式上，蔡畅代表大会献给毛泽东、朱德两面锦旗。献给毛泽东的锦旗上写着："我们紧紧地跟着你前进！"献给朱德的锦旗上写着："没有人民解放军的胜利，就没有中国妇女的解放。"朱德接受锦旗后，即席发表了讲话。

4月4日，中华全国民主妇女联合会举行第一届第一次执行委员会，选举何香凝为全国民主妇联名誉主席，蔡畅为主席，邓颖超、李德全、许广平为副主席。

1949年7月2日，中华全国文学艺术工作者代表大会在北平举行。到会代表824人。郭沫若致开幕词。中共中央对这次大会的召开非常重视，在大会开幕的前一天，即7月1日，中共中央向大会发来贺电。朱德亲自出席大会开幕式，代表中共中央向大会致贺词。

朱德高度评价了新文学艺术在革命斗争中的作用，并希望全国的文学艺术工作者团结起来，加强工作，迎接这个新时代。

董必武、陆定一、叶剑英分别代表中共中央华北局和华北人民政府、中共中央宣传部、中共北平市委、北平军管会和北平市人民政府，先后向

第三章
建国力量大汇合

大会表示祝贺。

7月3日，郭沫若向大会作了题为《为建设新的人民文艺而奋斗》的总报告。

7月6日7时20分，毛泽东亲临大会，出现在主席台上。全体代表起立欢迎，长时间热烈鼓掌。

会场安静下来之后，毛泽东对大家说："同志们，今天我来欢迎你们。你们开的这样的大会是很好的大会，是革命需要的大会，是全国人民所希望的大会。因为你们都是人民所需要的人，你们是人民的文学家，人民的艺术家，或者是人民的文学艺术工作组织者。你们对于革命有好处，对于人民有好处。因为人民需要你们，我们就有理由欢迎你们。再讲一声，我们欢迎你们。"

毛泽东讲完话后，周恩来作政治报告。周恩来报告的第一部分分析了三年以来解放战争发展的形势，报告的第二部分，具体阐述了文艺方面的六个问题，即团结问题、为人民服务问题、普及与提高问题、改造旧文艺问题、文艺界的全局观念问题、组织领导问题。

周恩来最后说："人民政治协商会议将要产生全国性的民主联合政府，而这个政府机构中，也要有文艺部门的组织。我们文艺界也要推出代表来参加人民政治协商会议。"

这次大会成立了中华全国文学艺术界联合会，选举郭沫若为主席，茅盾、周扬为副主席。

在这次大会后不久，中华全国文学工作者协会、中华全国音乐工作者协会、中华全国戏剧工作者协会、中华全国电影艺术工作者协会、中华全国新闻工作者协会等相继成立。

在新政协筹备会常委会的指导下，其他群众团体也相继筹备和发起。6月19日，中华全国自然科学工作者第一次代表大会筹备委员会成立大会召开。7月14日，中华全国社会科学工作者代表会议筹备会召开。7月23日，中华全国第一次教育工作者代表会议筹备会召开。8月9日，中共中央发出关于组织工商业联合会的指示，确定工商业联合会的重心为私营企业。

上述群众团体和学术团体大部分是参加新政协的单位，它们的相继成立，为开好人民政治协商会议，建立人民共和国创造了条件。

3. 社会名流欣然受邀

除了各民主人士之外，海外华侨和国母宋庆龄也在受邀之列。在北平，安排参加新政协代表的北京饭店112号房间下榻着一位上穿西装、下穿唐裤、操着一口闽南话的70多岁的老人，他就是著名的南洋华侨领袖陈嘉庚。

北京饭店的114号房间，下榻着一位一身西装、滴酒不沾却大抽吕宋烟的83岁老人，他就是美洲著名华侨领袖、美洲致公党主席司徒美堂。

两位侨领老人应中共中央主席毛泽东的邀请，不顾高龄和旅途艰辛，于1949年夏秋分别从新加坡和美国赶来北平，参加新政协。

自中共中央发布"五一"劳动节口号后，如何召开新的政治协商会议，成立民主联合政府，成为海内外各界进步人士关注的一个问题。

在香港，中共香港工委负责人饶彰风找到了与陈嘉庚有亲密关系的庄希泉，对他说："现在中国人民解放斗争已日益接近全国胜利，正准备召开新的政治协商会议，建立民主联合政府。海外华侨也需要推举一位侨领，以领导华侨工作。陈嘉庚先生是侨领的最佳人选。我们计划请你赴新加坡一趟，邀请陈嘉庚先生回国参加政协会议，商议建国大事，行吗？"

庄希泉愉快地接受了这个任务。不久，庄希泉赴新加坡，拜会陈嘉庚说明了这一情况，并转达了中共方面的真诚邀请。

陈嘉庚当即表示接受邀请，但带着顾虑说："我担心这样一来，新加坡殖民当局会为难我的家人和我在南洋的产业。"

庄希泉解释说："这不要紧的，你尽管回国内，你可以声明，不是你自己要回去，而是国内发表了对你的任命，盛情难却。这样，当局考虑到各方面的影响，以及与新中国的关系，不至于采取不明智的态度。"

听了庄希泉的这番话，陈嘉庚很高兴，表示愿意回国，并邀请庄希泉同他一道行动。庄希泉说："请你先走，我还有些事情需要处理。我们会在国内见面的。"不久，陈嘉庚收到了毛泽东于1949年1月20日写给他的亲

第三章
建国力量大汇合

笔邀请信。

接到毛泽东的邀请信后，陈嘉庚非常高兴，立即复电说："革命大功将告完成，曷胜兴奋，严寒后决回国敬贺。" 2月间，他给在槟榔屿的庄明理打电话，告之要回国去，邀庄明理同行。直到4月初，庄明理才到新加坡，得知了事情的原委。

4月底，陈嘉庚偕庄明理离开新加坡，途经香港，又继续乘船北上。

6月3日，陈嘉庚一行抵达天津。

6月4日，陈嘉庚一行坐火车从天津到北平，受到了董必武、林伯渠、叶剑英、李维汉、李济深、沈钧儒等的热烈欢迎。

6月7日，周恩来亲自接陈嘉庚到香山双清别墅同毛泽东晤谈。会见时，朱德、刘少奇都在座。故人重逢，分外亲切，陈嘉庚在谈话时，兴奋和激动之情溢于言表。

1950年，陈嘉庚正式回国定居。

当陈嘉庚来到京西香山双清别墅的时候，美洲侨领司徒美堂却还在大洋彼岸的美国。毛泽东给司徒美堂写信，邀请其回国参加新政协的时间也是1949年1月20日。

由于路途遥远，毛泽东的邀请信转到司徒美堂手中时，中国的政治形势又发生了巨大变化。人民解放军已打过长江，占领了南京、上海等地，国民党南京政府已宣告灭亡。

毛泽东的邀请信，语气真切，态度诚恳，83岁的司徒美堂读了此信，心情十分激动，一种强烈的历史责任感油然而生，使他决定不辜负中共及毛泽东的信任，立即准备动身回国。

8月13日，司徒美堂乘坐的飞机抵达香港启德机场。半个月后，司徒美堂乘坐太古公司的岳阳轮离港北上。6天之后，岳阳轮平安抵达红旗飘扬、有解放军守卫的塘沽港口。天津市交际处派人来迎接，随后把客人安置于天津旅店。

第二天早饭后，司徒美堂一行坐火车到北平，受到友好而热烈的欢迎，随即下榻到北京饭店。

1949年5月26日，上海解放。毛泽东专门给陈毅布置了一项任务，让他保护好宋庆龄,并尽快登门拜访宋庆龄。

宋庆龄在民众中享有很高的威望,这不但因为她是孙中山的夫人,更为重要的是,宋庆龄信守孙中山的新三民主义,对中国共产党一直采取理解、支持的立场,是中国妇女的杰出代表。上海解放前夕,宋庆龄断然拒绝了国民党要她撤往台湾或移居海外的要挟,义无反顾地留在上海。此举也表明了宋庆龄对中国共产党的信任。

陈毅的登门拜访,使宋庆龄很高兴。出于当时治安状况的考虑,陈毅还给宋庆龄派去了一支由精干战士组成的警卫队。

随着筹建新中国和召开新政协时间的临近,毛泽东越来越迫切地希望宋庆龄能来北平共商国是。毛泽东决定派邓颖超专程前往上海,携带毛泽东的亲笔信去看望宋庆龄。

派邓颖超作为代表前往上海,是较为周全的。一则她与宋庆龄是熟人,双方有较深的私交;二则双方都是女性,宜于沟通;三则邓颖超是中共党内老资格的革命家,又是周恩来的夫人,地位和声望都很高;四则邓颖超当时未担任正式职务。所以,邓颖超此行,一方面充

◎ 1949年8月,宋庆龄由沪北上来北平参加新政协

分体现了毛泽东及中共中央的盛情;另一方面又充分考虑到宋庆龄的处境,避免给她造成太大的压力。

读了毛泽东这封热情洋溢、诚挚感人的亲笔信后,宋庆龄很激动。宋庆龄愿意参加新中国工作,这一点是明确的。但北平是孙中山故去的地方,宋庆龄曾发誓再不踏上北平的土地。对于宋庆龄的心境,毛泽东充分体谅,在从6月底到8月底的50多天里,毛泽东没有再直接催促,而是静静地等待,让宋庆龄自己考虑、定夺。

终于,8月26日,传来了宋庆龄从上海启程的消息。毛泽东兴奋异常,

第三章

建国力量大汇合

他马上去翻看日历,右手扳着左手指头,计算着路上的行程和到北平的时间,期望之情,溢于言表。

1949年8月28日下午,毛泽东一改往常的休息习惯,早早起床向身边工作人员打招呼,要到火车站去迎接宋庆龄,让他们给准备衣服。刚吃过饭,毛泽东就换衣服,还是那一套平时不大穿、只有迎接知名人士时才穿的浅色衣服。离宋庆龄专列到北平的时间还有很久,毛泽东便急着要到前门火车站去。工作人员左劝右阻,毛泽东才没马上动身。他点燃一支烟,在屋里来回踱步,每走几个来回,便抬手看一回表,脸上露出既兴奋又焦急的神色。最后,他把手中未吸完的香烟在烟灰缸里一摁,大手一挥,说了声:"走!"便大步向门外走去。

下午3时45分毛泽东乘汽车到达火车站。只见车站月台上已经来了许多人,其中有周恩来、朱德和各个方面的负责人、各民主党派的领导人士等80多人。

毛泽东与先期到达的周恩来热情握手说:"邓颖超同志这回立了大功啊。"周恩来向毛泽东简要地介绍了欢迎仪式。毛泽东连连点头,说:"欢迎仪式一定要热烈、隆重。"言毕,他专门在月台上来回走了一趟,看看欢迎的人群,并向群众频频招手,月台上的气氛更加热烈了。

由于离火车到站还有一段时间,大家劝毛泽东到休息室休息一会儿,毛泽东却执意不肯。他点燃一支烟,面对着火车进站的方向,静静地等候。

4时15分,火车进站了,毛泽东立即扔掉手中未抽完的香烟,整整衣服,大步向火车跟前走去。在车厢门口,毛泽东双手紧紧握住宋庆龄的手,高兴地说:"欢迎你!欢迎你啊!一路上辛苦了!"

宋庆龄很高兴:"谢谢对我的盛情邀请,热烈地祝贺你们。"

毛泽东说:"新中国的筹建,很需要孙夫人的帮助。对您的到来,我们盼望已久!"

宋庆龄在毛泽东的陪同下离开车厢,只见她身着黑色榜绸旗袍,系一条白色纱巾,步履轻盈,风采依然,欢迎队伍中爆发出热烈的掌声。

随后,毛泽东陪同宋庆龄与周恩来、朱德等中共领导人以及各民主党派的代表李济深、何香凝、沈钧儒、郭沫若、柳亚子等见面。接着,由延安迁来北平的洛杉矶幼稚园的儿童向宋庆龄献上了鲜花。月台上乐曲高奏，掌声、欢呼声四起，此情此景，宋庆龄很高兴，也很激动。

当天晚上，毛泽东亲自主持宴会，刘少奇、周恩来、朱德等出席作陪。在宴会上，毛泽东举杯向宋庆龄敬酒时说：

"今天是一个让人高兴的日子，在中国革命中劳苦功高、威望卓著的宋庆龄女士来到北平。我们热烈地欢迎你。欢迎你与我们继续合作，共商建国大计，为把中国建设成为繁荣、富强的国度，为使中国民族屹立于世界东方，为使子孙后代过上美满幸福的日子而共同奋斗。"

宋庆龄再次感谢中国共产党和毛泽东的盛情邀请，感谢毛泽东、周恩来派邓颖超到上海专程接她，感谢毛泽东、周恩来等到车站去迎接她，以及到北平后受到的热情款待；并表示，相信中国在共产党的领导下将兴旺发达，她本人愿为此而竭尽全力，为建设新中国努力奋斗。宴会上，大家不断向宋庆龄敬酒，畅抒友情，气氛非常融洽、热烈。

蒋介石听到宋庆龄赶赴北平参加新政协的消息后，面对长空，长长地叹了一口气。

在中国共产党"五一"号召下，各民主党派、无党派爱国人士、海外华侨、各人民团体的代表，奔赴解放区。共产党汇集天下精英，新生的人民共和国将在他们手中诞生。

第四章
绘制新中国的蓝图

一、新政协筹备会

随着国民党南京政权的覆灭，四分五裂的中国，迫切需要建立一个统一的中央政权。6月15日，筹建新中国的重任落在了新政治协商会议筹备会议第一次全体会议的成员身上。毛泽东为筹备会定下了基调之后，各项工作在筹备会各小组的安排中紧锣密鼓而又有条不紊地进行着。这次会议为新政协的召开打好了基础，也充分体现了共产党和各民主党派、人民团体齐心合力，共策共进的民主精神。

1. 毛泽东定会议基调

1949年6月，为了工作方便，毛泽东白天在中南海丰泽园菊香书屋办公，晚上回玉泉山或双清别墅。中南海实际上是两块水面，一块叫中海，另一块叫南海，中海的北面与北海相连。北海、中海、南海是相连的三块水面，其中中海、南海周围的建筑连成一个大院落，而北海周围的建筑又自成一体，于是就形成今天的中南海大院与北海公园两个去处。

◎ 新政协筹备会现场

第四章

绘制新中国的蓝图

毛泽东的住处菊香书屋及整个丰泽园的院子,在南海的北岸。丰泽园大门临南海,而菊香书屋的北面临中海。

有一次,毛泽东在南海散步。走到勤政殿门口时,毛泽东对随从人员说:"就要在勤政殿里开会了,咱们进去看看吧。"

当时,为召开新政协的筹备会议,勤政殿被修缮一新。勤政殿原是皇帝休息和处理朝政的地方。

"这个古建筑非常雄伟壮观,听说是袁世凯在这里当皇帝的地方。"卫士长说。

"袁世凯当皇帝是在中南海的居仁堂,不是在这里。"毛泽东纠正说。

往前走,迎面碰见了余心清。"主席是来检查会场吗?请进去看看吧。"余心清对毛泽东说。

"我是出来散步,顺便到这里看看会场。"

"会场的一切工作都准备好了,请主席指教。"

毛泽东随余心清进入了勤政殿。勤政殿的规模很大,进了大门,过了一个院子,才到过厅。过厅约有50米长,10来米宽,木板地中间铺地毯,两边摆许多名贵的鲜花、古文物和工艺美术品。在过厅里,毛泽东浏览了一遍。余心清做了详细介绍。

勤政殿的正厅,有两三层楼高,原是中南海院内最高的建筑物。在北海公园和景山公园都可以看到这个大厅的上层建筑。大厅里摆着一排一排的条桌和软椅。四周还有许多中、小型的会议室、宴会厅、卫生间等配套设施。毛泽东走进正厅。

"过去皇帝只图享受,不会做事,在故宫里有那么多的宫殿,为了到这里来休息,也要建这么一套。"余心清说。

"那好啊,过去的皇帝们给我们今天开会准备了地方呀。"毛泽东倒颇为豁达。

余心清介绍:"在这里开一二百人的中型会议最为适宜。大会完了,开小会讨论或休息,中小型会议室很多,也很方便。东边还有餐厅,吃饭也方便。筹备会在这里开很合适。政治协商会议在怀仁堂开也很好。怀仁堂也开始维修和清理了。过去,国民党在这里搞得乱七八糟,要彻底清理才能使用。

勤政殿和怀仁堂的维修，都照您的意见注意了少花钱多办事。"

"开好会，少花钱，这也算是支援前线呀！"毛泽东称赞说。从勤政殿北门出来，毛泽东与余心清握手告别。

1949年6月15日下午，毛泽东穿上一身新做的蓝色衣服，手里拿着文件袋，从菊香书屋的北面出来，朝勤政殿走去。

6月15日至19日，新政治协商会议筹备会第一次会议在北平中南海勤政殿举行。会议由毛泽东、李济深、沈钧儒等人主持。23个单位的134名代表出席。其中，民革7人：李济深、何香凝、李德全、张文、李锡九、陈劭先、梅龚彬；民盟7人：沈钧儒、章伯钧、张澜、张东荪、周新民、罗隆基、楚图南；民建5人：黄炎培、章乃器、胡厥文、施复亮、胡子婴；无党派民主人士6人：郭沫若、马寅初、李达、林砺儒、符定一、吴耀宗；民进4人：马叙伦、王绍鏊、许广平、林汉达；农工民主党5人：彭泽民、丘哲、季方、韩兆鹗、郭冠杰；人民救国会5人：史良、李章达、胡愈之、沈志远、曹孟君；民联5人：谭平山、陈铭枢、郭春涛、王昆仑、许宝驹；民促4人：蔡廷锴、蒋光鼐、陈此生、李民欣；致公党4人：陈其尤、黄鼎臣、官文森、雷荣珂。一些民主党派负责人以民主教授、海外华侨民主人士、产业界民主人士、上海人民团体联合会等单位的代表身份参加筹备会。

毛泽东在开幕式上讲话，他说："我们召集新的政治协商会议和成立民主联合政府的一切条件，均已成熟。全中国人民是如此热烈地盼望我们召开会议和成立政府。我相信，我们现在开始的工作，是能够满足这个希望的，并且不需要多久的时间就能满足这个希望。"

毛泽东还指出："中国民主联合政府一经成立，它的工作重点将是：（一）肃清反动派的残余，镇压反动派的捣乱；（二）尽一切可能用极大力量从事人民经济事业的恢复和发展，同时恢复和发展人民的文化教育事业。"

民革中央主席李济深在开幕式上做了热情洋溢的致辞。他说："新政治协商会议筹备会，是建设一个符合人民愿望的新中国的开始，我们是以非常的欢欣鼓舞的心情来参加的。这一个开始就是一个伟大的革命果实。"他表示："我们要筹备好一个足以代表全国各革命阶层的新政治协商会议，使之能够号召各阶层群众，老的少的，男的女的，团结一起，各尽其能力，

第四章

绘制新中国的蓝图

为肃清一切反动残余和建设新民主的中国而奋斗到底。""筹备会的责任是很重大的,全国人民都引颈等待着美丽的结果,我们必须加倍振奋精神,认真地、严肃地在毛主席领导下进行我们的工作!"

民盟沈钧儒在会上讲话时指出:"新的政治协商会议筹备会的成立,是表明中国人民革命已经基本上摧毁了蒋介石匪帮的反革命统治,革命的人民解放战争已经基本上奠定了全国胜利的基础。"新政协是"一种人民的大协商会议","我们一定要制定出一套完全适合于革命的新民主主义政治原则的联合政府组织大纲的草案来,以便顺利地进行新民主主义的国家建设,迅速实现独立、民主、和平与富强的中华人民统一民主共和国。"

筹备会通过了《新政协筹备会组织条例》、《关于参加新政协的单位及其代表名额的规定》、新政协筹备会常务委员会名单。推选毛泽东为常务委员会主任,周恩来、李济深、沈钧儒、郭沫若、陈叔通为副主任。李维汉为秘书长,齐燕铭、余心清、周新民、孙起孟、宦乡、沈体兰、罗叔章、连贯、阎宝航为副秘书长。会议决定分六个筹备小组。第一小组,拟定参加新政协的单位及代表名额,李维汉、章伯钧为正、副组长。第二小组,起草《政协组织法》,谭平山、周新民为正、副组长。第三小组,起草《共同纲领》,周恩来、许德珩为正、副组长。第四小组,起草《中央人民政府组织法》,董必武、黄炎培为正、副组长。第五小组,起草《宣言》,郭沫若、陈劭先为正、副组长。第六小组,拟定国旗、国徽、国歌方案,马叙伦为组长,叶剑英、沈雁冰为副组长。

筹备会商议决定参加新政协的单位来自下列五方面的代表:党派代表、区域代表、军队代表、团体代表、特邀代表。在19日会议上,周恩来就"无党派民主人士"的称谓的实质做了说明。他认为无党派民主人士,是在中国革命的具体历史条件下发展形成的,他们在形式上没有结成党派,但实际上是有党派性的。在阶级斗争的社会里,总是大部分人反对一小部分反动派,从广义上说,这就是一种党派性活动,只不过有些民主人士没有党派的组织罢了。正确地写出来应该是:"没有党派组织的有党派性的民主人士"。

九三学社和台盟没有作为参加单位参与筹备会,这主要是由于当时全国尚未完全解放，有些党派的成员还在国统区从事地下工作，还不便以团体名义出现。所以许德珩、谢雪红等以别的名义出席了会议。新政协筹备会第一次全体会议闭幕后，常务委员会投入了紧张的工作。

2. 筹备会不负重托

新政协筹备会成立后，主要开展以下方面工作：

一是拟定参加新政协的单位及代表名额和名单。

这是一项极为重要、复杂而又非常繁重、费时最久的工作。它是由第一小组担负的，李维汉、章伯钧分别任组长、副组长。全组共25人，各民主党派的领导人李济深、谭平山、蔡廷锴、沈钧儒、黄炎培、彭泽民、马叙伦、陈其尤、许德珩等都是该组成员，均参加了这一工作。在这一项工作中，为了防止国民党反动政府系统下的一切反动党派和反动分子混入，以保证新政协政权的革命性和进步性，政治标准掌握是很严格的。8月11日，新政协筹备会就新政协代表名单问题分别向各单位负责人征求意见。8月18日，筹备会各单位首席代表在中南海勤政殿座谈了关于参加新政协代表名单问题。李维汉在会上作《新政协代表名单协商经过情况》报告，说明了确定参加单位的原则及一些复杂情况的处理问题，并征求意见。

在新政协筹备期间，社会上不少来历不明的党派团体冒充民主党派要求参加政协。筹备会共收到要求参加新政协的来函有28件，如孙文主义革命同盟、民社党革新派、光复会、中国农民党、中国民治党、中华平民教育促进会、人民民主自由同盟、民主进步党、中国人民自由党等，其中不

◎ 陈嘉庚在新政协筹备会上演讲

第四章
绘制新中国的蓝图

乏鱼龙混杂者,需要加以甄别。经过筹备会调查,"许多都是来历不明,很成问题的"。这些组织情况复杂,有些在解放战争期间对革命虽曾做过一些有益的工作,但其组织严重不纯,成分极其复杂;有些并无民主运动的历史和实际表现;有些在解放战争时期还有过反动行为;还有些则是极少数反动分子或政治投机分子临时拼凑起来进行政治欺骗的反动组织。他们都不符合或者不完全符合新政协的标准。所以,筹备会决定,他们作为单位,不能被邀请参加。具体处理办法:其一,要求他们宣告结束;其二,邀请他们之中有一定代表性的民主分子以个人身份参加新政协或在工作上做适当安排,如孙文主义革命同盟中的邓昊明,民社党革新派中的沙彦楷、汪世铭等,都以个人身份参加新政协,少年劳动党的安若定、光复会的周亚卫分别安排为政务院参事等职务;其三,对他们中的一般成员,只要不是反动分子,都给予学习和工作的机会,愿意参加其他民主党派可以帮助向有关民主党派推荐。孙文主义革命同盟的许多成员加入了民革,民社党革新派的一些成员加入了民盟。这项工作是共产党与各民主党派领导人及无党派民主人士共同协商、反复研究确定的。首先注意了政治的严肃性,基本上把握了不许反动分子参加的原则,保证了新政协政治上的革命性和纯洁性,为新政协召开和取得成功打下了坚实基础。其中,也注意了策略的机动灵活性,从而拓宽了团结的广泛性,使新政协真正成为代表全中国人民意志的大协商会议。

经过反复协商,历时三个多月,最后确定参加新政协会议的五个方面的代表总额为662人,其中党派代表为142人。在662名代表中,共产党员约占44%,工农和各界的无党派代表约占26%,各民主党派的成员约占30%。民主党派参加新政协,是对他们光荣斗争历史的政治总结。在代表名额分配上,居于领导地位的中国共产党不以简单的多数去压倒少数,而是以平等待人的态度同民主人士真诚合作,采取民主协商的方法来达到政治上的一致。共产党作为一个党派单位,与民革、民盟这两个成员比较多的党派单位采取了相等的代表名额,体现了共产党同各民主党派团结合作、巩固和扩大人民民主统一战线的精神。

二是起草《共同纲领》。

筹备会的另一项重要任务是草拟《共同纲领》。这由筹备会第三小组负责。周恩来、许德珩为领导。成员有罗隆基、章伯钧、章乃器、朱学范、陈劭先、邓初民、沈志远、李烛尘、许宝驹、许广平、陈此生、黄鼎臣、周建人等22人。小组推定由中共提出《共同纲领》草案初稿。在《共同纲领》讨论中，有人认为，我们既然承认新民主主义是一个过渡性质的阶段，一定要向更高级的社会主义和共产主义阶段发展，因此总纲中应明确地把这个前途规定出来。各民主党派成员畅所欲言，大家认为这个前途是肯定的，毫无疑问的，但应该经过解释、宣传，特别是用实践来证明给全国人民看。只有全国人民在自己的实践中认识到这是唯一的最好的前途，才会真正承认它，并愿意全心全意为它而奋斗。所以，现在暂时不写出来，不是否定，而是更加郑重地对待它。而且这个纲领中的经济部分，规定要在实际上保证向这个前途迈进。筹备会常务委员会广泛地吸收了各方面的意见，对草案进行多次修改，然后提交筹备会第二次全体会议通过，成为新中国的大宪章。

三是起草《人民政协组织法》。

《人民政协组织法》是由筹备会第二小组负责起草的，谭平山、周新民为领导。全组成员有史良、蒋光鼐、郭春涛、李德全、王绍鏊、施复亮、郭冠杰、郑振铎、叶圣陶、俞寰澄、沈兹九、符定一等22人。人民政协是我国的一个创举，它是由中国共产党和各民主党派在长期革命斗争中发展形成的，是我国国家政治生活中的一个重大特点，它不单是一种会议形式，而且是人民民主统一战线的组织形式。《人民政协组织法》是使统一战线组织化、经常化、完备化的一部重要文献。

各民主党派成员与共产党就《人民政协组织法》展开了广泛讨论。讨论中曾有两种想法：有人认为等到全国人民代表大会召开以后，就再不需要人民政协了；有人认为各党派这样团结一致，推动新民主主义快速地发展，党派的存在就不会很多了。但经过讨论，大家认为这两种想法是不恰当的，它不符合中国革命的发展和建设的需要。普选的全国人代会的召开，固然还相当需要时间，但即使在它召开以后，政协会议还将对中央政府的工作有协商、参谋和推动作用。其次，新民主主义时代既有各阶级的存在，

第四章

绘制新中国的蓝图

就会有多党派的存在。各阶级虽然利益和意见有不同之处,但在工人阶级领导下,在共同的要求上,在主要政策上是能够求得一致的。人民民主统一战线内部的不同要求和矛盾,在反帝反封建残余的斗争面前,是可以而且应该可以调节的。大家认为,中国人民政治协商会议是全中国人民民主统一战线的组织形式。在普选的全国人民代表大会召开以前,它执行全国人民代表大会的职权,选举中央人民政府委员会,并付之以行使国家权力的职权。在普选的全国人民代表大会召开后,它主要对有关国家建设事业的根本大计或重要措施,向全国人大或中央人民政府委员会提出建议书,成为国家政权以外各党派、各人民团体的协议机关。筹备会常务委员会采纳了讨论中的正确意见,规定了人民政协的宗旨是:"经过各民主党派及人民团体的团结,去团结全中国各民主阶级、各民族,共同努力……建立及巩固由工人阶级领导的以工农联盟为基础的人民民主专政的独立、民主、和平、统一及富强的中华人民共和国。"

四是起草《中央人民政府组织法》。

这一工作由第四小组负责,董必武、黄炎培分别为组长、副组长,成员有沈钧儒、罗隆基、李章达、李民欣、张文、张东荪、胡厥文、韩北鹗、林汉达、王昆仑、陈其尤、张志让等20多人。起草小组就张志让等7人拟定的《政府组织法中的基本问题》提纲,对国家的性质、名称、民主集中制原则、目前国家最高机关产生的办法、人民政府委员会的组织、最高行政机构的名称等问题,逐一进行了讨论。关于名称,黄炎培、张志让主张用中华人民民主国,张奚若提议用中华人民共和国。筹备会认为,共和国说明了我国的国体,"人民"二字在新民主主义的中国是指工人、农民、小资产阶级、民族资产阶级四个阶级的成员,这已经把人民民主专政的意思表达出来了,不必再重复"民主"二字。在讨论中,大家认为应把人民民主专政中阶级间的关系讲清楚,"工人阶级领导"、"以工农联盟为基础"和"四个阶级联盟",这是中国新民主主义的特质。关于政务院的名称,有人主张用国务院,但国务院包括军队不太合适;有人主张用行政委员会或部长会议。最后采用了政务院名称。对于人民监察委员会,有人主张隶属于中央人民政府委员会,有人主张隶属于政务院,筹备会采取了后一种意见。根

据《共同纲领》草案中新民主主义政权制度的精神拟定的《中央人民政府组织法》，规定了中华人民共和国的政权形式为民主集中原则的人民代表大会制的政府。并规定在全国人民代表大会召开之前，由人民政协的全体会议执行其职权，选举成立中央人民政府委员会，并组织政务院、军事委员会、最高人民法院及最高人民检察署。

9月17日，新政协筹备会又召开了第二次全体会议。会议决定把即将召开的新政治协商会议改称为"中国人民政治协商会议"。并审议通过了《中国人民政治协商会议组织法草案》、《中国人民政治协商会议共同纲领草案》、《中华人民共和国中央人民政府组织法草案》。至于起草中国人民政治协商会议第一届全体会议宣言草案和拟定国旗、国歌、国徽图案等工作，因尚未完成，决定将这两项议案移交政协第一次会议解决。

经过三个多月的合作，到人民政协第一届全体会议召开前，新政协筹备会的各项工作基本完成。

3. 齐心合力，共策共进

进入6月后，新的政治协商会议的组织和筹备工作正在积极进行之中，新中国的成立指日可待。为了阐明新的人民共和国的性质、国家中各个阶级的地位和相互关系、国家的前途、基本任务和国内外政策，并批驳在这些问题上一些人所存在的种种错误思想，1949年6月30日，毛泽东发表了《论人民民主专政》这篇著名文章。文章中，毛泽东总结中国近百年革命的历史经验，阐明资产阶级的民主主义让位给工人阶级领导的人民民主主义、资产阶级共和国让位给人民共和国的历史必然性，提出人民民主专政这一科学概念，并对人民民主专政的思想做了完整的概括："总结我们的经验，集中到一点，就是工人阶级（经过共产党）领导的以工农联盟为基础的人民民主专政。这个专政必须和国际革命力量团结一致。这就是我们的公式，这就是我们的主要经验，这就是我们的主要纲领。"人民是什么？毛泽东指出，在中国、在现阶段，是工人阶级、农民阶级、城市小资产阶级

第四章
绘制新中国的蓝图

和民族资产阶级。这些阶级在工人阶级和共产党的领导下，团结起来，组成自己的国家，选举自己的政府，向着帝国主义的走狗即地主阶级和官僚资产阶级以及代表这些阶级的国民党反动派及其帮凶们实行专政、实行制裁，压迫这些人，只许他们规规矩矩，不许他们乱说乱动，如要乱说乱动，立即取缔，予以制裁。对于人民内部，则实行民主制度，人民有言论、集会、结社等项的自由权。选举权，只给人民，不给反动派。这两方面，即"对人民内部的民主方面和对反动派的专政方面，互相结合起来，就是人民民主专政"。

◎ 1949年7月1日，《人民日报》发表毛泽东《论人民民主专政》

毛泽东还指出，中国人民建立自己的国家之后，要强化人民的国家机器，借以巩固国防和保护人民利益，并有步骤地解决国家工业化的问题，使中国"稳步地由农业国进到工业国，由新民主主义社会进到社会主义社会和共产主义社会，消灭阶级和实现大同"。在对外政策方面，人民民主专政的国家必须站在反帝国主义的战线一边，联合世界上以平等待我的民族和各国人民，共同奋斗。

毛泽东关于人民民主专政的理论，是对马克思列宁主义国家学说的丰富和发展，是新中国建设的纲领性文献。它和党的七届二中全会的报告和决议，共同规划出了党领导人民建立新民主主义共和国的宏伟蓝图。一个独立、统一、自由的崭新国家即将在世界的东方辉煌地诞生。

7月7日，出席新政协的各单位联名发表《新政治协商会议筹备会各党派各团体为纪念"七·七"抗日战争十二周年宣言》，宣告："代表中国人民意志的新政治协商会议筹备会已经成立，不久就可以召集新政治协商会议，产生民主联合政府，着手新中国的建设工作。"新政协的各项筹备工作是异常繁重的。这是一次没有反动分子参加的、执行全国人民代表大会职权的历史性会议。筹备会以崇高的历史责任感，严肃认真地进行了各项准备工作。上至国家性质、大政方针的讨论与确定，下至某一个代表的适当与否，都要重复往返，反复协商，斟酌再三。

在政协筹备期间，各民主党派一边积极参与建国活动，一边同中共一起以实际行动反对美蒋集团，1949年8月间，各民主党派纷纷批判美国的"白皮书"，充分表达了各民主党派的民主立场和革命立场。

1949年8月5日，美国国务院鉴于美国在中国侵略政策的失败，其内部矛盾加剧，为替自己政策的失败辩护，发表了《美国与中国的关系》的白皮书和艾奇逊国务卿为发表白皮书给美国总统杜鲁门的信。这些文件，对中国发生的事，颠倒黑白，歪曲事实。它一方面对中国人民的革命极端仇视；另一方面企图逃脱助蒋内战、屠杀中国人民的罪责，并阴谋继续利用所谓中国的民主个人主义者来破坏中国革命。为此，新华社从8月14日至9月16日连续发表了毛泽东写的五篇对"白皮书"和艾奇逊信件的批判文章。揭露美帝国主义的侵华政策，批判了国内一部分资产阶级和知识分子对美国抱有幻想，从而在理论上武装了广大中国人民的头脑。

民主党派对中共中央主席毛泽东的评论反应热烈。8月16日，民盟中央在北平举行批判白皮书的座谈会。23日，民盟发表了《对美帝国主义的斥责》，揭露了白皮书的反动实质。文章指出："美帝仍然处心积虑计划着进一步对华侵略，美帝发表的白皮书就是这种阴谋的证明，美帝不肯承认失败的原因是由于反动政府的错误，是由于中国人民的力量不可抵抗，可见美帝国主义是至死不悟的。"文章指出，今后美帝国主义侵华不外三策："以华乱华；结伙抢劫；直接蛮干。"艾奇逊信中鼓励所谓"民主个人主义者"引进"外来制度"，这就是另找奴隶、以华乱华的阴谋。美帝国主义即便仍有利用这些所谓"民主个人主义者"的幻想，但他们早已为中国人所不齿，不能发生丝毫作用与效用。民盟明白地表示："在世界上民主与反民主、进

第四章
绘制新中国的蓝图

步与反动的斗争中,是没有中立的余地的。立国之道,友敌必须分别清楚。孙中山先生曾经'联俄联共',我们只能与平等待我的一切国家做朋友,绝不能向侵略我们的帝国主义者投降。"民盟并呼吁美国人民的进步力量与中国人民联合起来,打击并粉碎杜鲁门、艾奇逊之流的侵略阴谋。

8月23日,民主建国会发表《对美国白皮书的声明》,该《声明》于第二天全文登载于《人民日报》上。这个声明揭露美帝国主义发表白皮书,为的是欺骗美国人民,使他们不觉得美帝国主义在中国花的钱是白扔的,为的是对中国人民来一次威胁,并且给奄奄一息的中国反动派打一剂强心针。但是《声明》指出,白皮书发表的实际效果是除了暴露美帝国主义继续侵略中国的野心和提高中国人民对美帝策动第五纵队侵略我国的认识外,这一份白皮书实在找不出还有什么其他的作用。《声明》着重揭露了美帝扶植"民主个人主义者"的阴谋诡计。

民主建国会在该《声明》中正告美帝国主义者:"白皮书上所提的发展'民主个人主义'的好梦是做不成的。就拿中国民族资产阶级来说吧,抱歉得很,如果把他们当作好对象,那美帝又将多犯一次错误了。中国民族资产阶级不会变成美帝工具。中国民族资产阶级和帝国主义基本利益的矛盾决定了它对一切帝国主义(包括美帝在内)的态度。从它在历史舞台上一开始出现,中国民族资产阶级就受封建的阻碍和帝国主义的摧残,而后者的危害尤其严重。中国近百年历史暗淡的一页,在帝国主义者的高压下,一部分资产阶级动摇了,变成为帝国主义进行经济侵略、进行殖民地化的直接或间接的工具,这就是所谓实力资产阶级和官僚资产阶级;另一部分,在经济战线上进行了某种程度的反帝斗争,这就是经过考验的、比较纯正的民族资产阶级,它的历程是艰苦的,以国民党反动派统治最后的几年为例吧,几乎保全了'民族',就有丧失'资产'的危险。可正是这样的考验,改造了、提高了中国民族资产阶级的品质,它也懂得跟着中国共产党走,进行了反帝、反封建、反官僚资本的斗争,终于获得解放,从绝望中复苏回来。"

该《声明》表示,根据过去的经验和今后的发展,中国民族资产阶级凭哪一条也不会变成美帝发展"民主个人主义"的资产和条件,只有新民主主义,才是它唯一的光明幸福的道路。该《声明》最后强调:"单单认清方向，这还不够，我们还得准备斗争，为粉碎敌人封锁而斗争，为消灭美帝国主义强加于我们的一切灾难而斗争，为建设新民主主义的中国而斗争！我们不怕帝国主义者的一切阴谋恫吓，在国内，我们有共产党的领导，广大坚强的人民民主统一战线为合作的努力；在国际，我们有社会主义的苏联，以及所有国家（包括美国在内）里广大人民和进步人士的关切和互助。"

毛泽东看了民建的这个声明，非常高兴。他于8月24日致函民主建国会负责人黄炎培，称赞："民建发言人对白皮书的声明写得极好，这对于民族资产阶级的教育作用当是极大的。民建的这一类文件（生动的、积极的、有原则的、有前途的、有希望的），当使民建建立自己的主动性，而这种主动性是一个政党必不可少的。"8月26日，毛泽东接到黄炎培的复信后又致函黄炎培，信中说："民建此次声明，不但是对白皮书的，而且说清了民族资产阶级所以存在发展的道理，即建立了理论，因此建立了民建的主动性，极有利于今后的合作。"

美国国务院的白皮书在中国引起了普遍的反对，它"使中国的知识分子把马歇尔、赫尔利、魏德迈、司徒雷登们在中国叫卖的西洋镜完全看穿"。各民主党派与中共在对敌斗争中，更加紧密地团结在一起，统一了步伐，统一了思想。

各民主党派领导人和无党派民主人士在共产党正确领导下，齐心合力，共策共进，充分体现了这次会议具有全国人民的性质，体现了人民当家做主和各党派平等协商的精神。

二、筹备工作，有条不紊

新政协筹备会成立之后，关于建国的各项事务也提上了日程，一系列细密、复杂且又重要的事务都落在了新政协筹备会各个小组的肩上，其中包括定都，制定临时宪章，定国名、国旗、国歌、国徽等象征着新生政权的各个具体事宜。这些事情的一步步落实，也是新中国蓝图一点点绘制直到基本成型的一个过程。

1. 新的首都和一部天书

◎ 新政协筹备会全体委员合影

中国革命胜利在即，关于新中国的都城问题，毛泽东和中共中央决定放弃南京，而建都北平。建都北平是毛泽东综合历史和现实，在广泛民主的基础上，通过法律的程序而确定下来的。

北平在中国历史上所起的统一全国的作用，是以毛泽东为首的中共领导人所考虑的定都的历史背景。北平在中国革命进程中所起的先导作用，是以毛泽东为首的中共领导人考虑定都的现实背景。

定都北平最重要的动因还是出于政治上的考虑。蒋介石政权定都南京，毛泽东把人民的政权定都北平，这种针锋相对既反映出毛泽东鲜明的伟人个性，更反映出两种不同政权的根本对立。毛泽东明确地讲过："蒋介石的国都在南京，他的基础是江浙资本家。我们要把国都建在北平，我们也要在北平找到我们的基础，这就是工人阶级和广大的劳动群众。"

从政治上考虑定都北平，毛泽东是经过深思熟虑的。1948年9月8日，中共中央在西柏坡召开了九月会议。这次会议上，毛泽东根据中国革命的进程，提出了大约用五年左右的时间（从1946年7月算起），从根本上推翻国民党政府的日程表。

对彻底推翻国民党统治后，中共要建立一个什么样的国家政权，毛泽东指出："我们是人民民主专政，各级政府都要加上'人民'二字，各种政权也要加上'人民'二字，如法院叫人民法院，解放军叫人民解放军，以示与蒋介石政权的根本对立。"

人民民主专政的国家政权不同于蒋介石独裁专制的国家政权，所以，在国都选择上不能将中华民国的首都南京作为新的人民共和国的首都。

在这次会议期间，毛泽东同当时负责一兵团在山西作战的徐向前进行过谈话，谈话中透露出毛泽东和平解放北平与定都北平的心愿。毛泽东问徐向前："太原能不能和平解放？"徐向前说："阎锡山顽固不化，不可能。"

毛泽东听后缓缓点了点头，若有所思地讲："看来太原不打是不行了，最好北平不要打。""北平不要打"，目的是完整保存北平，以做未来人民共和国的国都。

为了实现北平和平解放，毛泽东指示要动员一切力量，积极做好北平守军长官傅作义及上层军官的统战工作。在人民解放军强大的军事、政治

第四章

绘制新中国的蓝图

攻势下,傅作义于1949年1月20日宣布接受和平改编,1月31日人民解放军开进北平,北平和平解放,古老的北平城得以完整保存。北平所有名胜古迹,都受到了保护,没有遭到任何损失,城市里的生产和生活秩序一切正常。

定都北平还有一个十分重要的原因,那就是从国际安全和国际政治格局做出的一个必要的选择。

1949年年初,东北局城市工作部部长王稼祥抵达西柏坡的当日,就与夫人朱仲丽一起去看望毛泽东。毛泽东问他在哪里建都合适,王稼祥回答说:"能否定在北平?"毛泽东要他谈一下理由。王稼祥分析说:"北平,我认为,离社会主义苏联和蒙古人民共和国近些,国界长但无战争之忧;而南京虽虎踞龙盘,地理险要,但离港、澳、台近些;西安又似乎偏西了一点。所以,我认为北平是最合适的地方。"

在那时,按照薄一波的说法就是:"我们党要取得革命胜利,主要靠自力更生,也离不开国际的援助,首先是苏联为首的社会主义阵营的援助。"定都北平正好可以更为方便、直接地得到社会主义阵营的援助。在定都上,中共与苏联领导人交换过意见。

1949年1月31日,斯大林委派苏共中央政治局委员米高扬飞抵西柏坡,听取中共中央的意见。毛泽东和刘少奇、周恩来、朱德、任弼时,就战略方针、军事部署、和平谈判及其发展前途、政治协商会议、联合政府及其纲领、建都问题、经济政策及建设计划、外交根本政策及目前策略,以及中苏关系、两党关系等问题,同米高扬交换了意见。显然,在建都北平问题上,苏联是同意中共意见的。

党内正式决定定都北平,是在1949年3月召开的中共七届二中全会上提出的。七届二中全会提出党的工作重心必须从乡村移到城市,提出要进行广泛的城市经济建设。在这一背景下,毛泽东提出定都北平。他讲:"我们希望四月或五月占领南京,然后在北平召集政治协商会议,成立联合政府,并定都北平。"

新中国第一任北京市市长叶剑英在七届二中全会期间向毛泽东汇报了北平和平解放的情形。说到北平和平解放时,叶剑英讲:"很多民主人士来信来电给我们，表示他们坚决拥护共产党，要与共产党更好地合作，并希望共产党在北平成立全国性政府。"

毛泽东听后，脸上露出会心的微笑，说："看来这些民主人士还不知道我们已经在七届二中全会上把北平定为首都了，慢慢他们就会知道的，但是要最后决定还得开政协会议。"

因而，在随后不久召开的七届二中全会上，中共正式决定定都北平，并在会议召开后不久，便从河北平山西柏坡迁往北平了。

毛泽东作为一代伟人，高瞻远瞩，集思广益，他定都北平的设想得到党的七届二中全会的认可，但这一建议要得到新的中国人民政治协商会议的批准同意才具有法律效力。这就是中国共产党人在定都问题上与其他政权的根本区别。

8月18日，中南海勤政殿，新政协筹备会各单位首席代表汇聚在这里，座谈关于参加新政协的代表名单问题。出席会议的有李济深、彭泽民、陈其尤、周建人、张奚若等近30人。商定参加新政协的单位及代表名额和名单，是一件很复杂、很繁重又烦琐的工作。

它由新政协筹备会第一小组具体负责。

第一小组组长是李维汉，副组长是章伯钧。组员有李济深、沈钧儒、黄炎培、马寅初、马叙伦、彭泽民、曹孟君、谭平山、蔡廷锴、陈其尤、聂荣臻、李立三、朱富胜、陈叔通、曾昭抡、许德珩、冯文彬、蔡畅、黄振声、罗叔章、天宝、陈其瑗等人，秘书为于刚。

1949年6月19日，新政协筹备会第一次全体会议通过了《关于参加新政治协商会议的单位及其代表名额的规定》。

这个决议确定，参加新政协的单位及其代表的名额，定为45个单位，代表名额510名。它包括：

党派代表142人，其中中共、民革、民盟各16人，其他11个单位（中国民主建国会、无党派民主人士、中国民主促进会、中国农工民主党、中国人民救国会、三民主义同志联合会、中国国民党民主促进会、中国致公党、九三学社、台湾民主自治同盟、新民主主义青年团）分别为12人、10人、8人至5人不等。

第四章
绘制新中国的蓝图

区域代表102人,其中西北、华北、华东、东北、华中等解放区各15人,华南解放区8人,内蒙古自治区6人,北平、天津两直属市6人,各解放区民主人士7人。

军队代表60人,其中人民解放军总部及海空军共12人,第一、第二、第三、第四野战军各10人,华南人民解放军8人。

团体代表206人,其中中华全国总工会、各解放区农民团体各为16人;中华全国民主妇女联合会、全国工商界、中华全国文学艺术工作者协会、中华全国科学会议筹备委员会、全国教育界、全国社会科学工作者、海外华侨民主人士等单位各15人;中华全国民主青年联合总会、中华全国新闻工作者协会筹备会各12人;自由职业界民主人士和国内少数民族各10人;中华全国学生联合会、上海各人民团体代表各为9人;宗教界民主人士为7人。

6月19日通过的这个决议还规定,凡参加新政协的各单位,其代表名额满10人者,得推选候补代表2人;不满10人者,得推选候补代表1人。候补代表得列席参加政治协商会议。

另外,还确定除已列的45个单位外,另设一特别邀请单位,其代表资格、名额与人选,均由新政治协商会议筹备会常委会商定。

李维汉介绍完有关新政协代表名单协商经过情形后,参加座谈会的各单位首席代表纷纷发言,进行了热烈的讨论。

在新政协的筹备过程中,政治标准的把握是十分严格的。参加新政协的各党派单位共有14个,除中共及在香港公开响应"五一"号召的11个民主党派和无党派民主人士外,依照标准又增加了九三学社、台湾民主自治同盟、新民主主义青年团三个单位。

代表名单初步产生之后,经过筹备会反复协商,征求各方意见,一共花了3个月的时间,才确定了参加新政协的单位、名额和名单,共分为五类:党派代表、区域代表、军队代表、团体代表、特邀代表。

前四类共有45个单位,有正式代表510人,候补代表77人,第五类即特邀代表确定为75人。正式代表和候补代表总数达662人。

中央统战部把新政协筹备会确定的参加新政协的单位人选和各项统计

印制成一本很厚的表册,送到中共中央,最后呈送毛泽东审阅。

毛泽东把表册翻了翻,幽默而风趣地对身边的人说:"这是一部天书。"

上了这部"天书"名单的人,具有相当的广泛性。其中包含了各民主党派、各人民团体、各地区、人民解放军、少数民族、海外华侨和宗教界等方面的代表,也包含了中华民族民主革命各个历史时期为人民事业做出过贡献的知名人士和代表人物。

新政协筹备会在确定代表时,吸收了从辛亥革命、北伐战争、五四运动、抗日战争到解放战争各个历史时期的代表性人物,甚至连前清末期和北洋时期较有声望以及后来同情革命并为人民做过好事的人士,也被推选为新政协代表。中国共产党要集天下之英才,建立一个崭新的人民共和国。

2. 临时宪章和新的国名

治国必须有一个总的宪章。因此,起草一个宪章是一个迫切任务。

1949年6月18日,在新政协筹备会第三小组的成立会上,周恩来就起草《共同纲领》工作的重要性以及过去这项工作的开展情况,做了说明。

◎《共同纲领》

为了保证按时拿出《共同纲领》的草案,周恩来不得不请示毛泽东,暂时放下手头的许多事务,集中一段时间完成这项工作。于是,一段时间里,人们很难见到周恩来的身影。他把自己"关"在勤政殿里,在全神贯注、一心一意地亲自动手起草《共同纲领》条文。经过一个星期废寝忘食的"鏖战",他完成了起草工作。

周恩来先后主持召开了七次会议征求各方面的意见,又进行了反复讨论和修改,到8月份正式形成《共同纲领(草案)》,这份草案取名为《新

第四章
绘制新中国的蓝图

民主主义的共同纲领》。

8月22日,周恩来把准备好的《共同纲领(草案)》送交毛泽东审阅,并就其中的一些问题与毛泽东进行了商量。毛泽东对其非常重视,当即抓紧时间聚精会神地进行审读。看完之后,毛泽东对其中的一些段落做了删改,又重新改写了几段文字。

在这个阶段,毛泽东直接参加了稿子的修改工作。从9月3日至13日,他至少4次对草案稿进行了细心修改,改动总计达200多处。毛泽东不但修改草案,还亲自校对和督促印刷。

9月3日,他写了一张便条给胡乔木:"乔木:纲领共印三十份,全部交我,希望今晚十点左右交来。题应是《共同纲领》。"

当晚10点,胡乔木把框架基本定型并第一次正式称作《中国人民政治协商会议共同纲领》的草案送到毛泽东办公室后,毛泽东立即动笔逐字、逐句、逐段修改,并在竖写的题目左侧亲笔加上"(一九四九年九月五日,初稿)"的字样。

9月5日晚,胡乔木将毛泽东修改后的稿本送去付印。没过多一会儿,毛泽东又派人给胡乔木送去一张便条,上面写道:"乔木:今晚付印的纲领,请先送清样给我校对一次,然后付印。"

9月6日,毛泽东把校对过的清样交给胡乔木,并指示:"照此改正,印成小册子一千本。"

9月7日晚,周恩来在北京饭店把《共同纲领》草案稿分送给各位新政协代表,组织他们进行分组讨论。

此后,毛泽东在改过9月11日草案稿后又批示:"乔木:即刻印一百份,于下午六时左右送交周副主席,但不要拆版,俟起草小组修正后,再印一千份。"

由上可见,毛泽东直接参与和细心指导了《共同纲领》最后阶段的修改和印刷工作。

《共同纲领》最后阶段的修改,是同新政协筹备会及所有出席代表的讨论结合一起进行的。从中共方面正式提出草案初稿,直到新政协全体会议的召开,先后经过了7次讨论。

9月29日，会议一致通过了《中国人民政治协商会议共同纲领》。《共同纲领》全文约8000字，包括序言、总纲、政权机关、军事制度、经济政策、文化教育政策、民族政策、外交政策等7章60条。规定了新中国的性质和任务、政体组织原则、军事制度、经济政策、文化教育政策、民族政策、外交政策，它是中国共产党七届二中全会决议精神和毛泽东《论人民民主专政》内容的具体体现。它是为彻底完成党的最低纲领而制定的适合中国国情的纲领。正如刘少奇在会议讲话中所指出的："这个共同纲领是中国历史上一个极端重要的文献。""它是如此的坚定明确，清楚地指出了哪些事是应该做而且必须做的，哪些事是不应该做而且不允许做的。""这是目前时期全国人民的大宪章。"

这是中国历史上第一个人民的建国大纲，是全国人民意志和利益的集中表现，是革命斗争经验的总结，也是中华人民共和国在相当长的时期内的施政准则和建设蓝图。它凝结了以毛泽东为代表的中国共产党人、民主党派和无党派民主人士的心血，得到了全国各方面人士和海外华侨的一致拥护。

新的时代，新的国名是其革故鼎新的标志。因此，政协会上，意见分歧最大，争论最激烈的是关于新中国的国号，是叫"中华人民民主共和国"，还是叫"中华人民共和国"呢？"中华人民共和国"后面是否要加上"中华民国"的简称？

6月15日，毛泽东在新政协筹备会第一次全体会议上致辞时，最后呼喊的三个口号中，有一个是"中华人民民主共和国万岁！"在新政协筹备委员会组织条例中，也提到要建立中华人民民主共和国政府之方案。

在7月9日举行的第四小组第二次会议上，清华大学教授张奚若对"中华人民民主共和国"的称呼提出了质疑。张奚若说："有几位老嫌中华人民民主共和国的名字太长，他们说，应该去掉'民主'二字，我看叫中华人民共和国好。"

黄炎培和张志让两人主张要用"民主"两字，他们的看法被整理为书面意见："我国国名拟可将原拟中华人民民主共和国改为中华人民共和国，简称中华民国或中华民主国。将来进入社会主义阶段即可改称中华社会主

第四章

绘制新中国的蓝图

义民主国。"

以后经过反复讨论和征求意见,确定把中华人民民主共和国改为中华人民共和国,但关于国名的简称,仍然不能达成一致的意见。毛泽东和中国共产党决定采取民主的方法,邀请各方人士再行商讨。

9月25日深夜,黄炎培、司徒美堂、何香凝、马寅初、沈钧儒等在下榻的北京饭店里收到一封由周恩来和林伯渠联名相邀的午宴请柬。上面写着:"9月26日上午11时半在东交民巷六国饭店举行午宴,并商谈重要问题,请出席。"接到这种请柬的共有二三十位70岁以上的老者。

周恩来主持宴会。宴会之前,周恩来叫人关闭了餐厅的门,开始讲话:"今天请来赴宴的,大都是辛亥革命时期的长辈,有三个人不是,来听长者的发言。我国有句老话,叫作'请教长者',今天的会就是如此。在讨论文件时,各位看见国号'中华人民共和国'之下,有一个简称中华民国的括号。这个简称,有两种不同意见,有的说好,有的说不必要了。常委会特叫我来请教老前辈,看看有什么高见。老前辈对'中华民国'这四个字,也许还有点旧感情。"

周恩来说完后,民建代表黄炎培首先发言。他说:"我国老百姓教育很落后,感情上习惯用中华民国。一旦改掉,会引起不必要的反感,留个简称,是非常必要的。政协三年一届,三年之后,我们再来除掉,并无不可。"

接着,辛亥革命老人、72岁的廖仲恺夫人何香凝发言。她说:"中华民国是孙中山先生革命的一个结果,是用许多烈士鲜血换来的。关于改国号问题,我个人认为,如果能照旧用它,也是好的,大家不赞成,我就不坚持我的意见。"

美洲侨领司徒美堂,年高83岁,耳聪目明,但听不懂北方话,这次由司徒丙鹤陪同赴北平参加新政协筹备会。在当天的会上,也由司徒丙鹤把别人的发言口译给他听。听了之后,司徒美堂激动得站起来,要求发言。宴会厅里这时显得很安静,大家等待着听这位老人的意见。他主张用"中华人民共和国"这一称号,抛掉"中华民国"的烂招牌。

司徒美堂的这番话,快言直语,痛快淋漓,掷地有声。他一说完,大厅里顿时响起一片热烈的掌声。会上的态度成了一边倒,除黄炎培主张用

"中华民国"简称外,其他的人几乎都反对用这个简称。9月27日,政协第一届全体会议讨论和通过《共同纲领》和政府组织法时,一致同意和决定去掉国号后面"中华民国"的简称。

中华人民共和国,这是一个崭新而响亮的名字,也是中国历史革故鼎新的杰出标志。它预示着一个新时代、新国家的开始,而这个时代、这个国家,与任何时代、任何国家都不同,这是一个人民的时代,一个民主共和的国家。

3. 国旗、国歌和国徽

国旗,是象征国家的旗帜,它通常体现一个国家的特色。国旗的式样、图案和使用方法,由宪法或专门法律规定。

1949年7月15日至26日,《人民日报》等各大报纸连续刊登征集国旗图案的启事。国内其他报纸、香港及海外各华侨报纸也及时做了转载。启事原文如下:

"国旗应注意:(甲)中国特征(如地理、民族、历史、文化等);(乙)政权特征(工人阶级领导的以工农联盟为基础的人民民主专政);(丙)形式为长方形,长阔三与二之比,以庄严简洁为主;(丁)色彩以红为主,可用其他配色。"

◎ 毛泽东在1949年政协会议上讨论国徽设计方案

启事中提出了拟制国旗的原则和注意事项,并拟定8月20日为截止日期。到截止日期共收到1920件,图案2992幅。

在毛泽东主持讨论国旗的座谈会之前,张治中来到毛泽东的住处。闲谈中,张治中问毛泽东:"现在大家都在议论国旗图案,你的意见呢?"

第四章

绘制新中国的蓝图

毛泽东说:"我同意一颗星加一条黄河的。"

张治中坦诚直言:"我反对用这个图案,红色是代表国家和革命的,中间这一杠,把红旗劈为两半,不变成分裂国家、分裂革命了吗?同时,以一杠代表黄河也不科学,像孙猴子的金箍棒。"

毛泽东说:"这倒是一个问题,不过不少人很主张用这一图案,并且也举了很多的理由,我再约大家来研究。""一定要选一幅让大家都觉得满意的。"

9月25日晚上,中南海丰泽园内灯火通明。毛泽东、周恩来召集郭沫若、沈雁冰、黄炎培、陈嘉庚、张治中等8位代表协商讨论国旗等问题,他们带来了与会代表各种不同的意见。

毛泽东对评选委员会精选送审的多件国旗图案设计草图,逐一细细品阅后,环视一遍在座各位,讲了张治中对一星一河旗的意见,然后,郑重地说:"反对采用一道黄杠加五角星的图案的在大会里只占1/4到1/3,要通过是没问题的。但是这样不够圆满,我们一定要选一幅让全场一致通过的才好,大家再想想。"

接着,他说:"我们脑子里老想在国旗上标出中国特征,因此,画一条横杠代表黄河。其实,许多国家的国旗也不一定有什么该国特征,苏联国旗上的斧头镰刀,也不一定代表苏联特征,哪一国都可以有同样的斧头镰刀;英美等国的国旗也没有什么该国的特征。代表国家特征可在国徽上表现出来。"

具有艺术家眼光的田汉几次从这张五星红旗的设计图稿前走过,又几次恋恋不舍地转身回去端详。他总觉得这面五星红旗眼熟,中国的国旗就应该是这样子。田汉终于举起这张薄薄的纸片,大声对毛泽东说:"这是一幅很理想的画面,只是上面的镰刀斧头是否必要?"

毛泽东接过图稿,眼睛一亮:"这张不错,不错,镰刀斧头可以去掉。"座谈会上,大家终于取得了比较一致的意见,曾联松设计的五星红旗作为国旗。

但是,一些人就五颗星的书面解释提出一些问题。

如果说四颗星代表四个阶级,恐怕不妥。假如将来进入社会主义,国旗不是又要改了吗?有三个人都是这种意见。"那我们把说明改一改,不说四颗小星代表四个阶级,"毛泽东说,"我看这个五星红旗好,中国革命的胜利就是在共产党的领导下,以工农联盟为基础,团结了小资产阶级、民族资产阶级,共同斗争取得的,这是中国革命的历史事实。今后还要进行社会主义建设。我看这个图案反映了中国革命的实际,表现了我们革命人民大团结。现在要大团结,将来也要大团结。因此,现在也好,将来也好,又是团结,又是革命。"

毛泽东的高见得到了大家的一致赞同。梁思成说:"五星红旗图案很好,多星代表人民大团结,红底代表革命,表示革命人民大团结。"

9月27日,周恩来将五星红旗图案展开在主席台上,大家热烈鼓掌,并举手表决,一致通过图案各项提案。

国歌,是由国家制定或选用的,代表国家并作为国家民族精神的象征的歌曲。一曲激越昂扬的国歌,能振奋民族精神,唤起炽热的爱国热情和民族意识。

7月15日至26日,《人民日报》等全国各大报纸连续刊登了国歌征集启事,原文如下:

"国歌,(甲)歌词应注意:(1)中国特征;(2)政权特征;(3)新民主主义;(4)新中国之远景;(5)限用语体,不宜过长;(乙)歌谱于歌词选定后再行征求,但应征国歌歌词者也可同时附以乐谱。"

征集启事发出后,共征集到国歌632件,歌词694首,但并不令人满意。

开国在即,没有国歌是万万不可行的。政协一届会议即将开幕,毛泽东亲自召集了20多位各界名人座谈,会议冷场。说什么呢?国歌要求大众性又要求庄严性,这种雅俗共赏不那么容易,更何况国歌是代表一个国家的歌,哪支歌能代表国家呢?

一位瘦弱的中年画家站起来,他说:"用《义勇军进行曲》代国歌怎么样?"这位中年画家叫徐悲鸿,他是被聘到国旗、国徽评选委员会的专家。没想到,他却对国歌提出了一个最佳建议。

徐悲鸿的建议立即得到周恩来的响应。周恩来发言说:"这支歌曲雄壮豪迈,有革命气概,而且节奏鲜明,适于演奏。"他认为作为代国歌是很合适的。

第四章

绘制新中国的蓝图

建筑学家梁思成接着说:"我记得我在美国时,有一次上街,听见有人用口哨吹《义勇军进行曲》,回头一看,原来是一个美国青年,这说明这支歌受到很多人的喜爱,我看就这支歌吧。"

也有人认为,新中国即将成立了,中华民族已经作为一个伟大的民族屹立在世界东方,而这首歌当中还有"到了最危险的时候"这样的句子,是不是过时了?

周恩来说:"这首歌在历史上曾起过巨大的作用,尽管现在新中国成立了,但今后还可能有战争,还要居安思危。"在座的名人们一个接一个表态同意《义勇军进行曲》作为代国歌。

最后,毛泽东总结说:"大家都认为《义勇军进行曲》做代国歌最好,我看就这样定下来吧。歌词不要改。'中华民族到了最危险的时候',这句歌词过时了吗?我看没有。我国人民经过艰苦斗争终于胜利了,但是还是受着帝国主义的包围,不能忘记帝国主义对我们的压迫。我们要争取中国完全独立解放,还要进行艰苦卓绝的斗争,所以,还是原词好。"

大家鼓掌赞同。毛泽东综合了座谈会上众人的意见,宣布通过了徐悲鸿的建议。

9月27日,中国人民政治协商会议第一届全体会议第六天的大会在中南海怀仁堂举行。马叙伦代表国都、纪年、国旗、国歌方案整理委员会向大会作了报告。经过广泛而认真的讨论,周恩来代表主席团提出四个决议草案付诸表决:

中华人民共和国国都定于北平,自即日起改名为北京;

中华人民共和国的纪年采用公元,今年为一九四九年;

中华人民共和国的国歌未正式制定前,以《义勇军进行曲》为国歌;

中华人民共和国国旗为五星红旗,象征中国各族人民大团结。

以上四个议案,被全体代表一致通过。中国的国徽是1950年政协一届二次会议通过的国徽,内容为国旗、天安门、齿轮、麦稻穗。

经过统筹委员会几个月的努力,确定了与会代表名单,新中国的建国纲领,确定了新中国的国名、国旗和国歌,一切准备就绪,新中国就呼之欲出了。

三、全国政协第一届会议

1949年9月21日至30日,中国人民政治协商会议第一届全体会议在北平召开。会议讨论通过了《中国人民政治协商会议共同纲领》、《中华人民共和国中央人民政府组织法》、《中国人民政治协商会议组织法》。会议决定,中华人民共和国的首都定于北平,将北平改为北京;以《义勇军进行曲》为代国歌;国旗为五星红旗等建国一系列具体事项。会议还选举产生了中央人民政府主席、副主席,组成了中央人民政府委员会,同时还选举产生了由毛泽东为主席的由180人组成的中国人民政治协商会议第一届全国委员会。经过中国共产党和各民主党派、无党派人士、各人民团体的不懈努力与追求,新政协终于顺利召开,并完成了自身的历史使命。

1. 团结的大会

1949年9月21日,662名来自全国各地和海外的政协代表聚集在怀仁堂里,进行着一项载入史册的开基立业的盛典:召开中国人民政治协商会议第一届全体会议,宣布新中国的成立。

怀仁堂里,被布置得焕然一新。主席台的上方悬挂着孙中山、毛泽东的两幅巨像,正中是中国人民政治协商会议的会徽。会徽的正中为一地球,地球中间是一幅红色的中国地图,地图上有四面红旗,象征四个朋友。地球的左右装饰以麦穗,上面饰以车轮。麦穗与车轮表示着农民和工人,车轮中间缀一红色五角星,象征着工人阶级的领导。

第四章

绘制新中国的蓝图

会徽下面挂着象征壮观与伟大的杏黄色幕布。一个接一个的水银灯把会场照得如同白昼，两廊下侧排列着红色的宫灯，一直延伸到长安街旁、油漆一新、两旁竖着八面红旗的新华门下，整个布置庄严、朴素，但又给人一种崭新、壮丽、富有生命力的感觉。

各方送给大会的贺幛，也都充满着对中华民族的赞美和

◎ 新政协会议现场

信心。在朝鲜全体华侨送给大会的贺幛上，精致地绣着彩色的毛泽东像。绣像的背景是中国共产党的党旗，还有一座工厂和几部拖拉机，旗上还绣着"庆祝新中国诞生，在毛泽东旗帜下前进"字样。这幅画案表示：独立、自主、富强和工业化的新中国正在向人们招手。

1949年9月21日下午7时，中国人民政治协商会议第一届全体会议在北平中南海怀仁堂隆重开幕。这是中国历史上空前壮观的人民民主的盛会。会议历时10天，至9月30日闭幕。

出席会议的代表共662人，代表着中国共产党、各民主党派、各人民团体、人民解放军、各地区、各民族以及国外华侨等45个单位和特邀代表。人民政协代表的广泛性，充分体现了全国人民的意志和要求。因此会议宣布，要执行全国人民代表大会的职权。各党派代表席位在主席台的右前方，中共代表为第一排，毛泽东被安排坐在首席。主席台左前方为部队代表的席位，朱德总司令作为人民解放军的首席代表坐在第一排首位。解放军后面是特邀代表、区域代表和团体代表的席位。大会代表济济一堂，显示了空前的民族团结与阶级团结。

大会由全体代表推选出89人组成的主席团负责主持。主席团又推选了毛泽东、刘少奇、周恩来、宋庆龄、李济深、张澜、马叙伦、马寅初、郭沫若等31人，组成主席团常务委员会。林伯渠任大会秘书长。

9月21日晚7时，当毛泽东和中共代表团成员进入会场时，怀仁堂里

响起了雷鸣般的掌声,时间长达两分钟之久。毛泽东走上主席台,宣布政协第一届全体会议正式开幕。随即,军乐队奏起乐曲。场外,54发礼炮隆隆齐鸣。这是胜利、团结、统一和吉祥的声音!礼炮声和乐曲停止后,毛泽东在雷鸣般的掌声中致开幕词:

"诸位代表先生们,全国人民所渴望的政治协商会议现在开幕了。"

"我们的会议包括六百多位代表,代表着全中国所有的民主党派、人民团体、人民解放军、各地区、各民族和国外华侨。这就指明,我们的会议是一个全国人民大团结的会议。"

会场里爆发出一阵又一阵热烈的掌声。毛泽东那带着湖南乡音的讲话声,在怀仁堂里回荡着。此刻,600多位政协代表全神贯注地聆听着毛泽东的讲话,毛泽东在回顾了三年解放战争进程和旧政协召开的经过后,又指出:"现在的中国人民政治协商会议是在完全新的基础之上召开的,它具有代表全国人民的性质,它获得全国人民的信任和拥护。因此,中国人民政治协商会议宣布自己执行全国人民代表大会的职权。"

毛泽东的致辞充满着自豪之情,字里行间透出一个伟大的领袖所具有的远大胸怀和眼光。他说:"诸位代表先生们,我们有一个共同的感觉,这就是我们的工作将写在人类的历史上,它将表明:占人类总数四分之一的中国人从此站起来了。"

他庄严地宣布:"我们团结起来,以人民解放战争和人民大革命打倒了内外压迫者,宣布中华人民共和国成立了。我们的民族将从此列入爱好和平自由的世界各民族的大家庭,以勇敢而勤劳的姿态工作着,创造自己的文明和幸福,同时也促进世界和平和自由。我们的民族将再也不是一个被人侮辱的民族了,我们已经站起来了。"

怀仁堂里,雷鸣般的掌声长时间地响着。

是啊!中华人民共和国成立了,中国人民从此站立起来了!这是多么激动人心的事啊!为了这个目的,无数仁人志士前仆后继地摸索、探求,多少人为此献出鲜血和生命啊!

很多代表眼里噙着激动而兴奋的泪花,中华民族终于盼来了今天这伟大的日子,这让人永志不忘的庄严时刻!

第四章
绘制新中国的蓝图

让那些内外反动派在我们面前发抖吧,让他们说我们这也不行那也不行吧,中国人民的不屈不挠的努力必将稳步达到自己的目的。

多么坚定的信心,多么豪迈的语言,这是一个已经站起来的伟大民族的心声!

2. 具体问题的讨论

朱德、刘少奇、宋庆龄、何香凝、张澜、黄炎培等人也在会上讲了话。特邀代表宋庆龄讲话时指出:"中国革命的胜利是在中国共产党领导下取得的,共产党是唯一拥有人民大众力量的政党。参加中国人民政治协商会议的代表的广泛性是中国历史上的第一次。"民革

◎ 黄炎培在会上发言

代表何香凝在讲话中指出:"孙中山致力于革命四十年要做的事情,今天在毛主席领导下都实现了,只要能够实现《共同纲领》,加强团结,在中共和毛主席领导下团结奋斗,我们国家的前途是无限光明的,我们的人民的前途是无限幸福的。"民盟主席张澜讲话时指出:"今天的胜利是中国共产党和毛主席英明领导的结果,是中国人民解放军的英勇斗争和全国各民主党派、各民主阶级的民主分子奋斗牺牲的结果。"他号召盟员一致团结起来,拥护将来的政府,努力建设我们的新国家,创造世界人类的新社会。

会议围绕所要解决的几个主要问题,专门建立了以下几个委员会:

《政协组织法》草案整理委员会,由谭平山为召集人,成员有林伯渠、李济深、周新民等54人。

《政府组织法》草案整理委员会,由董必武为召集人,成员有黄炎培、史良、王昆仑、刘清扬、千家驹等52人。

《共同纲领》草案整理委员会,由周恩来为召集人,成员有章伯钧、罗隆基、朱学范、许广平、许德珩、沈志远、谢雪红等31人。

此外,还建立了由郭沫若为召集人的宣言起草委员会,由马叙伦为召集人的国旗、国徽、国歌、纪年方案审查委员会和由各方面代表组成的提案审查委员会。

9月27日,会议听取和讨论了马叙伦、沈雁冰关于国旗、国徽、国歌方案的报告,并通过了四个决议:中华人民共和国的国都定于北平,自即日起北平改名为北京;中华人民共和国的纪年采用公元纪年,当年为1949年;在中华人民共和国国歌未正式制定以前,以《义勇军进行曲》为代国歌;中华人民共和国的国旗为五星红旗,象征中国革命人民大团结。当天还通过了《中国人民政治协商会议组织法》和《中华人民共和国中央人民政府组织法》。

9月29日,会议一致通过了《中国人民政治协商会议共同纲领》。中国人民政治协商会议第一届全体会议通过的《共同纲领》,总结了中国人民百余年来的斗争经验,是根据中国国情制定的符合全国人民利益和意志的国家大法。它是一部人民民主的建国纲领,是新中国的临时大宪章。

从《共同纲领》的产生经过来看,它经历了一个较长的发展过程。早在1948年下半年中共中央就曾起草了一个纲领草案。1949年1月,中央政治局会议还拟将草案提交七届二中全会讨论。这个草案的重点是加强与各民主党派、人民团体在反对美蒋斗争中的合作问题。随着战争形势的迅速发展,辽沈、淮海、平津三大战役的胜利,需要将其重点转到团结全国人民建设新民主主义的新中国方面来,同时,也考虑到更好地与各民主党派、人民团体合作,《共同纲领》改由新政协筹备会重新起草。筹备会第一次会议决定由第三小组负责起草,小组委托中共负责起草。该组组长周恩来亲自起草初稿。初稿写成后,先后经过七次反复讨论和修改,计由先后到达北平的政协代表五六百人分组讨论两次,第三组本身讨论了三次,筹备会常务委员会讨论了两次,广泛吸取了各方面的意见,并五易其稿,最后由新政协全体会议讨论通过。

《共同纲领》全文约8000字,包括序言、总纲、政权机关、军事制度、经济政策、文化教育政策、民族政策、外交政策等7章60条。

《共同纲领》首先对新中国的性质和任务做了规定。指出:"中华人民

第四章

绘制新中国的蓝图

共和国为新民主主义即人民民主主义的国家,实行工人阶级领导的、以工农联盟为基础的、团结各民主阶级和国内各民族的人民民主专政,反对帝国主义、封建主义和官僚资本主义,为中国的独立、民主、和平、统一和富强而奋斗。"这表明建国初期我们的国家性质即国体是工人阶级领导的各民主阶级的联合专政,国家的任务是继续完成民主革命的任务。

《共同纲领》规定新中国的政体组织原则是:"中华人民共和国的国家政权属于人民。人民行使国家政权的机关为各级人民代表大会和各级人民政府。各级人民代表大会由人民用普选方法产生,各级人民代表大会选举各级人民政府。""国家的最高权力机关为全国人民代表大会。全国人民代表大会闭会期间,中央人民政府为行使国家政权的最高机关。"各级政权机关一律实行民主集中制,即实行少数服从多数、下级服从上级、地方服从中央的原则。

在军事制度上,《共同纲领》规定:"中华人民共和国建立统一的军队,即人民解放军和人民公安部队,受中央人民政府人民革命军事委员会统率。"这支军队根据官兵一致、军民一致的原则建立政治工作制度,以革命精神和爱国精神教育部队全体指战员。

在经济政策方面,《共同纲领》规定:"中华人民共和国经济建设的根本方针,是以公私兼顾、劳资两利、城乡互助、内外交流的政策,达到发展生产、繁荣经济之目的。"国家应调剂国营经济、合作社经济、农业和手工业者的个体经济、私人资本主义经济和国家资本主义经济,"使各种社会经济成分在国营经济领导之下,分工合作,各得其所,以促进整个社会经济的发展。""国营经济为社会主义性质的经济,凡属有关国家经济命脉和足以操纵国计民生的事业,均应由国家统一经营。凡属国有的资源和企业,均为全体人民的公共财产,为人民共和国繁荣经济的主要物质基础和整个社会经济的领导力量。""凡有利于国计民生的私营经济事业,人民政府应鼓励其经营的积极性,并扶助其发展。""在必要和可能的条件下,应鼓励私人资本向国家资本主义方向发展,例如为国家企业加工,或与国家合营,或用租借形式经营国家的企业,开发国家的富源等。"实行土地改革,保护农民已得土地的所有权,鼓励和扶助广大劳动人民根据自愿原则发展各种合作事业。

在文化教育政策方面,《共同纲领》规定:"中华人民共和国的文化教育为新民主主义的即民族的科学的大众的文化教育。人民政府的文化教育工作,应以提高人民的文化水平,培养国家建设人才,肃清封建的、买办的、法西斯主义的思想,发展为人民服务的思想为主要任务。"努力发展自然科学、社会科学和文艺、体育、卫生事业、保护新闻自由。提倡爱祖国、爱人民、爱劳动、爱科学、爱护公共财物为中华人民共和国全体国民的公德。

关于民族政策,《共同纲领》规定:"中华人民共和国境内各民族一律平等,实行团结互助,反对帝国主义和各民族内部的人民公敌,使中华人民共和国成为各民族友爱合作的大家庭。反对大民族主义和狭隘民族主义,禁止民族间的歧视、压迫和分裂各民族团结的行为。"各少数民族聚居地区实行民族区域自治。

关于外交政策,《共同纲领》规定:"中华人民共和国外交政策的原则,为保障本国独立、自由和领土主权的完整,拥护国际的持久和平和各国人民间的友好合作,反对帝国主义的侵略政策和战争政策。"中华人民共和国愿在平等互利互相尊重领土主权的基础上,同各国建立外交关系,并与各国政府发展经济贸易。

总之,《共同纲领》所规定的新中国的政治、经济、军事、文化和外交政策,是中国共产党七届二中全会决议精神和毛泽东《论人民民主专政》内容的具体体现。它是为彻底完成党的最低纲领而制定的适合中国国情的纲领。正如刘少奇在会议讲话中所指出的:"这个共同纲领是中国历史上一个极端重要的文献。""它是如此的坚定明确,清楚地指出了哪些事是应该做而且必须做的,哪些事是不应该做而且不允许做的。""这是目前时期全国人民的大宪章。"

3. 会议圆满闭幕

9月30日,政协第一届全体会议圆满完成了所有预定任务,胜利闭幕。当天,大会选举了中国人民政治协商会议第一届全国委员会委员,选举了中央人民政府主席、副主席及全体委员。

第四章
绘制新中国的蓝图

选举结果,毛泽东任中央人民政府主席,朱德、刘少奇、宋庆龄、李济深、张澜、高岗6人为副主席,陈毅等56人为中央人民政府委员。

当选举结果报告给代表们后,会场里爆发出雷鸣般的掌声。当大会执行主席宣告毛泽东当选为中央人民政府主席时,全体代表一致起立,热烈鼓掌并欢呼"毛主席万岁"数分钟之久。

在选举完毕、检票人进行检票之时,全体政协代表又一致通过了中国人民政治协商会议第一届全体会议宣言,通过了给中国人民解放军的致敬电,通过了竖立"为国牺牲的人民英雄纪念碑"的决定和纪念碑碑文。

◎ 1949年,参加中国人民政治协商会议第一届全体会议的女代表

在讨论通过建立人民英雄纪念碑的决定时,周恩来提议:将纪念碑建在天安门广场。他解释之所以在天安门广场建纪念碑,是因为天安门广场有"五四"以来的革命传统,同时这里也是全国和世界人民敬仰的地方。周恩来的提议获得了代表们的一致赞同和通过。

下午6时,太阳透过西边的云层,给北京这座重新焕发青春的古都投下了又一抹绚丽的光线。全体政协代表从怀仁堂来到天安门广场,排好队,开始举行纪念碑奠基典礼。在庄严肃穆的气氛中,周恩来代表大会主席团致辞说:

"我们中国人民政治协商会议第一届全体会议为号召人民纪念死者,鼓舞生者,特决定在中华人民共和国首都建一个为国牺牲的人民英雄纪念碑。现在,一九四九年九月三十日,我们全体代表在天安门外举行这个纪念碑的奠基典礼。"

周恩来致辞之后,全体代表都脱帽静默志哀。默哀毕,毛泽东主席宣

读纪念碑碑文。碑文由毛泽东所撰,由周恩来手书。内容如下:

"三年以来,在人民解放战争和人民革命中牺牲的人民英雄们永垂不朽!"

"三十年以来,在人民解放战争和人民革命中牺牲的人民英雄们永垂不朽!"

"由此上溯到一千八百四十年,从那时起,为了反对内外敌人,争取民族独立和人民自由幸福,在历次斗争中英勇牺牲的人民英雄们永垂不朽!"

最后举行奠基仪式。毛泽东主席和各单位首席代表一一执锹铲土,以表示他们对先烈们的崇敬。

奠基仪式后,毛泽东率全体代表返回怀仁堂大会场。政协第一届全体会议于1949年9月30日晚举行了闭幕式。闭幕式由刚刚选出的中央人民政府主席毛泽东,副主席朱德、刘少奇、宋庆龄、李济深、张澜、高岗主持。当毛泽东主席和其他6位副主席登台时,怀仁堂里响起了长时间的热烈掌声。

毛泽东宣布闭幕式开始,朱德致闭幕词。他满怀信心地指出:"我们既然能团结一致,开创了中华人民共和国,我们一定能够团结一致把我们的国家建设好,把我们的国家引导到繁荣昌盛的境地。"最后,全体代表起立,军乐队奏起国歌《义勇军进行曲》。在奏乐时,主席台上悬起了国旗。

大会在宣言中庄严宣告:

"中华人民共和国现已宣告成立,中国人民业已有了自己的中央政府。这个政府将遵照《共同纲领》在全中国境内实施人民民主专政。它将指挥人民解放军将革命战争进行到底,消灭残余敌军,解放全国领土,完成统一中国的伟大事业;它将领导全国人民克服一切困难,进行大规模经济建设和文化建设,扫除旧中国所留下来的贫困和愚昧,逐步地改善人民的物质生活和提高人民的文化生活;它将保卫人民的利益,镇压一切反革命分子的阴谋活动;它将加强人民的陆海空军,巩固国防,保卫领土主权完整,反对任何帝国主义国家的侵略。"

全体代表在庄严隆重的气氛中长久不息地鼓掌。政协第一届全体会议在全体代表的共同努力下,胜利而圆满地完成了自己的历史使命,这一激动人心的时刻被永久地载入了共和国的光辉史册。

第五章
人民政权的建立

一、中国人民站起来了

　　1949年9月21日,毛泽东在中南海怀仁堂庄严宣告中国人民从此站起来了,标志着一个新的中国的诞生。10月1日下午3时,在天安门广场举行了隆重的开国大典、盛大的阅兵式和群众狂欢。毛泽东等一批新中国的国家领导人第一次登上了天安门城楼,受到了人民群众的热烈拥戴。

1. 欢乐的海洋

◎ 开国大典前的天安门广场

第五章

人民政权的建立

新政协筹备会议后,中共中央成立了以周恩来为主任,彭真、聂荣臻为副主任,林伯渠为秘书长的开国典礼筹委会,并迅速展开了工作。

天安门将作为开国典礼的主席台。华北军区宣传部部长张致祥受命负责天安门城楼的布置和大典的宣传工作。

当时的天安门,朱红色的宫墙剥落了,显得斑驳陆离,遍体鳞伤;门楼垛口上的荆棘长得有人高,精雕的菱花窗也七零八落。广场上杂草丛生,蒿莱满地;金水河淤泥堵塞,水腐发臭。

张致祥发誓,天安门交在他的手中,他要让它以崭新的面貌呈现在人民面前。

几天后,一批能工巧匠云集到这里。

城楼的东山墙下,中央美术学院的周令钊讲师和几位油漆彩画工人,正站在高架子上绘制毛主席巨幅画像:毛泽东头戴八角帽,身穿粗呢子制服,脸部稍仰,洋溢出慈祥的笑容。原照片是新闻摄影局的郑景康在延安时拍摄的,是当时解放区最流行的一张毛主席像。周令钊一手拿着画笔,一手扶着梯子爬上爬下,把方寸小照放大在高6米、宽4.6米的铁皮画框上。

9月30日夜晚,周恩来来到天安门审查,一眼就发现了问题:画像下沿有一行毛泽东的手写体字:"为人民服务 毛泽东。"周恩来急了:"毛主席怎么会那么不谦虚呢,在挂像下面还写自己的名字?"一时间,在场的人忙搭脚手架,画家挥动刷子抹掉了白边黑字,涂成中山服的颜色,又加上了一只扣子,看上去天衣无缝了。

"这八盏大宫灯,八面大红旗设计得好,象征着革命的欢乐,人民的胜利!"周恩来站在金水桥上,借着探照灯的银辉,面向天安门环顾四望,眉飞色舞,欣喜万状。

天安门城楼是庆典的中心,如何让全民族的大喜庆与古典的建筑格局相协调呢?半个多月之前,张致祥迫不及待地跑到东单洋溢胡同,"咚咚咚"敲响了华北军区文工团舞美队的院门。队长苏凡带着两个能手赶来了,一个叫小野亘泽,一个叫森茂,他们都是来自东瀛的日籍美术专家。在烽火连天的解放战场上,小野亘泽和森茂跟随抗敌剧社转战南北,设计出了大量的舞台布景,中华民族的传统文化像这块大地上醇酿的浓酒一样,融入了他们汩汩奔流的血液中。苏凡和小野亘泽、森茂从城墙根跑到城楼上，又从城台侧跑到券门下，有时张致祥也来和他们一起量尺寸、出主意。几天后终于设计出了二十几张草图。其中大宫灯的设计备受周恩来的赞赏。

苏凡坐上一辆吉普车，满北京城去找扎灯的艺人，终于请来了一位过去专在清宫扎灯的花甲老翁，又找来两个徒弟，于是就在城楼上中间的大厅里干了起来。小野亘泽和森茂负责装饰宫灯的云头和金穗。临近大典的前一天，八盏瑞气盈盈的大宫灯终于做成了。

天安门城楼的两侧红墙上，是两幅巨大的横幅标语："中华人民共和国万岁！""中央人民政府万岁！"这是由新闻总署署长胡乔木拟定的。那端庄匀称的宋体字是出自森茂君的手笔，显得庄重而又醒目，既突出了庆典的主题，又烘托出了隆重的气氛。到新中国成立一周年的时候，东侧的"中央人民政府万岁"改换为"世界人民大团结万岁"。胡乔木说："两条标语，一条'中国'，一条'世界'，无论什么时候都是适用的，要成为固定的、永久性的标语。"

天安门前临时用沙杆、木板搭起了东、西两座简易观礼台，这是供友好外宾和英模代表及大会指挥部用的。负责安全保卫工作的罗瑞卿来到这里检查，带了两个连的人往上踩。结果有的木板经不住人，一脚踩漏下去。于是他立即动员了几十台汽车，从永定门外往这里运沙袋，把观礼台垫起来，以保障大会人员的安全。

与此同时，工人们把马路修平了，破损的青石路面补好了，广场的电灯安装起来了。3万名青年团员、学生义务劳动填平了凸凹不平的地面，开辟了1.7万多平方米的广场。

9月30日傍晚，天安门城楼霞彩氤氲，云气缭绕。出席政协会议的全体代表沿着"千步廊"的石板御道来到天安门外，周恩来主持人民英雄纪念碑的奠基仪式，毛泽东宣读了纪念碑碑文。随后，毛泽东、朱德、刘少奇、周恩来以及政协委员代表，怀着虔诚崇仰之情，为近百年来在反对内外敌人、争取民族独立和人民自由幸福的斗争中英勇捐躯的两千万英灵，铲下了一锹锹土……

这天晚上，周恩来安排完开国典礼的一些具体事项，又前往天安门广

第五章

人民政权的建立

场巡视检查各项准备工作的落实情况。

当夜,中南海丰泽园菊香书屋内灯火通明,毛泽东伏案笔走龙蛇,起草准备第二天向全中国、全世界发布的《中华人民共和国中央人民政府公告》。

十几个小时以前,周恩来曾来到中央外事组办公室,显得步履格外矫健,气宇轩昂。他对大家说:"明天毛主席在开国典礼上将发布一个《公告》,《公告》和我的随附公函一并发送给留驻在北京、南京等地的外国大使馆和领事馆。这将是我们新中国的第一份外交文件,是通过使馆向外国政府发出的第一个照会。"

10月1日黎明,当晨曦给中南海的楼阁亭榭镀上一层金辉的时候,毛泽东披着一件旧棉袄,手里拿着写好的"公告"草稿,神色从容地来到西花厅。

于是他们在桌旁坐了下来,共同商讨"公告"的内容和措辞……

10月1日清晨,朝阳从东长安街冉冉升起,曦光中渐渐露出了天安门金黄的冠盖。城楼的内檐上通贯着巨幅会标:"中华人民共和国中央人民政府成立典礼"。

天安门阅尽天下兴亡多少事,终于迎来了它伟大而尊严的一天。

1949年10月1日,这是中国历史上最灿烂的一天,是令千千万万中国人铭记终生的日子。因为,从这一天起,中国在世界人民面前站立起来了,有了属于自己的自由、民主、独立的国家。

1949年10月1日,中华人民共和国中央人民政府将要在天安门广场举行盛大的开国盛典。头天夜晚,毛泽东紧张地工作了一个通宵,直到凌晨6点,才处理完手头的工作,缓步走出办公室,在院里边抽烟,边散步。

这天早晨,毛泽东破例"早睡",并吩咐卫士下午1点钟准时叫醒他。卫士为他准备参加盛典的"礼服",是一套中山制服,料子是生活秘书叶子龙送来的黄色美国将校呢。当时,为迎接开国盛典,在中央领导身边的工作人员,都换上了清一色的新工作服,作为中央领导,也要每人做一套得体的新服装。卫士们为了做好毛泽东的"礼服",专门到王府井请来了北京城著名的裁缝王子清。王子清曾留学法国,专攻服装设计,算是同行业的行家里手了。他在毛泽东的办公室为他量了衣服,不几天又来为毛泽东试样,做了一套很合身的中山服。同时，按要求，他还为毛泽东做了一双软橡胶底的棕色牛皮鞋。毛泽东身着"礼服"，看上去真是焕然一新了。

下午2点，毛泽东来到勤政殿，主持中央人民政府委员会第一次会议，毛泽东和6位副主席以及100余位委员到职。决定《中国人民政治协商会议共同纲领》为中央人民政府施政方针，决定向外国政府宣布中华人民共和国中央人民政府为中国唯一合法政府，并愿与各国建立平等的外交关系。会议一散，全体委员又乘车前往天安门城楼，参加在天安门广场举行的庆祝中华人民共和国中央人民政府成立典礼。

离开勤政殿前，毛泽东饶有兴趣地对周围的人说："几年来，我们分秒必争，连续奋斗，打了几年的疲劳战，打出了一个中华人民共和国。今天又是建国的头一天，很可能又是一个疲劳战。我没有休息几个小时，到天安门上还要连续站几个小时，看来，咱们的命运就是打疲劳战。"毛泽东的话一下把大家逗乐了。

周恩来笑着接过话茬说："主席讲的这种疲劳战是高效率的疲劳战。三年解放战争，在中国大陆上彻底摧毁了蒋家王朝，建立了盼望已久的新中国，这样的高效率，在世界发展史上也是不多见的啊！"

天安门城楼是开国大典的主席台，也是阅兵的检阅台。为了迎接隆重的盛典，城楼悬挂起了毛泽东的巨幅画像，画像两侧分别镶嵌着永久性的长条标语，城楼的十根红廊柱中间吊起了八盏太阳般的巨大宫灯，使得天安门更加显现出浓烈的民族风格和强烈的节日气氛。这种独具匠心的设计，出自当时在华北军区政治部供职的两名日本美术家之手。

天安门坐北朝南，位于北京古城的中轴线。从结构上看，它与中国古代其他城楼一样，由台、楼两部分组成。但它的规模与气势之大，堪称天下第一。明清时，天安门是举行"颁诏"大典的地方，已有500多年的历史。"颁诏"，就是举行特定的仪式，颁布皇帝文告。当时的天安门前11公顷范围内，是一个"T"形场地，东、西、南三面都有围墙和牌楼。东西牌楼各有券门三阙称之为东三座门、西三座门。东西从太庙到中山公园，南北从中华门到天安门的一个大十字，可容纳数十万人。从天安门城楼上远远望去，无数的鲜花、红旗和身着五彩缤纷服装的人们，把整个天安门广场装点得

第五章
人民政权的建立

像巧夺天工的精美图画。

在天安门城楼下,金水桥两边搭起两座台:一座是指挥台,一座是苏联代表的观礼台。在天安门城楼上举行这样的盛典,庆祝典礼筹备处做了大量的组织工作和具体安排。周恩来、林伯渠、彭真和公安部部长罗瑞卿等还先后数次亲临现场检查,指示开国盛典既要保证绝对安全,又要庄重肃穆。

2. 中华人民共和国成立了

1949年10月1日下午1时,首都北京30万群众身着节日盛装,从四面八方列队来到天安门广场。天安门广场和东西长安街,锣鼓喧天,人欢旗舞,汇成一片欢腾的海洋。

2点50分,中央领导和各界人士代表分别由勤政殿门口登车出发,经中南海东门,数分钟后抵达天安门城楼后门。

◎ 毛泽东在开国大典上宣布中华人民共和国成立

根据安排,以毛泽东为首的五大书记和宋庆龄走在前面,其他领导人按顺序跟上。

当时,登上天安门的中国领导人都佩戴上了红色锦缎飘带,飘带下部呈燕尾状,在秋风的吹拂下轻轻飘舞。毛泽东左胸前佩戴的飘带上,非常醒目地竖印着"主席"两个烫金字。其他国家领导人也都在左胸前戴着红色锦带,印着不同的职务。他们每个人的脸上,都充满了胜利者的喜悦和微笑。

当毛泽东于下午3时登上天安门时,广播员对着麦克风激动地大声说:"毛主席来啦!""毛主席健步登上了天安门城楼!"

顿时,广场上30万人欢腾起来,数十万双眼睛一齐望向天安门。身着节日盛装的群众热烈鼓掌,激情高呼口号,不停地挥动着手中的鲜花和彩旗,整个天安门广场沉浸在五彩缤纷、万众欢腾的海洋中。

乐队总指挥罗浪目不转睛地眺望着天安门西城台，他手中的指挥旗和全体队员的动作都像定格一样纹丝不动。

华北军区宣传部部长张致祥站立在城台西南角上，右手擎着一条红绸子。当毛泽东还差两步就要登上城台的时候，他冲着广场中心的罗浪，将手中的红绸子用力地甩动了两下。

罗浪会意地点一下头。随着他的手臂动作有节拍地起落，黑管、短笛、长笛、小号、短号、长号、摇头土巴和大小军鼓一齐奏响，那首从黄土地上升起的熟悉又亲切的《东方红》乐曲，波澜壮阔地从广场上涌起……

顿时，广场上欢声雷动，红旗、花束、彩灯卷起了波涛。

毛泽东站定后，林伯渠秘书长宣布大典开始。毛泽东走到麦克风前，向广场群众和观礼台上的中外来宾们巡视了一周，并挥手示意。接着，他朝广场深深地望了一眼，只见此时广场上红旗飘扬、队伍整齐。他的肩膀和胸膛微微起伏一下，便用他那特有的湘音庄严宣告："中华人民共和国中央人民政府成立了！"

这具有划时代意义的激昂声音，似蛰伏中的惊雷，震动了寰宇。它穿过高山，越过海洋，向全世界庄严宣告了新中国的诞生，宣告了中国人民过去受人任意宰割、凌辱的时代一去不复返了，宣告了中华民族将以崭新的姿态巍然屹立于世界民族之林！

这是一段多么艰辛的历程啊，中国自从鸦片战争以来就深陷于半殖民地的深渊之中，饱受列强欺辱，一代又一代的仁人志士为中国寻求走向富强、民主、独立的道路而上下求索，最后都以失败而告终。历史证明了资产阶级无法承担起使积贫积弱的旧中国走向兴盛的伟大使命，就在所有人都茫然无措的时候，五四运动给国人们进行了一场思想上的启蒙，马克思主义在中国广泛流传开来，中国工人阶级第一次登上历史舞台。在国际背景和社会环境的催生中，中国共产党成立了，中国的工人阶级从此在中国共产党的组织之下，发挥出自身的力量，同旧社会进行义无反顾的抗争。党在革命最艰苦的时候也始终将人民的愿望放在第一位，将马克思主义理论与中国的实际相结合，在血与火的残酷战争中磨炼自己，在抗日战争中发展

第五章

人民政权的建立

壮大。抗日战争结束之后，国民党政权不顾所有人的反对，悍然发动内战，中国共产党也被迫开始自卫反击，从战略防御到战略反击再到战略决战，三年的时间，中国共产党不仅在解放区广泛开展土地革命，解放了农民，而且在国统区也坚持不懈地领导了第二条战线的斗争，与国民党压榨人民财富、搜刮民脂民膏的丑恶行径形成了鲜明的对比，由此获得了广泛的社会认同，原本坚持第三条道路的民主党派也在中国共产党的感召下和国民党的残酷迫害之下最终放弃中立的立场，选择了进步的一边，完成了"向左转"的历史改变。历史证明，违背社会发展规律坚持一党专政的国民党最终会被人民所抛弃，中国共产党带领人民群众最终打败了蒋介石政权的反动统治，将人民群众从水深火热中拯救出来，一党专政的时代被终结，中国共产党团结各民主党派、各人民团体、爱国人士，协商民主建国，新中国的曙光就在眼前了！在1949年的这一天，中华人民共和国正式宣布成立了！终于，勤劳而又智慧的广大中国人民，摆脱了几千年来沉重的历史包袱，驱逐了残暴无情的外来侵略者，推翻了压迫在身上的三座大山，在一代又一代中国共产党人的带领下，在一代又一代中国共产党人的不懈努力与艰苦奋斗下，在一代又一代中国共产党人的流血与牺牲之下，在各族同胞的团结一心、舍小家为大家的坚定决心之下，真真正正地翻身做了主人！新的政权是真正掌握在人民手中的政权！几千年来，在这片富饶多彩的神州大地之上，炎黄子孙真正地能够主宰自己的命运，真正地享受到自己的劳动成果，真正地为民族的复兴、人民的幸福而共同奋斗！中国共产党，是人民的选择，也经受了历史的检验，在中国共产党的领导之下，新中国的成立，标志着一个旧时代的终结，终结了过往的屈辱与黑暗，终结了中华人民的苦难与贫穷；新中国的成立也标志着一个新时代的开始，立志不再受苦受穷、挨打被欺凌的勇敢的中国人民，将在中国共产党的带领之下，高唱凯歌，谱写新时代的篇章！

伴随着罗浪手中指挥旗流苏的上下翻摆，200件乐器奏响了威武雄壮的《义勇军进行曲》。

按照大会程序规定，"欢迎中央人民政府主席、副主席就位时，升国旗、鸣礼炮时，及主席宣读文告后，均奏国歌。"

"请毛主席升国旗！"

此时毛泽东神情庄重，两眼闪现出神圣的光芒。他用力按动了通往电动旗杆的电钮……

"中华人民共和国的国旗，现在正由毛主席亲手把它升起。参加大会的30万人都整齐肃立致敬，注视着人民祖国的庄严而美丽的五星红旗徐徐上升。各队带队指挥员都肃然立正。"新华广播电台现场播音员丁一岚，以她那清脆明亮的语调对听众解说。

"轰——""轰——""轰——"54尊礼炮齐鸣28响，震天动地，更震动着每个人的心。中国人民从此站起来了。

据说，54尊礼炮代表当时全国的54个民族，28响标志着中国共产党领导人民英勇奋斗的28年。国际礼仪中没有这样的规定，这是根据中国的"国情"确定的。由大典筹委会办公室负责人唐永健起草、毛泽东批发的一份报告就是这样说明的。

礼炮过后，是雄壮的阅兵式。朱德总司令在阅兵总指挥聂荣臻的陪同下，乘车检阅了各军种队伍，然后驱车回到天安门城楼上，在大殿楼前郑重宣布："阅兵式开始！"

这时候，军乐队奏出的《人民解放军进行曲》，和着震撼大地的雄壮步伐声，在红旗飘舞的广场上回荡。按照《阅兵典礼方案》，参加阅兵分列式的部队，其陆军大部分来自第二十兵团，即平津卫戍部队；海军和空军的部队，则由两个军种的首长指定抽调。受阅部队的人员总计1.6万多名，其序列为，海军代表部队：由海军学校与华东舰队各一个排编成；陆军代表部队：步兵师、炮兵师、战车师、骑兵师各1个，其中战车师包括摩托化步兵团、装甲车团、坦克团各1个；空军：飞机17架。

阅兵令一下，在雄伟的军乐声中，由陆、海、空各军兵种组成的方队，迈着矫健整齐的步伐由东向西走来。队伍进入东三门后（即天安门左右侧的三座门牌坊，现已拆除），立刻换成正步前进。当行进到主席台东侧时，受阅部队整齐划一地转头向主席台行注目礼，并将枪支上举，行持枪礼，毛泽东及其他国家领导人举手回礼。

检阅开始，人民解放军战车方队似铁流般涌过天安门前。突然从东面

第五章
人民政权的建立

天上响起一阵阵轰鸣声,只见9架P-51战斗机排成"品"字形飞临天安门上空,随后是两架蚊式战斗机、3架运输机、3架教练机呼啸而来。几分钟后天空又出现了9架P-51战斗机。天上地下形成立体的武装阵容。

站在城楼上的毛泽东最先看到了天上的机群,他仰脸东望,略眯双眼,一只手不停地用力朝天上挥动着,眼窝里沁出了晶莹的泪珠。广场上的群众把头上的帽子,手中的报纸、毛巾都抛上天去,欢呼声盖过了飞机的隆隆声。

沉浸在兴奋中的人们没有注意:在机场起飞受阅的17架飞机突然变成了26架。有人从外电报道中得知这个谜。后来,谜底解开了,原来是9架P-51战斗机飞过天安门后,又绕弯飞了第二圈。

执行防空警戒任务的44架战斗机飞过复兴门后升上高空了,欢腾的群众并不知道,那上面装有防敌袭扰的炮弹。40年后,当年担任受阅飞行领导的邢海繁说:"飞机带弹受阅这在世界空军史上是没有先例的。但是那时敌情十分复杂,如果遇到敌机来了再落地装炮弹,那就晚了。常言道:'有备而无患'。敌人不是不想来捣乱,而是因为我们有充分准备,他们才不敢来!"

阅兵结束后的当晚,朱德在北京饭店宴请受阅的陆、海、空部队代表。邢海繁、刘善本戎装未脱就赶来宴会大厅。觥筹交错间总司令来到空军代表席,气宇轩昂地说:"你们飞得很好嘛,从现在起,我才真正是陆海空军总司令了!"

夜幕降临,华灯齐放。光彩夺目的礼花飞上夜空,提灯游行的群众队伍像跳跃的火龙,蜿蜒地涌进天安门广场。

3. 人民万岁

阅兵式过后,声势浩大的群众游行开始了。人们身着节日的盛装,手持鲜花和彩旗,如势不可当的滚滚洪流,向前走来,接受新中国的奠基人——开国元勋们的检阅。经过天安门时,人们再也抑制不住内心的激动,潮水般地涌向金水桥边,想把毛泽东和他的战友们看得更清楚些,把自己和领袖们的时空距离拉得更近些。尽管城楼上的播音员不停地高声催促游行队伍向前行进，但天安门城楼上的主席台就像一块巨大的磁铁，将游行群众紧紧地吸引在金水桥前。只是后来的游行队伍推动前面的队伍，才使游行大队缓慢地被推过天安门。沸腾的群众喊出的口号声像海潮一般起伏不停，而最响的声音始终是"毛主席万岁！"

面对群众震耳的呼声，毛泽东脸上始终露出庄严而慈祥的笑容。卫士请毛泽东坐，他不肯坐，一直轮换着手向群众招手致意。当欢呼声直冲云霄时，毛泽东情不自禁地探身栏外，伸手招呼群众，面对麦克风高呼："工人同志们万岁！""农民同志们万岁！""同志们万岁！""人民万岁！"

◎ 庆祝开国大典的群众

当群众发现自己的领袖向他们喊出由衷的祝愿时，便改变原来向东西分走的路线，再次潮水般涌向天安门，挤在金水桥上，齐声呼喊："毛主席万岁！""毛主席万岁！"

楼上楼下一呼一应，群众沸腾了！陈毅激动地放开嗓门说："看了这，总算是不虚此生了！"

毛泽东在天安门城楼上，从午后到晚上，已经站了好几个小时，尽管已经很累，但他一步也没离开主席台。有些领导人劝他到休息室去休息一下，经过多次动员，毛泽东才进了休息室。落座后刚点燃一支香烟，喝了两口茶，就跟程潜交谈起来。毛泽东拿起点心，才吃了两口，周恩来就走进来对他说："你预料得很对，你必须在天安门连续站几个小时。你刚刚离开了主席台，游行的群众看不见你，他们都停下来不前进了。"

毛泽东高兴地说："好吧，疲劳也得去啊。"

他将香烟熄灭，喝了一口浓茶，把口中的点心急速冲咽下去，然后朝程潜抱歉地笑了笑，迈出休息厅，向主席台的中心位置走去。此时，游行

第五章

人民政权的建立

群众正拥挤在金水桥南侧,有节奏地齐声呼喊:"毛主席!毛主席!毛主席!"当群众看到毛泽东再次出现在主席台时,顿时爆发出热烈的掌声和欢呼声,许多人激动地流下了热泪。人们了却了最大心愿后,才又开始缓缓地向前移动。

这时,服务员尹辛笙从屋里拿出一个凳子,对毛泽东说:"主席,你太累了,请你坐下休息一会儿吧。"

毛泽东微笑着朝他轻轻地摆了摆手。此时他不愿意因自己坐下而让群众等着,更不愿意使自己在开国盛典这样庄重的场合中有任何特殊,因为主席台上还有比他年纪更大的同志和朋友都站立着。

游行的队伍通过天安门之后,在广场里站着的群众,刹那间一起涌到金水桥下,都渴望着亲眼看看毛泽东同其他党和国家领导人。这时,毛泽东同其他党和国家领导人走下主席台的台阶,沿着城楼上的通道先走到城楼的东头,又从东头走到了西头,微笑着向天安门城楼下的人们招手。

规模浩大的群众游行活动刚刚结束,人们又以极高的兴致观赏了开国大典的焰火晚会。

夜幕降临,华灯初上,矗立在东西长安街南北两侧人行道旁的几十盏炽亮的大灯,把整个广场照得如同白昼。毛泽东身穿棕红色毛衣,在儿女们的簇拥下,坐在天安门上观看焰火。当一簇簇五颜六色的焰火腾空而起,在黑黛的天空中织就一个个美丽动人的花环时,天安门上观看焰火的人们沸腾起来了,毛泽东的儿女们更是欢天喜地指着多彩的焰火让他看。

万朵彩色的礼花从四面八方腾向天安门广场的高空,首都沉浸在狂欢里了……

实际上那不是礼花,是信号弹,是240多名信号兵为新中国编织的五彩缤纷的花环。

中华民族自古以来就有施放焰火欢庆节日的传统。但在1949年前的中国,兵荒马乱,民不聊生,哪里还有礼花焰火的用场呢?为放好礼花,张桂文带上参谋秋树萍、刘竞生跑遍了北京城,选定了6个施放"礼花"的地点,北面:景山、琼岛(北海);两翼:太庙(劳动人民文化宫)、中山公园;南面:邮政管理局大楼(东交民巷西口)、银行公会大楼(西交民巷东口)。

同时抽调担负卫戍任务的独立第二〇八师两个建制连为施放"礼花"的部队，进行严格的编组训练，由张桂文统一指挥。

施放"礼花"使用的是苏制信号弹。信号弹有红、黄、绿、白、紫等颜色，用俄文印在木箱上。当时，军区司令部没有俄文翻译，只有军务处一位科长懂俄文，由他负责按颜色分类，搭配分发给信号兵。

张桂文的位置在东华表内侧的指挥台上。"丁零零——"张桂文拿起电话，传来的是天安门上指挥部的命令："施放礼花！"张桂文立即凑到麦克风前，向部队发出口令。不料，意外发生了，广场上的扩音喇叭一点声音也没有，事不宜迟，来不及向周围的人打招呼，按照预定的应急措施，他抽出信号枪，举向空中。"砰"地一声，一颗碧绿的信号弹带着长长的耀眼的光芒，腾空而起，划破了夜空。这突如其来的枪声，使周围的人不禁惊讶地向后一仰。人们还没有弄清是怎么回事，一瞬间，广场四周的6个发射点几乎同时轰然爆响。一簇簇五彩缤纷的信号弹骤然腾起，有的如喷射的彩泉，有的似怒放的花雨，有的像璀璨的明珠，叠织出奇光异色的绚丽图案，把大典之夜装扮得壮丽辉煌。随着"礼花"的每一次飞落，欢呼声犹如大潮迭涌，一阵阵漫卷过新生的古城。

当年的一份资料上明白地写道："国庆节晚间发射信号弹3万发，另有探照灯配合照射。"到1950年国庆节，我们才使用上礼花炮。那是斯大林的苏联送给我们的。再后来，我们用上了真正的自己生产的礼花炮。

夜幕降临，礼花纷飞之时，由4万多名学生汇成的游行队伍高举着鲜花、红旗、灯笼，浩浩荡荡地行进过来了。当他们踏进三座门的时候，雄壮的歌声便响起来：《团结就是力量》、《没有共产党就没有新中国》……广场上的许多群众也随之应和起来。

一支由近百人组成的大学生军乐队吹奏着《新民主主义进行曲》，在红光闪烁的"清"、"华"、"大"、"学"字样灯笼的簇拥下，引导着长龙般的大军向着广场中心涌来，那嘹亮高昂的乐曲迸发着青春的活力，洋溢着革命的豪情。这时候，排列在广场中心的联合军乐队自动停了下来。

毛泽东站在天安门城楼上四五个小时，不曾坐一坐。他一手扶着栏杆，一手举在空中不停地挥动着。这时，毛泽东指着青年学生们的灯笼对旁边

第五章

人民政权的建立

的朱德总司令说:"大学生们过来了!"

学生们抬着一丈二尺高的红纱扎的大五角星和八根火炬造型的红灯,30人排成一横排,大纵队行进到主席台前,年轻的声音清脆地高呼着:"中国共产党万岁!""中华人民共和国万岁!""毛主席万岁!"

这是一支具有光荣革命传统的青年学生队伍。1919年广大师生参加了划时代的五四爱国运动,1926年举行了"三一八"反帝爱国大示威,1935年掀起了轰轰烈烈的"一二·九"抗日救亡运动。北平和平解放前后,大批青年学生奔赴解放区,为接管城市工作,建立新的政权,壮大革命队伍输送了大量的骨干。

"把水银灯打亮!"毛泽东在扩音器里吩咐工作人员,他要亲眼看一看这年轻的一代。

刹那间,城楼上下雪亮的水银灯一起打开,把天安门前照得如同白昼。

青年们听到了领袖的声音,顿时高兴得跳跃起来。华北大学和华北革命大学的1.4万多名学生潮水般地涌向五座白玉石桥,几十面大红旗挥舞招展,几百支火把熊熊闪耀,上万只红灯、花灯汇成了一片灯海。"毛主席万岁!万万岁!"欢呼声像海潮迭起,汹涌澎湃。

面对着沸腾的场面,毛泽东的脸上焕发着庄严慈祥的光辉。在他的眼里,青年是早晨的太阳,是时代的太阳,未来属于他们,新中国的灿烂美景属于他们。毛泽东把身子探出栏杆外,一只手始终伸向空中,时而招呼着学生队伍,时而向青年们挥动致意。当"万岁"声直冲霄汉时,毛泽东终于遏制不住自己的激情——

"青年同志们万岁!"

蓦然,广播喇叭里传出了毛泽东那洪亮激昂的声音,随即这声音又从天安门广场四面的宫墙弹射回来,发出阵阵响亮的回声:

"青年同志们万岁!"

"毛主席万岁!万万岁!"

伟大领袖和青年们的心在一起相互交融、激荡。无数只红灯举过头顶,无数顶帽子抛向天空。青年们跳跃舞蹈,放声歌唱:

"在毛泽东的旗帜下,我们胜利地前进!"毛泽东此时手持香烟,抬头凝望着天空绚丽的焰火，脸上露出了愉快的微笑，并渐渐陷入沉思。此时此刻，也许毛泽东想得更深更远：新中国政权的建立，仅仅是万里长征的第一步！今后的任务还更艰巨、更伟大，道路还更漫长。毛泽东没有丝毫的轻松，只是觉得自己肩负建设一个新中国的历史使命更重大，但他有信心，共产党人能砸烂一个旧世界，就能建设一个崭新的新世界。

二、人民当家做主的政权

中华人民共和国的国体是人民民主专政，政体是人民代表大会制度。这是一个真正的联合政府，新中国成立初期的中国人民政治协商会议和中央人民政府的组成，既体现了联合政府的性质，更体现了新中国多党合作、政治协商的政治制度。在地方政权的规划上，从1949年10月开始，在中共中央和毛泽东"大行政区"思想的指导下，全国被划分为若干大行政区，分别建立大区"人民政府"或"军政委员会"；对少数民族聚居地实行民族区域自治政策，在上述多维度的、立体的政策制定和实行之下，新中国人民当家做主的政权从中央到地方建立起来了。

1. 真正的联合政府

中华人民共和国的国体是人民民主专政，政体是人民代表大会制度。第一届中央人民政府56名委员中，党外人士占27名，比例接近50%；15名政务委员中，党外人士占9人；政务院所辖34个部、会、院、署、行中，担任正职的党外人士达14人。这是一个真正的联合政府。在地方首先实行军事管制，然后进行接管，再建立各级人民政权，并在民族地区开始实行民族区域自治。

新中国就要建立了，这个国家是什么样的，是袁世凯式的中华帝国，还是蒋介石式的中华民国，亦是英美式的资产阶级共和国？这个问题摆在了即将成为执政党的中国共产党面前。在长期的革命实践中，以毛泽东为首的中国共产党人为在中国建立无产阶级的国家政权进行了不屈不挠的奋斗和探索，最终建立了以人民民主专政为国体，以人民代表大会制度为政体的中华人民共和国。

1948年12月30日在《将革命进行到底》一文中，毛泽东第一次公开使用"人民民主专政"的概念，他写道："如果要使革命进行到底，那就是用革命的方法，坚决彻底干净全部地消灭一切反动势力……""在全国范围

◎ 第一届中央人民政府委员合影

内推翻国民党的反动统治，在全国范围内建立无产阶级领导的工农联盟为主体的人民民主专政的共和国"。

1949年3月，毛泽东在党的七届二中全会上，再一次明确提出要建立和巩固"无产阶级领导的以工农联盟为基础的人民民主专政"。

1949年6月，为纪念中国共产党成立28周年，毛泽东发表《论人民民主专政》一文，全面阐述了人民民主专政的理论。文章总结了100多年来，特别是28年来的历史经验，得出结论，"一切别的东西都试过了，都失败了"，"唯一的路是经过工人阶级领导的人民共和国"。他强调："中国人民在几十年中积累起来的一切经验，都叫我们实行人民民主专政，或曰人民民主独裁，总之是一样，就是剥夺反动派的发言权，只让人民有发言权。""对人民内部的民主方面和对反动派的专政方面，互相结合起来，就是人民民主专政。""总结我们的经验，集中到一点，就是工人阶级（经过共产党）领导的以工农联盟为基础的人民民主专政。这个专政必须和国际革命力量团结一致。这就是我们的公式，就是我们的主要经验，这就是我们的主要纲领。"这标志着一个完备形态的有中国特色的马克思主义国家理论的成熟。

1949年9月，中国人民政治协商会议第一届全体会议在北平举行，会议通过了具有临时宪法作用的《中国人民政治协商会议共同纲领》，规定我国的国体是工人阶级领导的以工农联盟为基础的人民民主专政，用国家根本大法的方式，确立了人民民主专政是我国的根本制度，是新中国的国体。人民民主专政制度在中国的确立，为中国历史的发展确定了方向。这就是

第五章

人民政权的建立

我们今天的中国。

中央人民政府的各机构，是根据《中国人民政治协商会议共同纲领》、《中华人民共和国中央人民政府组织法》等文件的规定建立的，各机构的领导人是根据协商和有关规定选举或委任的。

《中央人民政府组织法》是政协第一届全体会议于9月27日通过的。这个组织法分总纲、中央人民政府委员会、政务院、人民革命军事委员会、最高人民法院及最高人民检察署、本组织法的修改权及解释权等章。

它规定："中华人民共和国的国体是工人阶级领导的、以工农联盟为基础的、团结各民主阶级和国内各民族的人民民主专政的国家；中华人民共和国政府是基于民主集中制原则的人民代表大会制的政府；在普选的全国人民代表大会召开前，由中国人民政治协商会议的全体会议执行全国人民代表大会的职权，制定中华人民共和国《中央人民政府组织法》，选举中央人民政府委员会，并付之以行使国家权力的职权。"

该组织法还详细规定了中央人民政府机构的职权范围、活动方式方法及构成原则。中央人民政府委员会的职能是："对外代表中华人民共和国，对内领导国家政权；中央人民政府委员会组织政务院，作为国家最高行政机关。组织法确定了政务院的人员组成、职权范围、活动方式，并详列了各委、部、会、院、署、厅等机构及工作权限。组织法规定，组织人民革命军事委员会，作为国家军事的最高统帅机构；组织最高人民法院及最高人民检察署，作为国家最高审判机构和检察机关。"

这个组织法，是建造人民共和国大厦的详细的设计图。

《中国人民政治协商会议共同纲领》则是政协第一届全体会议于9月29日通过的。这个文件是中华人民共和国建国初期的施政纲领，凡参加中国人民政治协商会议的各单位、各级人民政府和全国人民均应共同遵守。它规定："国家最高政权机关为全国人民代表大会，全国人民代表大会期间，中央人民政府为行使国家政权的最高机关，各级政权机关一律实行民主集中制。"

《共同纲领》是人民共和国大厦如何构建及运行的总体方案。

早在1949年年初，中共中央和毛泽东在考虑联合政府的组成时，曾设想过在联合政府中，中共与进步分子合占三分之二，中间与右翼占三分之一。

中共七届二中全会上，毛泽东从稳步地实现民族的昌盛和国家富强的战略高度，指出："我们同党外民主人士长期合作的政策，必须在全党思想上和工作上确定下来。我们必须把党外大多数民主人士看成和自己的干部一样，同他们诚恳地坦白地商量和解决那些必须商量和解决的问题，给他们工作做，使他们在工作岗位上有职有权，使他们在工作上做出成绩来。"

进北平后，毛泽东又多次说："我们不能再长征了，我们要千秋万代坐北京，没有党外人士进入政府就不行。"

从当时中央人民政府的人事安排上，就很容易看出这一点。6名副主席中就有3名是党外人士。

宋庆龄是孙中山的夫人，长期坚持进步，与中共密切合作，在国内外有重大影响和崇高威望。为了邀请她出席政协会议和参加政府工作，毛泽东亲自写信给她，党中央派邓颖超亲赴上海接宋庆龄来北平。当她坐火车到达北平时，毛泽东亲自到火车站去迎接。众多的民主人士来北平，只有宋庆龄和程潜享受了毛泽东亲自到车站迎接的待遇。

李济深是40年代国民党统治区民主人士中最有影响的代表人物。1948年1月，中国国民党革命委员会成立时，他担任主席。当中共发出"五一"口号后，他积极响应。当时他在香港，各方势力都想把他拉过来。最后，他毫不动摇地站到中共和人民革命阵营一边，赴解放区参加新政协的筹备工作。

张澜是民盟领导人。在1945年重庆谈判时，他就被毛泽东誉为"老成谋国"。1949年他在上海遭到国民党特务的迫害，在中共地下党组织的营救下，他安然脱险，被邀请来北平参加新政协。

在中央人民政府的56名委员中，党外人士就占27名，所占比例接近50%。他们是：何香凝、赛福鼎、陈嘉庚、马寅初、马叙伦、郭沫若、沈钧儒、沈雁冰、陈叔通、司徒美堂、李锡九、黄炎培、蔡廷锴、彭泽民、张治中、傅作义、李烛尘、李章达、章伯钧、程潜、张奚若、陈铭枢、谭平山、张难先、柳亚子、张东荪、龙云。

政务院的人事安排也同样体现了这一特点。

4名副总理中，党外人士占2名，即郭沫若和黄炎培。

15名政务委员中，党外人士占9人：谭平山、章伯钧、马叙伦、陈劭先、王昆仑、罗隆基、章乃器、邵力子、黄绍竑。

在政务院所辖34个部、会、院、署、行中，担任正职的党外人士达14人，其中郭沫若还兼任两个正职。他们的具体职务是：文化教育委员会主任郭沫若、人民监察委员会主任谭平山、轻工业部部长黄炎培、邮电部部长朱学范、农业部部长李书城、交通部部长章伯钧、林垦部部长梁希、水利部部长傅作义、文化部部长沈雁冰、教育部部长马叙伦、卫生部部长史良、华侨事务委员会主任何香凝、科学院院长郭沫若、出版总署署长胡愈之。

在物色政务院及其下属委、部、会、院、署、行的主要负责人时，为了尽量安排民主人士，周恩来做了大量复杂而细致的工作。

在毛泽东、周恩来和中共中央的精心安排下，各民主党派民主人士的主要领袖、社会贤达、知名人士差不多都安排进人民政府了。

这种广纳民主人士参政执政的做法，充分显示了中国共产党立党为公、执政为民、不谋党派和个人私利的坦荡胸怀，受到了各民主党派的衷心拥护和高度赞扬，极大地调动了他们建设新中国的积极性。

对此，许多民主人士感动地说："周总理真不愧为'周总理'啊！"后面这个"周"是周到的意思。这实际上是民主人士对中国共产党统一战线政策的高度称赞。

10月21日，周恩来召集第一次政务（扩大）会议，宣告政务院成立。

中央人民政府的其他机构在此前后也分别建立，并开始工作。

中央人民政府及政务院建立后，立即开始着手进行新中国的内政外交事务，人民共和国的国家机器正式运转起来。

从此，中国历史翻开了崭新的一页，中华民族以全新的姿态屹立于世界民族之林，人民共和国如巨人耸立于世界的东方，中国人民过去那种遭侵略受欺凌的悲惨日子一去不复返了。

2. 多党合作，政治协商

新中国成立初期的中国人民政治协商会议和中央人民政府的组成，既体现了联合政府的性质,更体现了新中国多党合作、政治协商的政治制度。对民主党派的头面人物,共产党把他们请到了北平,为新中国的创立出谋划策,充当诤友,对待国民党的起义将领,共产党非常尊重,不仅在治国方略上推心置腹,在生活上也非常重视,给予极高的礼遇。对中国革命和中国人民有过贡献的知名人士,共产党也是人尽其才,各得其所。

新中国建立前后,中共中央和毛泽东邀请李济深、张澜、黄炎培等一批德高望重的民主党派领袖到北平来,为新中国的创立和建设出谋划策,参政议政,提出了许多非常宝贵的意见和建议。

◎ "多党合作和政治协商制度长期存在发展"入宪

李济深作为国民党内资历深厚、影响深远的人士,他在国内外都有着广泛的联系,他的态度和声明对正在谋求"划江而治"的国民党政府来说是"当头一棒",李济深领导下的民革和其他民主党派一起,以极大的热情和责任感参与了新中国的筹备,为新中国的诞生做出了自己的贡献和努力。

新中国成立后,李济深任中央人民政府副主席、全国政协副主席,实现了国民党革命派的联合,积极支持抗美援朝和土地改革运动。

张澜是中国民主同盟中央委员会主席,从辛亥革命起就是民主斗士,与中共素有交往。1949年5月,上海胜利解放了,为了表示庆祝,张澜于5月29日向毛泽东、朱德、周恩来、董必武发去了祝贺电报。

6月1日,毛泽东等代表中共中央回电邀请张澜北上参加新政协会议,共商建国大计。张澜双手捧读电文,久久激动不已。不日,张澜即从上海乘车去北平。抵北平时,周恩来、朱德等亲临车站迎接,张澜下榻北京饭店。

毛泽东得知张澜已经到京,次日就去北京饭店看望张澜。毛泽东详细地询问了张澜的生活起居等,并就召开政治协商会议的一些事情征询了他的意见。毛泽东还邀请张澜到中南海共同进餐,为他洗尘。

第五章

人民政权的建立

在1949年9月下旬召开的全国政协第一届委员会上,张澜当选为中央人民政府副主席。10月1日,他和毛泽东、朱德、周恩来等一起,站在天安门城楼上,出席中华人民共和国开国大典。

张澜担任中央人民政府副主席期间,虽年近八旬,他仍精力充沛,要求深入农村参加"土改"。毛泽东得知后,考虑到他年事已高,劝他不要直接参加"土改",并经常批送有关文件给他翻阅,听取他的意见。1951年,担任中共中央西南局书记的邓小平给毛泽东一份工作情况报告,其内容既涉及"土改"工作,又有张澜老家一带的情况。毛泽东阅后,特批给张澜查阅。

1954年在第一届全国人民代表大会上,张澜又当选为全国人大常务委员会副委员长。他虽年老体弱,但仍坚持参与国家大事,一再表示要在共产党和毛泽东的领导下,建设新中国。在这一年的10月1日国庆节,毛泽东在天安门城楼上,握住张澜的手,亲切地称赞他:"表老啊!你很好!你的德很好,你是与日俱进!"

张澜铭记毛泽东的勉励,更加勤奋学习,他常说:"我要活到老,学到老,将余生献给新中国。"

对于起义投诚的国民党开明将领,毛泽东和中共中央的领导非常尊重他们的人格,并给予他们很高的礼遇,对其推心置腹,一视同仁。在安置程潜、陈明仁、傅作义的问题上,毛泽东礼贤下士,亲自与他们本人商量探讨。在一些生活细节上,毛泽东也非常重视,为程潜划船,热忱地与陈明仁合影,亲自上门拜访傅作义,礼遇有加。使这些将领们如沐春风、疑虑尽释,全心全意地为新中国的建设服务。

中共中央和毛泽东对于国民党起义将领一向非常敬重,给予了很高的礼遇。傅作义就是其中典型的例子。

傅作义在北平起义后,准备去西柏坡拜访毛泽东。2月22日,傅作义、邓宝珊在石家庄机场一下飞机,就受到从西柏坡专程赶来的中央办公厅主任杨尚昆、统战部长李维汉的热情迎接。傅作义一行在石家庄稍事休息后,换乘吉普车前往西柏坡。傅作义到达招待所时,受到周恩来的热烈欢迎。

当天下午,周恩来将傅作义到达西柏坡的事告诉了毛泽东,并说:"我已经和他交谈过了,看来情绪还好。"毛泽东当即去看傅作义,他亲切地握着傅作义的手，愉快地说："过去我们在战场见面，清清楚楚，今天我们是姑舅亲戚，难舍难分。蒋介石一辈子要码头，最后还是你把他甩掉了。"傅作义说："我有罪！"毛泽东说："谢谢你，你做了一件大好事。人民是永远不会忘掉你的！"

这几句话，使傅作义几个月来积聚在心头的疑虑顿时冰消雪化，这就是说，对他的罪行的清算结束了，毛泽东把他当作朋友看待了。

毛泽东说："和平解放北平，你带了个好头，立了大功。你可以向你的部下讲清楚，既然是和平解决，原来的部队就要进行整编，将来都是人民解放军的一员，和人民解放军一样看待，绝不受歧视。你可能还不知道，我们部队的战士，大部是国民党那里来的士兵。"

毛泽东告诉他说："为了迅速结束战争，减少人民的痛苦，我们还是愿意和南京政府及国民党地方政府或集团谈判的。你现在住在北平很好，不久我们也要到北平了，那时咱们可以更好地合作，建设我们的国家。"毛泽东接着说："到北平之后要召开新的政治协商会议，你也可被邀参加会议，也可在政府里工作，你有功，也有代表性。"傅作义表示，回北平后要向部下传达毛泽东、周恩来的指教和关心，做好部队的和平整编工作，处理安置好部队人员。

周恩来说："从现在起都是一家人了，不必客气，有什么事情、意见、想法，随时提出来商量，不要有顾虑。"傅作义连连点头说："我的后半生一定要在共产党领导下为建设祖国贡献力量。"

24日，傅作义回到北平后，精神振奋，心情愉快。李克农风趣地说："毛主席一席谈，傅作义前后判若两人。"新中国成立后，傅作义任水利部部长，为新中国的水利事业做出了重要贡献。

在与国民党政府多年打交道的过程中，毛泽东结识了一批开明的国民党政要，如邵力子、张治中、柳亚子等。新中国成立后，在治国用人方面，毛泽东并未因为他们过去的背景而有所避讳，委以邵力子以淮河治水大任，任命张治中与彭德怀一起负责西北诸省管理工作。

1949年4月1日，张治中以南京国民政府首席代表的身份率团来北平与中共进行和平谈判。半个月后，谈判达成协定，而南京政府却以中共条

第五章

人民政权的建立

件苛刻为由不予承认。为免受国民党特务分子的迫害，中共方面一再劝说张治中等人留在北平，并把张治中的家属接到了北平，张治中终于同意听从中共的安排。

张治中接受毛泽东的委托为新中国办的第一件大事，是促成了新疆的和平解放。

政协会议召开前的一天，毛泽东约张治中到住所来，向他说明人民解放军已决定分兵两路进军新疆，希望不要看到新疆出现血与火的战场，并提出要张治中从中斡旋，促进新疆的和平解放。张治中在国民党统治时期曾任西北四省军政长官，在新疆有很高的威望。他愉快地接受了毛泽东的要求，立即发电给时任新疆军政首脑的陶峙岳和包尔汉，陈明利弊，希望他们与广州政府脱离关系，接受人民革命军事委员会的领导。陶峙岳、包尔汉二人接到张治中的电报后就积极精心筹划，克服许多困难，终于宣布起义，投向了人民的怀抱。新疆获得和平解放。毛泽东对此极为重视，也满意张治中的所作所为。1955年，毛泽东为此授予张治中一枚一级解放勋章。

毛泽东请张治中参理政事时，非常注意张治中的心理，毕竟张治中曾是国民党政府的重要领导人之一。

新疆和平解放后，毛泽东鉴于张治中过去在西北的声望，决定让他继续参与西北军政管理，与彭德怀一起负责西北诸省工作。毛泽东幽默地对张治中说："我们再来一次国共合作吧！"又说，"你去当彭德怀的副手，委屈了吧？你过去是西北四省的军政长官，现在是副手，委屈了吧？"

毛泽东如此坦率地把问题摆出来，倒使张治中感到释然。有这位中共头号人物这样理解他，还能有什么委屈呢？

为带领全国人民一道建设新中国，中国共产党遵循民族统一战线的方针，团结一切可以团结的力量参加新中国的建设。所以在新民主主义革命即将取得最后胜利的日子里，全国各阶层和各界爱国人士都在关心着中国革命、关注着新中国的筹建和诞生。当时的中国政治上层，民主气氛相当浓烈，一些民主人士，甚至某些过去曾效力于国民党的人，都在积极为新中国的诞生献计献策，他们受到了中国共产党的极大尊重和信任。

中国共产党进城后，并没有争取"打天下坐天下"，走历代统治者的老路，而是招揽各方面人才，民主建政，实现了各方面的团结建国，同时也奠定了我国多党合作、政治协商的基础。

3. 建立地方政权

从1949年10月到1954年6月，在中共中央和毛泽东"大行政区"思想的指导下，全国被划分为若干大行政区，分别建立大区"人民政府"或"军政委员会"。中央政府授权各大行政区人民政府或军政

◎ 1965年9月，西藏自治区成立

委员会，分别对全国各地区进行领导。在民族自治理论指导下，在民族地区或民族人群聚居的地区，建立了民族自治政权。

早在革命战争年代，由于游击战争的需要，各根据地因敌人的包围、封锁，被分割成许多分散的独立单位。由于这些单位各自面临的具体敌情和政治经济条件不同，因而中共中央曾长期给各根据地以较多的自治权。但当解放战争进入战略进攻阶段，建立新中国的任务提上日程的时候，完成中央政权高度的集中和统一，以及在地方建立民主政权的任务迫在眉睫，而毛泽东的注意力也逐渐由战争时期注重分散性的斗争策略转向考虑新中国成立后如何集中统一各地方权力的问题。

1949年6月，毛泽东在《论人民民主专政》一文中，对民主联合政府的性质做了详尽的论述，明确了"人民民主专政是工人阶级（经过共产党）领导的以工农联盟为基础的人民民主专政"。

在界定了政权的性质之后，如何具体划分中央与地方权力问题也被提上了日程。从1948年开始，中共中央就决定重新划分中央与地方权力，对此，毛泽东有过慎重思考，明确地在党内提到了这一问题。从1948年4月毛泽

第五章
人民政权的建立

东发给许世友的电报中就可以看出。电报的具体内容是这样的:

"中国新的革命高潮的到来,我党已经处在夺取全国政权的道路上,这一形势要求我们全党全军首先在一切政治上的政策及策略方面,在军事上的战略及重大战役方面的完全统一,经济上及政府行政上在几个大的区域内的统一,然后按照革命形势的发展进一步地考虑在军队的编制和供应上,在战役行动的互相配合上,以及在经济上在政府行政上(那时须建立中央政府)作更大的统一。"

"总之,革命形势要求我党缩小(不是废除)各地方各兵团的自治权,将全国一切可能和必须统一的权力统一于中央,而在各地区和各部分则统一于受中央委托的领导机关。"

在解放战争中后期,全国不断有许多地区相继得到解放,使在新解放的地区建立人民民主政权这一伟大构想的实践成为可能。但是,由于在新解放的地区反革命残余势力还很猖獗,社会秩序尚未稳定,剿匪反霸,镇压反革命有待进行,因而为了恢复解放区人民的正常生产和生活,对城市进行有效的管理,同时为进一步建立地方民主政权做准备,党中央决定对新解放的人口在5万人以上的大中城市实行军事管制制度,建立军事管制委员会,作为新解放区临时、过渡性质的人民民主政权形式,对城市进行全面的接管。在这些被军事接管的城市设立军事管制委员会,以实施军管。

1948年11月15日,以毛泽东为首的中共中央依照各地实行军事管制的经验,向各中央局、分局和野战军前委发出了《中共中央关于军事管制问题的指示》和《在新解放城市不应过早取消军事管制等问题的指示》,指出了必须根据各地管理新解放城市的经验,实行军事管制的办法,只有这样,才能有效。指示详细地规定了军事管制的内容、形式、期限和取消军事管制的批准方法等。

在这两项指示中,为了使军事接管工作能够顺利进行,文件提出了城市实施军事管制的九项任务:肃清反革命的一切残余势力;接收一切公共机关、产业和物资;恢复和维持正常的社会秩序,消灭一切混乱现象;收缴一切隐藏在民间的反动分子的武器及其他违禁物品;解散一切反动党团组织,收缴他们的各种反动证件,登记各级负责人,登记后对少数反动分子实行管制；逮捕战争罪犯和罪大恶极的反动分子，没收那些应没收的官僚资本；建立系统的革命政权机关；整理、建立共产党的组织；在工人职员中、青年学生中，进行切实的宣传组织工作，在可靠的基础上，建立工会、学生会及新民主主义青年团等群众组织，作为城市革命政权可靠的群众基础。

在毛泽东为首的、中共中央领导下的军事管制的实行，避免了新中国建立初期新旧政权交替、社会剧烈变动时期可能产生的动乱和破坏，保证了社会正常秩序的建立和生产事业的恢复，为将来建立各地方民主政权奠定了基础。

随着解放战争的全面展开，为了稳定新开辟的解放区的社会秩序，实践毛泽东民主建设思想，保障人民民主权利的实现，民主建政逐渐由口号转成了行动。

在大区一级，沿袭了革命战争年代各战略区域和中共中央派出机关（中央局）在全国各大区域内实施有效管理的格局，全国共分东北、华北、西北、华东、中南和西南地区，其中华北和东北都是老解放区，军事行动早已结束，"土改"已经完成，并分别召开过临时人民代表大会或人民代表会议。

1948年5月，中共中央将晋冀鲁豫和晋察冀两区合并建立华北区，并决定在华北临时代表大会召开前，暂时成立华北联合行政委员会，作为华北临时统一的最高行政机关。8月7日，华北临时人民代表大会召开，选举由董必武等27人组成的华北人民政府委员会。9月6日，华北人民政府委员会召开第一次全体会议，选举董必武为政府主席，薄一波、蓝公武、杨秀峰为副主席，华北人民政府正式成立。华北人民政府在体制上采取"议行合一"，它既是华北大区的最高权力机关，又是该地区的最高行政机关。

根据华北人民政府的模式，东北人民政府随之产生。1949年8月26日，东北人民代表会议选举出由高岗等41人组成的东北人民政府委员会。27日，政府委员会召开第一次全体会议，选举高岗为主席，李富春、林枫、高崇民为副主席，东北人民政府宣告成立。东北人民政府在体制上同样采取"议行合一"，既是东北大区的最高权力机关，又是该地区的最高行政机关。

而在新解放区，由于直接召开人民代表会议的条件尚不具备，因而各

第五章

人民政权的建立

大城市成立了军事管制委员会这一具有过渡性质的政权,地方人民政府是由上而下委任人员组成的。随着军管区社会秩序逐步趋于稳定,以及人民生活日益正常化,召开各地各界人民代表会议,有步骤地代行人民代表大会的职权,通过民主选举建立政府的任务就提上了日程。

毛泽东极为关注地方各级人民政府的建立问题,狠抓各地各界人民代表会议这一中心环节,从1949年8月至12月间,共起草了关于召开各地人民代表会议文件达19件之多,提出了召开人民代表会议的一系列方针、政策,以指导人民民主政权的建设。

毛泽东尤其重视地方各界人民代表会议的召开工作,他指出召开人民代表会议是一件大事,如果全国一千几百个县都能开起全县代表会来,而且能开得好,那么就会对中国共产党联系数万万人民群众的工作,产生极其重要的作用。

1949年12月,毛泽东主持了中央人民政府委员会第四次会议,制定和通过了《省各界人民代表会议组织通则》、《市各界人民代表会议组织通则》、《县各界人民代表会议组织通则》。通则规定了省、市、县各界人民代表会议的具体职责。在毛泽东和中共中央的号召和领导下,全国掀起了一个召开人民代表会议的浪潮。

在召开人民代表会议的基础上,人民代表会议选举产生政府,而毛泽东极其重视全国各界民主人士的参与,使他们不仅行使了当家做主的权利,同时又能更好地参与国家的建设。他在给叶剑英、陈毅、彭德怀等大区和省的领导人的电报和信函中,一再强调要组成中共占比重较多,同时团结各民主人士在内的地方政权。他和周恩来还把一些地方政权的人员名单拿与各民主党派的领导人协商,以征询他们的意见。这样,不仅有一批民主人士担任了中央政权领导职务,而且一大批非中共人士也担任了地方政权的重要职务。

到1951年10月,全国28个省、8个相当于省的行署、154个市和2068个县中,有27个省、8个行署、146个市和2038个县召开了人民代表会议。其中有17个省、69个市、186个县的人民代表会议代行人民代表大会的职权,通过民主选举的办法产生了省、市、县人民政府的主席、副主席，市长、副市长和县长、副县长，以及人民政府的委员。在东北、华北等老解放区，人民直接选举的会议代表增到80%～90%，推派和特邀的代表降到10%～20%。到1952年年底，所有的省、市、县、区、乡都召开了人民代表会议，省、市、县人民代表会议代行人民代表大会职权的已分别增加到19个、85个和436个，绝大部分乡的人民政府委员会已由乡人民代表会议选举产生。

在毛泽东关于人民民主专政思想的引领下，以及在毛泽东做出的具体政策的指导下，经过新中国成立初期三年的努力，中国从中央到地方的各级政权全部建立，并逐渐得到完善和加强。国家的基本制度——人民代表会议制，在全国范围内从上到下地建立起来，成为人民行使自己当家做主的权利和实行民主建设的最好形式。各级人民代表会议的召开和全国各级地方政权的建立，巩固了新中国的政权，加强了中国的人民民主专政制度，扩大和巩固了人民民主统一战线，有力地保证了建国初期各项社会改革任务和恢复国民经济任务的胜利完成，为有计划的经济建设和社会主义改造创造了条件，也为进一步实现人民代表大会制度和加强国家政权建设积累了有益的经验。

共产党自诞生以后，以毛泽东为首的共产党人重新正视中国存在许多少数民族这一现实，并十分重视国内各少数民族的权益，在实践的过程中逐渐积累经验，最终形成了有中国特色的民族区域自治制度，而毛泽东则在中国民族区域自治制度形成和发展过程中起了关键性的决定作用。

1945年抗日战争胜利后，国民党政府继续对内蒙古人民实行大汉族主义的民族压迫政策，拒绝给予蒙古族人民平等自治权利，同时少数民族上层也趁机进行独立和分裂活动。

针对这一情况，毛泽东审时度势，在关键时刻针对内蒙古民族问题及时发出指示电指出："国民党利用所谓内蒙独立问题大造谣言，已引起国内外注意，我们必须对蒙古民族问题取慎重态度，根据和平建国纲领要求民族平等自治，但不应提出独立自决口号。"

由于毛泽东和党中央的英明领导，以乌兰夫、奎璧、吉雅泰、王铎、胡秉权等为首的蒙、汉族干部团结一致，认真贯彻党中央关于民族区域自

第五章

人民政权的建立

治的正确路线，同少数上层的分裂活动做斗争，终于取得了胜利。

1947年5月1日，内蒙古自治政府宣告成立，乌兰夫担任自治政府的第一任主席。5月19日，毛泽东、朱德给内蒙古人民代表大会发来贺电。

毛泽东和朱德的贺电，对内蒙古实现民族区域自治给予了很高的评价，并指出了具体的前进方向。内蒙古自治区的建立和发展，为党和国家确定以民族区域自治作为解决中国民族问题的基本政策做出了成功的实践，积累了重要的有益经验。

随着解放战争的全面进行，1949年在中华人民共和国即将成立前夕，中国共产党采取何种途径解决国内民族问题，并作为一种制度长期保持下来，一直是毛泽东思考的问题。他亲自找到当时主管统一战线工作的李维汉，征询他的意见。李维汉遵照毛泽东的指示，认真研究了国际、国内的经验，并考察了中国民主革命时期解决民族问题的实际情况，在听取了各方面，尤其是少数民族代表的意见之后，他认为中国只适合实行民族区域自治制度，建立集中统一的共和国，民族独立和联邦制都不适合中国的国情。

中华人民共和国成立后，除内蒙古已成立自治区外，在全国范围内掀起了一个全面推行区域自治的浪潮。

到1952年年底，仅西南地区就建立了各级民族民主联合政府163个，其行政地位相当于专区级、县级、区级和乡级。在西北、新疆、青海、甘肃、陕西各省民族聚居区普遍建立了民族民主联合政府，新疆、青海、甘肃、宁夏四省建立了民族民主联合政府。经过毛泽东、党中央和各族人民的共同努力和奋斗，少数民族地区先后建立了民族自治区，其中五大区为蒙、疆、壮、回、藏，中国的民族区域自治制度逐渐建立起来。少数民族的民主权利得到了保障，巩固了国家政权的统一，各民族走向共同繁荣。

毛泽东关于民族区域自治的伟大理论和实践，给少数民族提供了施展其才能和更加自由的天空，使各族人民团结一致，扬长避短，有力地推动了各地区的发展和繁荣。

三、在城市中站稳脚跟

新中国成立初期,人民政府没收了帝国主义在华资本、国民党四大家族官僚资本,接管了国民党政权留下的一穷二白的烂摊子。同时在城市中对民族资本主义工商业实行保护政策,促进其恢复发展,并实现了工人阶级当家做主人。但在经济方面依然存在很多遗留问题,从1949年4月到1950年3月,全国各地区先后发生四次大规模的物价上涨,党和人民政府与投机商人大战四个回合,粉碎了对方的进攻,结束了国民党统治时期延续十余年的恶性通货膨胀和物价暴涨的混乱状态,又统一了全国的财政收支和税收,为国民经济的恢复和发展打下了基础。

1. 接管一穷二白的城市

接管城市,变半殖民地半封建的城市为新民主主义的城市,是中国革命的直接目的,中共中央和毛泽东都十分重视。

毛泽东指出:在城市或乡镇破坏工商业,是一种农业社会主义思想,其性质是反动的、落后的、倒退的,必须坚决反对,并且他进一步提出对民族工商

◎ 开滦煤矿职工集会庆祝中央人民政府代管开滦煤矿

第五章
人民政权的建立

业要好好保护,"原封原样,原封不动"。

为做好城市接管工作,毛泽东分析了形势,决定以沈阳经验为范例,在全国制定了接管大城市的方针,这就是"各按系统,自上而下,原封不动,先接后分"的快速完整接收城市的方针,并指出,为了做到迅速恢复秩序,稳当而不出现大的波动,要解决五个关键问题。首先恢复电力供应,没有电的城市是死城,秩序无法控制,做好这项工作必须事先准备好相当数量的技工和干部;迅速解决金融物价问题,保持市场稳定,办法有收兑旧币,介绍解放区物价表;利用报纸宣传政策,稳定人心;妥善解决工资问题,采取发生活维持费,按原定底薪等级发工资等。

沈阳经验为完整接收城市、尽快恢复生产提供了比较系统而可行的成功经验,平津接管工作是在党中央和毛泽东的直接领导下进行的,整个接管工作细致周密,为经济的恢复发展打下了有利的基础。

比如说,对原有的经济组织和企业机构,如铁路、邮政、电信、银行、工厂、矿山等,就不用打乱的办法,而是原封原样接收下来,以后逐步进行改造,派去接收企业的负责人,也尽可能选择准备留下来负责经营该企业的人员,承担起接收与将来管理的双重责任,不能有"五日京兆"之心,以减少损失和浪费。

对旧人员实行留下来政策,"三个人的饭五个人匀着吃,房子挤着住"。毛泽东风趣地说:"我们把南京国民党政府的人碗打破了,如果不给人家饭吃,人家就要另起炉灶。"对于官员的管理机构的裁减,毛泽东认为还是暂缓实行,与其遣散而闹事,不如养起来管饭吃好。因为人总是要吃饭的,包下来,举办训练班进行教育,再投入生产的办法,实践证明是较稳定的。

毛泽东最后指出,对旧人员包下来是一种特殊社会政策,既不是原职原薪,也不是原封不动;既有利于社会安全,也利于迅速发展经济。毛泽东还特别指出我们要自力更生克服困难,接管一定要以严格的纪律来保持党的优良传统,党组织和军队,上下都要注意节衣缩食,谦虚谨慎,艰苦奋斗。

没收官僚资本归新民主主义国家所有,是我们党在新民主主义革命时期的三大经济纲领。毛泽东对此一方面指出官僚资本同外国帝国主义、本国地主阶级和旧式富农密切结合，成为买办的封建的国家垄断资本主义，他们压迫工人、农民、城市小资产阶级，损害中产阶级，因而我们必须加以没收。另一方面，毛泽东又指出，对于官僚资本要有明确的界限，不要将国民党人经营的工商业都叫官僚资本而加以没收。对于那些查明确实是由国民党中央政府、省政府、市县政府经营的，即完全官办的工商业，应该确定归民主政府接管营业的原则，但如民主政府一时来不及接管或一时尚无能力接管，则应该暂时委托原管理人负责管理，照常开业，直到民主政府派人接管时为止。对于小官僚和地主所办的工商业，则不在没收之列，一切民族资产阶级经营的企业，严禁侵犯。当时中财委在毛泽东的指导下提出了一系列关于官僚资本的理论和实践，区分了没收战犯、汉奸、反革命分子财产的标准和规定，因此，工作进行较顺利，没出什么偏差。

对待帝国主义在华资本，也是中共中央和毛泽东十分关注的问题。早在1949年3月，毛泽东就指出，在解放了的地区，"帝国主义的经济事业和文化事业，可以让它们暂时存在，由我们加以监督和管制，以待我们在全国胜利以后再去解决"。

可见，党中央的政策还是允许外商在遵守中国法令的前提下继续经营的。早在1949年2月7日，毛泽东就指出："国外人在华投资并主持的私营工厂、矿山或其他企业，一律不得没收或破坏，并允许其在服从民主政府法令和一定的劳动条件下继续营业。"

当时，毛泽东也并不是排斥非社会主义的外国资本的。如1950年3月中央就指出："为了利用外国资本以促进中国的工业化，某些事业的和外资合营及成立这种股份公司甚为必要，不独和苏联、和各新民主国家，甚至和某些资本主义国家还可能在适当条件下订立这种合营合同甚至租让合同，苏联在1921年以后新经济政策时亦曾提出，并曾出现一些租让企业。"1950年4月1日《人民日报》还发表社论，指出了吸收外资的重要性和必要性。

但是，1950年12月16日，美国政府却宣布对中国在美国辖区内的公营财产进行管制。中国政府做出了强烈反抗，决定对美国政府和美国企业在华财产进行管制，对美国在华的一切公私存款进行冻结。同时也开始处理其他国家经营的外资企业。1951年4月30日，中国政府征收了英国亚细

第五章

人民政权的建立

亚石油公司的财产,并征购其全部存油。总的来说,主要有"征用"、"代管"、"转让"等。"代管"的对象主要是外籍经理出走后无人负责的企业。大部分还是采用"转让"的方式,即外商将他们在中国的财产转让给中国公司,以抵偿他们在中国的负债。比如英国的汇丰银行、麦加利银行、怡和公司、太古公司等大的企业都转让给了中国公司。

同时,新中国也不承认外国在中国的土地所有权,新中国成立后,帝国主义占领的农田、矿区、跑马场一概收回,而外资开办的文化教育机构也转交新中国政府自办。到1952年年底,处理外资在华企业的工作基本完成了。

如何正确对待民族工业,这直接关系到党在民主革命时期纲领的实施。中国的民族资本主义工业占现代工业的第二位,是一支重要的力量,就固定资本来说,官僚资本占80%,民族资本占20%左右。如何对待中国的民族资本,毛泽东在新中国成立初期做了许多精辟的论断,不断指出我们对待民族资本的正确方针政策,表现了一代领袖的清醒与深刻。

新中国成立后,许多民族资本家不了解党对工商业的政策,怀有很深的疑虑。

对当时民族工商业界的这些疑虑与困惑,毛泽东提出了"四面八方"的思想,即公、私、劳、资、城、乡、内、外,哪一方面都要照顾到,就叫全面,如有哪一方面没有照顾到,就是犯了路线的错误。同时,毛泽东还与资本家广泛接触。

上海资本家自称"产业界",不愿听到资本家这个词。尽管毛泽东明确讲了"唯利是图",他们仍不放心。上海商人说:"你们一讲资本家剥削者,我们就浑身发抖。"毛泽东说:"你们产业界在中国是四个朋友之一,我们是联合你们的。"上海商人仍将信将疑,问道:"那么产业界的地位摆在哪里呢?""报纸只说工人如何好,一点坏处也没有;资本家如何坏,一点好处也没有。""我们在报纸上的地位太不清楚了,而且是危险的。"

毛泽东坚定地回答:"讲革命当然是无产阶级第一,他们无所顾虑,坚决斗争,农民也不错,但在城市里讲生产,还是你们第一。"毛泽东的一番话,给资本家吃了一颗定心丸。

毛泽东与资本家广泛接触，不断提出这个问题，阐明中共新政权对民族资本的政策。这个时期，在毛泽东眼里工人、农民、小资产阶级、自由资产阶级都是朋友，并且他还生动地指出："这个队伍的指挥官是工人阶级，工人阶级在这个队伍中当班长、当连长……当司令官，把这个队伍组织起来，领导起来，打仗就可以打胜利了。"毛泽东还特地派刘少奇去做资本家的工作，并且一再告诫全党，拳头不能落在有利于国计民生的民族资本家身上。

毛泽东还将电报中写到的"强调限制资本主义，而不强调一切有益于国计民生的私人资本主义生产在目前时期的进步性、建设性与必需性"一句，改写为"强调限制资本主义，而不强调一切有益于国计民生的私人资本主义生产在目前及今后一个长时期内的进步性、建设性与必需性"，从而强调了要在今后一个长时期内保持资本主义的发展。

荣毅仁在回顾毛泽东对工商业者的几次讲话中感叹道，毛泽东洞察幽微，准确地把握着民族工商业的忐忑心理，谈话风趣又不失深刻，平易近人。比如一次毛泽东叫大家把心安下来，不要十五个吊桶七上八下，要减少吊桶，增加抽水机，如果能全部改用抽水机就更好，这样才好睡觉。

毛泽东对待民族资本主义的政策和态度都极大地鼓舞了民族资本家，让他们深深地感觉到新中国新政权，中国共产党永远不同于过去的旧政权，共产党不是压迫挤榨他们，而是以国家经济、民族振兴、人民利益为重，要求他们在社会主义国营经济领导下发挥主动性、积极性，为中华民族做出自己的贡献。

新中国新政权是工人阶级当家做主的政权，工人阶级成了国家的主人就要推翻压榨他们的旧的国家机器，在经济上消灭压迫人的经济制度，并且要改变不合理的生产制度，同时，人民政府也应采取一系列措施来保障工人的权利。毛泽东十分关注工人的生产和生活状况，他多次致电失业问题严重的上海市市长陈毅，希望税收问题和失业问题能按照正确原则解决，取得各方同意，妥慎进行。在转变的紧张时期，力争使此种转变进行得好一些，不应当破坏的事物，力争不要破坏，或破坏得少一些。

在毛泽东的这些战略方针的指导下，工人阶级的生产、生活状况得到明显改善，就毛泽东十分关注的工人失业问题来说，当时严重的失业问题

第五章

人民政权的建立

主要是因为旧社会原来就存在大量的失业工人，同时社会经济改组过程中也出现了新的失业、半失业工人。

同时新经济改组和市场萧条也加重了失业问题，正如毛泽东指出的："革命胜利引起了社会经济改组。这种改组是必要的，但暂时给我们带来很重的负担！"

毛泽东对此十分重视，不断采取措施进行失业救济，帮助工人恢复工作，渡过难关。毛泽东指出："我们要合理地调整工商业，使工厂开工，解决失业问题，并且拿二十亿斤粮食解决失业工人的吃饭问题，使失业工人拥护我们。"

在一份上海市委关于上海失业工人救济工作情况给中央及华东局的请示报告中，毛泽东提出："请考虑发一通知，叫各地调查解放前失业工人究竟有多少，以便考虑包括这批失业工人的救济问题，我意只要有可能，他们是应当救济的。如果不太多，比如说只有几十万人，是可以考虑救济的。"

响应中共中央和毛泽东的号召，全国发起了声势浩大的紧急救济募捐运动。该活动由上海总工会发起，呼吁全国工人阶级本着阶级友爱原则，给予上海失业工人积极的援助。当时的中华全国总工会立即响应了这一呼吁，在毛泽东的关怀下，成立了中国人民救济代表会议筹备委员会，委员会号召各界人士自愿捐助一天所得，救助上海等地工人渡过难关。接着中华全国总工会又发出号召："在四月底五月初作一天义务工，把这天所得的工资捐作救济失业工人基金，在无法开工的企业、机关、团体、学校中的工人、教员、职员们，则各尽所有自动捐款，作为救济上海及各地失业工人之用。"这次救济失业工人的运动，缓解了失业工人的生活压力，同时给予了他们精神上的鼓舞，使他们感受到新中国人民当家做主的温暖和党中央对他们的关怀，使他们能以更坚定的毅力，设法渡过暂时的困难。

同时，除了社会救济以外，毛泽东还号召工人生产自救、转业训练、还乡生产等。他曾致电中央人民政府燃料工业部部长陈郁，请他转告石家庄电业局及天津电业局第三发电厂全体职工，希望他们团结一致，努力工作，为完成国家的任务和改善自己的生活而奋斗。

这样，在毛泽东为首的党中央和新政府的关心下，工人的生活好转，部分工人原有的一些不满情绪也淡化了,以前对工会不信任,对政府不满,现在都相信政府,真心拥护政府。

在旧中国工人的人身安全得不到保障,为了养家糊口,因而不得不在安全设施十分落后的矿山、工厂工作,不小心就飞来横祸。新中国成立后,一些旧设施没有得到及时的改善,引发了一些工伤事故。对此,党中央和毛泽东给予了高度重视。如1950年6月21日,国家监委就发出处理河南新豫煤矿公司宜洛煤矿2月27日发生井下沼气爆炸造成伤及200人事件的通报,对有关人员分别给予法律或纪律处分,给河南省政府主席吴芝圃、副主席朱佩琼以警告处分,同时,政务院也通过了《中华人民共和国劳动保险条例》,并规定了缴纳劳动保险金等具体细则。

在1949年至1952年这几年里,随着生产改革的不断推进,工人阶级当家做主的地位得到不断体现,压迫制度被废除了,工人的积极性也大为提高,带动整个社会的生产面貌、精神面貌为之一新。这些都是在毛泽东等中央领导人的高度重视下,对存在的问题直接过问、亲自处理才取得的成绩,它巩固了新生共和国的社会基础,积极作用是肯定的。

2. 没有硝烟的物价保卫战

新中国成立前夕的第一次物价波动,发生于1949年4月,即平津解放后不久。波及的地区主要是华北和西北解放区。当时由于人民解放军已连续进行了平津和淮海两大战役,并且正在准备大军渡江,向全国进军,因此解放区政权的财政支出大大增加。平津解放后,人民政府对留下来的大批国民党军政人员全部

◎ 上海市民在中国银行门前排队等候将外币兑换成人民币

第五章

人民政权的建立

包下来，也增加了支出，因此从1949年1月底到1949年4月底的3个月内，人民币的发行额增加了近4倍。与此同时，1948年河北省受灾，粮食、纱布的供应趋于紧张，在这种情况下，不法商人趁机抢购囤积，哄抬物价，逐步导致以粮食、纱布带头的物价大幅度上涨。以天津市为例，综合物价指数5月中旬比3月上涨1.2倍。

为了刹住物价上涨风潮，人民政府采取了两项措施。首先是掌握物资，组织抛售。人民政府用大力量疏通粮食运输，使东北粮食大批入关，济南等地小麦陆续运津。人民政府曾委托一些私营粮商代销粮食，但是私商往往不按规定牌价出售，反而趁机圈积居奇或偷运外地。于是人民政府在国营贸易公司下分别建立粮食、花纱布、百货山货等专业公司，在平津建立了20个粮食、纱布营业处和零售店，使国营食业在市场上直接售货，发挥了国营经济平抑物价的作用。另一方面，想办法吸收游货，紧缩通货。4月20日人民银行开办"折实储蓄"，这种储蓄就是客户存款时银行按当时的物价将货币折合成几种主要商品的数量，到取款时，不管物价涨多少，都按存时折合的商品数量取款计息，保证存款者不因物价波动而遭受损失，这种储蓄方式促进了存款的增长，到6月份，天津人民银行的存款即达到1.3亿元。

上述两项措施实施后，从5月中旬起，平津和华北各地物价上涨风陆续平息，建国前夕的第一次物价波动较快地平息下来。

新中国成立前夕的第二次物价大波动发生在1949年7月份。1949年5月下旬上海解放以后，解放战争势如破竹，军事进展一日千里，这也要求解放区政府提供更多的财力、物力，而此时新解放的大片地区，地方财政尚未走上正轨，支多收少，都需要中央拨款支援，导致人民币的发行额比过去增加得更快，而且比较集中于大城市。以上海银行存款来看，6月底近75亿元，到7月底就增至164亿元。在这种情况下，物价很难稳定。7月份华东、华北先后暴雨成灾，消息传来，上海粮价暴涨。7月16日一天，米价就由每石5万元升至6.7万元，7月下旬粮食价格比6月底上涨1.5倍至2倍，天津、武汉以至中原地区的粮价也一起上涨。粮价暴涨，也带动纱布价格上升。7月底上海龙头细布比6月底上涨近1倍，天津五福布上涨

1倍有余。

在这次物价波动中,投机势力哄抬物价比4月份第一次物价波动时更为严重。上海是旧中国金融商业中心,也是投机活动中心。人民政府在6月上旬取缔金融投机后,投机活动的对象就从金银外币转向粮食、纱布这类生活必需品。投机商人不惜借取黑市高息贷款从事商业投机活动。7月16日上海日折暗息升至3.5%,80%的放款被用于粮食和纱布投机,不法商人的囤积哄抬是物价暴涨的又一个重要原因。

由于这次物价波动的中心是上海,带头上涨的商品是粮食和纱布,因此上海作为全国纱布生产的最大基地和粮食消费量最大的城市,能否使纺织业迅速恢复生产,粮食的迅速调入,就成为平息这次物价上涨风的关键。在这种情况下,中共中央花很大力气从华东各省以及中原、华北、东北调运粮、棉、煤、盐等物资支援上海,使上海纺织业摆脱了因缺乏进口棉花而大批停产的局面,在7月份全部开工。由于人民政府手中掌握了较充足的物资,就有了向市场抛售的能力,也有了控制物价的力量。7月份国营贸易公司在上海抛售的棉纱、棉布、大米、面粉分别达到市场成交总量的37.3%、76.8%、36.3%和34.1%。大量抛售打击了抢购囤积等投机活动,控制了物价上涨幅度。与此同时,人民政府还采取了必要的行政手段来打击投机活动。如加强对商品交易所的管理,查办一批不法奸商,轻者予以教育释放,按政府牌价购其囤积物资;重者逮捕法办,予以刑事处分。

第二次物价大波动历时1月有余,在7月底8月初平息下来,综合物价指数上升幅度,天津为2倍,上海为1.5倍。在平息物价上涨风的斗争中,人民政府尽可能地照顾到广大劳动人民的利益。上海对工人、公教人员和学生等实行了平价配售粮食的办法,每人每月平价供粮30斤,7月份供应了近70万人。北平、天津等市也对职工、学生采取了平价配售的办法,体现了人民政府保护劳动人民利益的性质。

上述两次稳定物价斗争的胜利是中国共产党和人民政府在经济战线上的重大胜利,它不仅保障了解放区政权的巩固和社会安定,还为新中国成立后稳定物价的斗争积累了经验。

从1949年8月份到10月份,新解放区工商业开始恢复,农业生产进

第五章

人民政权的建立

入秋收季节，因此物价呈现暂时相对的稳定。与此同时，人民解放军正向华南、西南迅速挺进，军费开支仍在增加，全国军政公教人员超过了700万人。另外，秋收后粮棉收购也要增加货币投放，因此货币发行额仍然以较快的速度增加。到10月底，人民币累计发行增至1.1万亿元，比7月底（2800万元）增加了近3倍，11月底又增至1.89万亿元，比7月底增加6倍多。而此时物资供应明显不足，西北、西南、华南、新解放地区需要大批物资（主要是粮食、纱布）支援，而华北主要产粮区又受灾。10月中旬，华南商人北上套购纱布，导致纱布价格上升。10月27日，京绥铁路因察北发生鼠疫暂时封闭，运粮通道堵塞，粮食价格也开始上涨。在这种情况下，投机商人趁机蠢动，在北方主要是囤积粮食，在南方主要是囤积纱布，以期取得暴利。于是在新中国成立1个月后，即11月份又发生了第三次物价大波动。

在平息这次物价波动的斗争中，由于党和政府有了前两次斗争经验，对货币和价格运动的规律更加熟悉，从而表现出高度的领导艺术和巧妙的斗争策略。当时国家公粮收入中，除供给编制人员的口粮外，还可以拿出一部分来供应市场，加上国营公司和供销社收购的粮食，可用做商品调用的粮食已不低于50亿斤。国营中纺公司所掌握的棉纱将近全国产量的一半，棉布则超过一半，因此，政府手中的实力足以削弱物价上涨风。问题是怎样和何时向市场抛售才能取得最佳效果。11月中旬，中财委具体分析了市场上商品和流通中货币的情况，预计物价综合指数要比7月底上升2.2倍，才能使两者大体平衡，在此以前，物价难以稳定，如果以低价抛售，不仅不足以平抑上涨风，反而可能让投机商人占便宜。因此，必须周密部署，选择适当时机，全国一致行动，才能打垮投机势力，刹住上涨风。

11月13日，中财委做出果断决策，指示各地国营公司在抛售物资上大踏步后退，保存实力，除必须应付的门市以外，暂时不将主要物资大量抛售。目前应当在中财委统一部署下，努力调集主要物资于主要地点，争取于11月底12月初在全国各主要城市一起抛售，平息上涨风，同时给投机势力以沉重打击。

按照中财委指示，各地紧张地进行了准备工作。一方面加强物资的调运。

东北自11月15日至30日，每天运粮1000万斤乃至1200万斤入关支援京津；财政部调拨贸易部2.17亿斤公粮以增加棉产区的销售量；陇海路沿线积存的纱布迅速运到西安；华北、华中以大量煤炭和粮、棉支援上海。另一方面尽量设法紧缩通货。中央规定国营企业现金不得存入私营行庄，必须存入人民银行；人民银行除特殊批准者外，一律暂停贷款，并按期如约收回以往贷款；工矿投资和收购资金，除特殊批准者外，一律暂停支付；地方经费一部分推迟半个月或20天发放；继续推广折实储蓄。经过上述准备，国家在市场上全面进攻的条件已经具备。鉴于市场形势，决定提前采取行动。

11月25日，各大城市统一行动，趁当时市场物价高涨大量抛售。投机商人认定物价还将上涨，不惜高利拆借巨款继续吃进，使市场日折暗息由16日的5.1%上升到8%～10%。但是国营公司实力雄厚，敞开抛售并逐步降价，这时投机商人开始叫苦连天，急于抛货还债，结果越抛越赔，几天之内许多奸商赔了老本还得偿付高息，仅上海粮食批发商就倒闭数十家。据估计，在这次稳定物价斗争中，棉布行业的投机商人亏损253亿元。投机资本遭到了一次毁灭性打击，使得这次波及地区最广、持续时间最长、涨幅最大的物价波动风潮，在几天之内就迅速平息下去。事后，一位资产阶级代表人物说："6月银圆风潮，中共是用政治力量压下去的，此次则仅用经济力量就能稳住，是上海工商界所料不到的。"

这次稳定物价的斗争与前两次相比有很大不同。国家不仅能够主动地对付物价波动，而且能够有计划有步骤地达到预定的要求。无论是物价总数，还是各主要商品的具体价格水平，经过斗争都能平息在原来预定的水平上。

经过第三次稳定物价的斗争，国家取得了对市场的控制权，但是由于财政收支还不能平衡，物价波动仍然在所难免。1949年年底，解放战争仍在华南、西南、西北向边疆推进，军费开支一时还降不下来，同时政府负担的公职人员到1950年1月已增至900万人，而财政收入一时难以较大幅度增加，因此估计从1949年12月至1950年2月，财政赤字可能达到2.5万亿元。根据这种情况，中财委指出，市场物价要继续有计划地允许上涨，但应使之逐步上升，防止短期内突然暴涨。

在平抑这次物价波动的斗争中，人民政府在抛售物资的同时，还采取了紧缩通货的措施。早在1949年12月,中央人民政府就决定发行人民胜利折实公债,从1950年1月1日开始发行。在1～2月份,多数职工积极认购并迅速交款。而作为认购大户的工商界一般是表面拥护,内心不舒服,虽然认购,但多数拖延交款。2月下旬政府要求认购者按数交款,到3月份基本交齐,再加上加征工商税滞纳金,使银根大大紧缩。另外,从1950年3月起,人民政府开始实施"统一财政经济工作的决定",大大减少了财政赤字,所以从3月份起,物价上涨风不仅停息,4月份还开始下降。自此,不仅新中国成立前后的第四次物价大波动终于平息下来,而且也最终结束了中国长达十几年之久的剧烈通货膨胀。毛泽东主席对这场斗争给予了很高的评价,认为它的意义不亚于淮海战役。

3. 统一国家财政税收

新中国成立初期,党内外在税收问题上一度以为不与民争利,要行仁政,因而税收越少越好,许多地方都不敢收税了。中财委以税收定全局考虑,认为不能靠通货膨胀来发展经济,必须依靠税收,虽然

◎ 新中国成立初期以财政部名义发行的粮票

这样负担重了一点,但也就不会出现大的经济波动了。1950年2月,中财委在呈党中央、毛泽东的报告里阐述了这一方针,报告中指出:"现在问题的中心是,多收税少发钞票,还是少收税多发钞票?路子只有这两条,少收必得多发,想少发必得多收,不是多收便要多发,此外别无出路。有人要求少收,而又要物价稳,这办不到,收税和发钞票这两者比较,在可能的限度内,多收一点税,比多发钞票危害较小。这样做,工商业负担虽稍重,但物价平稳,对正当的工商业有好处。反之,物价波动大,任何人也不愿拿出钱去经营工商业,资金都囤积在物资上,或放在家中不用,劳动者也

跟着没活干了。"

毛泽东很早就关注到了税收问题,早在1949年11月,他就曾对收集和研究上海税收办法做出指示,要求政务院财经委员会副主席薄一波收集上海的税收办法加以研究,因为上海的税收办法得到英国侨民的肯定。英国侨民致政府的备忘录里说:"英侨情况,现亦略好转,对身受政府一视同仁的待遇,无不感激。惟对某些税收制度及劳资问题,尚有意见。例如,税收方法、税率及制度,全国应一致。在天津之合并征收所得税及营业税,似非合理,更依照'缴税能力'强定工商业税,亦不科学,对工商业均有严重不良影响,惟上海之营业税法及印花税法,系参酌本市实际情况而定,人民无不称善。"当时,毛泽东要求薄一波将此情况告知天津市长黄敬。

1950年4月5日,毛泽东又致电陈毅,同意陈毅等关于公债、税收等问题的报告,这个报告谈到了解决公债税收问题的方针和办法,简单说来,有以下几点:第一,做好解释工作,对工作方式和税目方面的毛病进行检讨并加以改进;第二,说明续税任务新老解放区和城乡均在分担,共同克服困难;第三,召集财经各部人员开会,在不妨碍中央财政部部署的条件下,考虑一些必要松动和辅助的步骤,使上海工商业的维持获得实际办法,并对失业、失学问题商讨具体救助方法。

后来,毛泽东又多次表示要妥慎处理税收问题,力争减少阻力,掌握主动权,并且肯定上海采取的有关方针是正确可行的。

新中国成立初期,克服经济困难除了平息涨价风潮,稳定工商业以外,毛泽东、中共中央还考虑采取有力的措施以克服新中国面临的严重财政经济困难。其首要的一项手段就是统一全国的财政经济管理。当时已解放的老解放区虽已连成一片,但除了政策上的统一以外,财经管理工作完全处于分散状态,各有货币、各管收支,解放区之间只能做到少数军用品和少数物资可以调拨,远远未能达到全国财经工作的统一,这不能适应全国统一政治局面的需要。

统一财经是1950年3月中央人民政府采取的一项重要的财政经济方针。《关于统一国家财政经济工作的决定》指出:"过去国家支出的大部分由中央人民政府负责和依靠增发通货,现在则公粮和税收大多尚由各区、省、市、县人民政府管理,此种财经上的不统一和收支机关之间的脱节现象,如果任其继续下去,则势必额外增加通货的发行。"

这次统一财经工作的范围很广,基本内容有三项:第一,统一全国财政收支;第二,统一全国物资调度;第三,统一全国现金管理,其中主要是统一全国财政收支,重点又是统一收支,保证中央财政的需要。

财政收入即公粮、税收及库存物资的全部,公营企业的利润和折旧的一部分统归国库,没有中央人民政府财政部的支出命令,任何部门不得动支,所有库存物资,由中财委统一调度,合理使用,以减少财政支出,指定人民银行代理国库,一切军政机关和公营企业的现金一律存入银行,不得存入私人行庄。

支出方面,军队的供给统一于解放军的后勤部,政府机关、学校、团体则按照规定的编制和供给标准供给;统一重要物资调拨。当时,上海无大米、无棉花,同时因为生产没有恢复,运往外地的工业品不多,又无运力把米和棉花运进来,因而,毛泽东和党中央做出决策,为了稳定上海,占领全国最大的经济中心,实行全国重要物资的统一调拨,以做到互通有无。

在统一财经的过程中一个十分突出的、影响深远的问题就是中央和地方的关系问题。一方面,统一财经是必要的,特别是因为当时收支严重脱节,公粮和税收大半在地方手里,近水楼台先得月,自己可以先用,中央拿不到,但 900 万人里 500 万军队要"吃皇粮",是由中央支出的。发在下面,支在上面,中央存在严重的亏空。同时要进行建设,在经济底子薄的新中国是需要集中一些经济力量、财政力量,才能办成一些大事的,这就同以前毛泽东军事上讲的集中优势兵力、各个击破,有异曲同工之妙。

可是另一方面,财经统一以后,地方积极性和企业的积极性可能被消磨,难以调动地方、部门、单位的责任心、主动性和创造性。全国财政实行统一管理之后,地方上仍有一定的财力和财政,在财政收入上,公粮附加和地方税收,仍归地方支配,国家工厂的一部分划归地方管辖。此外,东北地区的经济建设可先行一步,以便更好地支援全国,但是这毕竟是有限的,地方要么认为权力受限,要么增长了对中央的依赖思想。

财经的统一给地方带来了困难与不利,限制了地方积极性。统一财经后,在某些工作上中央管得过多了,如国际贸易工作,并没有区别全国性比重较大的业务与地方性比重较大的业务,统一由全国的各个专业公司实行垂直的领导,这样就使得某些地方性比重较大的业务,特别是在土特产的产销上,限制了地方"因地制宜"的作用;属于中央集中管理但又分散在各地的企业,如中央直接管理的工矿业、铁路、银行、国营贸易公司等,与地方关系不清,在对这些企业单位的领导管理工作中,没有明确决定哪些职权是属于中央的,哪些职权是属于地方的,使得地方当局难于处理本地区与中央直属企业的关系。

黄克诚当时就给毛泽东和中财委写信,批评了中南地区出现的随意上收企业,限制地方经济发展的做法,提出了应发挥地方办工业的积极性。

对此,毛泽东十分重视,当即下令中财委解决,同时他更从战略上提出了发挥中央和地方两个积极性的问题,要求把独立性和统一性结合起来,中共中央和人民政府依照这个战略思想在实践中不断探索中央和地方的关系调整。当时,政务院就通过了中财委提出的《关于1951年度财政收支系统划分的决定》、《国营工业生产建设的决定》和《划分中央和地方在财政经济工作上管理职权的决定》等几个文件,提出在继续保持国家财政经济工作统一领导、统一计划和统一管理的原则下,把一部分适宜于地方政府管理的职权交给地方政府。

毛泽东还多次指出,中央和地方要相互配合、协调一致,地方以大局为重,中央也对地方的情况予以照顾。解决各地区的问题要从全局出发,各个地区的解放,有先有后,情况也各不相同。解决各地区的财经问题,必须从各地区的实际情况出发,区别对待。

同时,地方与地方之间则互通有无,大宗物资的调拨经中财委,小宗物资的交换,各地区相互协商处理。

1950年4月13日,毛泽东在中央人民政府委员会第七次会议上指出:"过去的六个月我们在财政收支、稳定物价方面的工作有了很大的成绩,我们的财政方针是正确的,我们国家的财政情况开始好转,这是很好的现象。"他还指出全国财经工作统一的胜利,其意义不亚于淮海战役。并且赞美陈云,可称之为能。在这里,他是借用诸葛亮在《前出师表》里叙述刘备夸奖向宠的用语（"将军向庞,性行淑均。晓畅军事,试用于昔日,先帝称之曰能"）来赞扬陈云的理财之道。

6月6日在七届三中全会的《为争取国家财政经济状况的基本好转而斗争》的书面报告中,毛泽东再次明确肯定了人民政府在几个月内实现全国范围的财政经济工作的统一管理和统一领导,争取了财政收支平衡,制止了通货膨胀,稳定了物价,并进一步指出要巩固财政经济工作的统一管理和统一领导、巩固财政收支的平衡和物价的稳定。在此方针下,调整税收,酌量减轻民负。

从1950年3月开始,以毛泽东为首的中共中央下决心统一了货币、统一了财政、统一了物资调拨。这样,中财委即可对各项问题做出统一的规定,统一计划和管理,比如税种、税目、税率;国营工业的生产计划、原料来源、产品推销、外销物资、外汇使用;内地物资的调拨;物价管理,铁路、轮船的合理使用;邮电的管理等,到1950年第一季度都陆续做出了统一规定。之后,国家财政收入急剧增加,支出相对减少,而且国家收支都集中到中央金库。整顿财政不到半年,在1950年4月,财政收支出现了接近平衡的局面,这也正是在以毛泽东为核心的党中央和人民政府的领导下,全国各级干部和广大群众协力同心取得的巨大成果。

第六章
巩固新生的人民政权

一、在城市中站稳脚跟

随着私营工商业的复苏,特别是抗美援朝战争的军需订货猛增,资本家唯利是图的本性膨胀,极力摆脱国家控制,甚至违法牟利。中央在清理机关工作人员贪污、浪费和官僚主义开展"三反"运动的同时,决定对资本家种种违法活动进行一次主动的出击,发动了反行贿、反偷税漏税、反盗骗国家资财、反偷工减料和反盗窃经济情报的"五反"运动。打退不法资本家的进攻,既保证党和国家在经济领域的领导地位,又有利于教育党员干部和我们在城市中站稳脚跟。

1. 资本家就是资本家

◎ "五反"运动中的居民代表团

第六章
巩固新生的人民政权

1950年5月开始进行工商业的合理调整,以理顺公私、劳资、供销等方面的关系。政府采取贷款、加工订货、收购私营产品等措施,扶持私营工商业。这不仅带来了1951年国家经济的繁荣,也大大促进了私营工商业的迅速发展,使民族工商业者获得了不小的利润。资本家欢呼这是他们的黄金时代。但是民族资产阶级中的很多不法分子,别具肝肠,另做打算。在他们获得了政治上的地位和经济上的高额利润之后,他们不但不感激工人阶级和共产党,竟忘恩负义地向工人阶级和共产党猖狂地进攻。不法资本家的"越轨"行为表现在以下几个方面:

他们利用建黑账、设假账、不记账等瞒天过海之术,大肆偷税漏税,坑骗国家。据上海市税务局统计,从1949年5月至1951年年底,仅查出处理的逃税案就有15万件,金额达600亿元以上。1950年收缴过第一期税后又抽查351户私营工商户,发现逃税者竟占99%。

他们采取投机钻营、虚报冒领、以旧充新等手段,大量侵吞盗骗国家财产。如天津私营震中橡胶厂经理乔铭勋,在承制军用雨衣时,利用抬高成本、虚报冒领、扣留订货款存银行生息等方法,盗骗国家财产80多亿元。

他们在承建国家工程和接受委托加工订货中,掺假使坏、偷工减料、粗制滥造,攫取不义之财。如上海私营梅林罐头厂的老板,工厂全部价值只有几十亿元,但在上海解放后的三年中,仅偷工减料一项就非法获利250亿元。

他们还采取了"打进来"和"拉出去"的手段。"打进来",就是他们指使或派遣亲信、亲戚、朋友等伪装进步,假造历史混入政府机关和经济部门,充当"内线";所谓"拉出去",就是以行贿、美人计、物质引诱等手法腐蚀、拉拢、收买机关或经济部门工作人员,充当"坐探"。然后里应外合,刺探、收集、盗窃和出卖国家经济情报,或从事非法经营活动,扰乱市场、牟取暴利。如1950年8月间,中国百货公司物价科科员郭中慧,把该公司有关白糖的情报出卖给北京、天津的奸商,造成京、津两市糖价严重波动;后又把该公司碱价及库存情况的情报出卖给北京的碱商,又造成1951年北京碱价的大波动。这不仅给国家造成巨大损失,也给人民群众生活带来困难。

在一些大城市中，不法资本家暗中串联、互相勾结，发起所谓"聚餐会"、"座谈会"、"联合生产处"、"联营社"等秘密团体。他们以此为阵地，或散布谣言、制造混乱；或哄抬物价、扰乱市场。如重庆所谓"星期四聚餐会"就是典型例子。这一组织最初是由重庆私营钢铁机器业中的6家大工厂的老板发起，后又吸收6家中型工厂组成的。为了招揽订货，他们行贿买通重庆国营钢铁厂及西南工业部有关人员做"内线"，并把有监督与指导加工订货权的重庆市工商局副局长拉入"聚餐会"。

由此，他们获得了独占加工订货的特权，而所有加工订货不是用招标的方式发包，而是由"聚餐会"成员厂"统一分配"，进而协商统一抬高工价、统一抬高原料消耗费用、统一偷工减料、统一拖延交货日期。仅一次"合作"，就盗骗国家财产200亿元。"聚餐会"由此而起，胃口越来越大，触角越伸越长。成渝铁路开工后，他们又笼络9个工厂组织了"星期五聚餐会"，成立了垄断铁路器材加工订货的垄断组织。他们大肆偷工减料，以旧充新，又发了一大笔财。

1950年10月中国出兵朝鲜后，全国各界人民群众有物捐物、有钱捐钱、有力出力，全力支持抗美援朝。但少数不法资本家，趁承制军用物资之机，大发不义之财。如1951年2月华东工业部益民公司承制支援志愿军的牛肉罐头，急需大量新鲜牛肉。上海奸商张新根、徐苗新等看有机可乘，以行贿买通益民公司经办人员，承担了代购牛肉的任务。他以每斤3200元至4100元的价格购买，再以平均6600元的价格卖给益民公司，从2月至7月就获利30亿余元，更为恶劣的是，他们经常以廉价的水牛肉、马肉冒充牛肉，还到小摊贩那里收购次牛肉、死牛肉，甚至已变绿、发臭的牛肉也收购，有时发现臭牛肉被退回，他们就把牛肉上的发霉的绿斑刮掉，用硫酸水浸泡后，再涂上一层牛血，经冷冻再送去。据他们自己供认，仅1951年6～7两个月，在卖给益民公司的30万斤牛肉中，就有三分之二是次牛肉、臭牛肉和假牛肉。

1951年1月，中南区人民为支援志愿军，向汉口私营福华电机药棉厂订制了66亿元的救急包和三角巾。该厂经理李寅延竟用坏棉花盗换了1万斤好棉花，这些棉花中有1000斤是李寅延派人从捡破烂的人那里收购来的。

第六章
巩固新生的人民政权

在承制的 12 万个救急包中，不仅分量不足，而且都未经漂白、脱脂和消毒，含有大量化脓菌、破伤风菌和坏疽菌，这些带有大量病菌的救急包，他又以高价卖给志愿军，从中牟利 18 亿元。这些不法资本家承制的食品、医用品，造成许多志愿军战士致病、致残，甚至断送了性命。

针对上述触目惊心的严峻现实，周恩来说："如果不把'五毒'去掉，腐朽黑暗的一面不但会在资产阶级本身发展，还会侵入国家工作人员中，侵入共产党内部，侵蚀整个社会，毒害人民民主统一战线，毒害人民民主政权。"因此，对资产阶级的猖狂进攻必须予以坚决反击。

1952 年年初，中共中央决定在全国大中城市私营工商业者中开展一场大张旗鼓的"五反"斗争。毛泽东在谈及中央为什么做出这一决策时说：

"进城时，大家对资产阶级都很警惕，为什么现在有这样的变化？这可以从进城三年的历史来看。1950 年上半年，党内曾有一个自发、半自发的反对资产阶级的斗争。这个斗争是不妥当的，也是错误的。因为当时有台湾敌人的轰炸、封锁、土改、镇反工作急待去做，应该团结资产阶级去向封建势力进攻，而不是全面出击，全面出击是很不策略的。所以，七届三中全会纠正了这一错误，提出调整工商业。到 1951 年抗美援朝运动形成，更需要国内的团结一致，一直到今天。在这一年多时间内，大家对资产阶级不够警惕了。资产阶级过去挨过一板子，但并不痛，在调整工商业中又嚣张起来了。特别是在抗美援朝加工订货中赚了一大笔钱，政治上也有了一定地位，因而盛气凌人，向我们猖狂进攻起来。现在正到时候了，要抓住资产阶级的'小辫子'，把它的气焰整下去。如果不把它整得灰溜溜、臭烘烘的，社会上的人都要倒向资产阶级方面去。"

1952 年 1 月 5 日，周恩来在一届全国政协第 34 次常委会上明确指出："民族资产阶级必须遵守《共同纲领》，接受政府的领导，服从国家的法令，不能允许行贿、欺诈、偷税漏税、盗窃、引诱等犯法行为继续发生，听其侵蚀人民政权，损害国家财产，腐蚀国家工作人员。凡有犯者必须惩办，坦白自首者从宽处理。"同月 13 日，毛泽东在转发饶漱石《关于各地三反斗争情况的报告》的批语中，再次强调，各大中小城市"对于一切犯法的资本家，无例外地均应抓住其小辫子，分辨轻重大小，予以不同的惩治或批判。一部分罪大恶极者,没收其财产,这是人民政府在全国胜利后第一次大规模惩治资产阶级的犯法行为。这是完全必要的。请你们依据当地具体情况,精密地组织一场斗争"。

同月21日,中央在转发薄一波《关于中央各机关三反运动情况及今后意见报告》的批语中又指出:"在对资产阶级斗争中,应集中打击少数大的不法工商业家,对于罪恶不大的工商业家,应争取他们自动坦白,悔过自新,争取他们拥护政府的政策,至少使他们保持中立态度。对于正当经营的工商业家,必须予以保护,并团结他们向不法商人作斗争。"

2. 抓住不法资本家的小辫子

◎ "五反"运动中群众进行检举

全国各大中城市,遵照中央及毛泽东的指示,都相继在私营工商界中发动了反各种违法行为的斗争。北京市为了推动在工商界已开展的反行贿、反偷税、反盗窃的斗争,于1952年1月8日召开了工商各行业公会负责人会议,号召一切有违法行为者主动坦白,争取政府宽大处理,在会上就有349人当场交代了700余件行贿等不法行为。市节约检查委员会组织机关干

第六章
巩固新生的人民政权

部、民主党派、大学教授、文化工作者、大学生等3000余人，组成检查小组，继续深入工商户进行检查，并限不法资本家1月31日前彻底坦白交代一切违法行为，截至1月18日，仅工商户坦白和检举的违法行为即达5万余件。拒不交代的70多名奸商被逮捕法办。

天津市1月12日由税务局和工商联联合开会，动员工商界开展"反欺诈、反行贿、反偷税"运动，号召违法者坦白和检举。工商联副主任委员毕鸣歧带头检讨了自己偷税、囤积居奇、投机倒把的事实，接着有121人发言坦白或检举。17日，天津各界3万多人举行检举贪污、行贿分子大会，全市收听实况的达100多万人，会议期间就收到检举贪污分子和不法资本家违法行为的材料3万多件。

1952年1月26日，中共中央向各地正式发出《关于首先在大中城市开展五反斗争的指示》，指出："在全国一切城市，首先在大城市和中等城市中，依靠工人阶级，团结守法的资产阶级及其他市民，向着违法的资产阶级开展一个大规模的坚决的彻底的反对行贿、反对偷税漏税、反对盗骗国家财产、反对偷工减料和反对盗窃经济情报的斗争，以配合党政军民内部的反对贪污、反对浪费、反对官僚主义的斗争，现在是极为必要和极为适时的。在这个斗争中，各城市的党组织对于阶级和群众的力量必须作精密的部署，必须注意利用矛盾、实行分化瓦解、团结多数、孤立少数的策略，在斗争中迅速形成'五反'统一战线。这种统一战线，在一个大城市中，在猛烈展开'五反'之后，大约在三个星期就可以形成。只要形成这个统一战线，那些罪大恶极的反动资本家就会陷于孤立，国家就很有理由地顺利地给他们以各种必要的惩处，例如逮捕、徒刑、枪决、罚款等等。"至此，"五反"运动在全国大中城市工商界中迅速展开。

"五反"运动的兴起，犹如一石击水，激起层层波澜。在资本家方面，观望者、抗拒者、破坏者兼而有之。有的说："资产阶级一无军队，二无枪炮，如何进攻？"根本否认"五毒进攻"。有的说："今天'五反'，明天来个'七反'、'八反'，今天消灭资产阶级，明天就该消灭小资产阶级了。"借以煽动不满情绪。有的还说："共同纲领不明明写着四个阶级（工人阶级、农民阶级、民族资产阶级与小资产阶级）搞统一战线吗？共产党又变卦了呢？"恶语中伤党的政策。在一些共产党员、机关干部及工人中，也产生了一些模糊认识和过激言论。

有的地方混乱地提出了"反暴利、反剥削、反压迫、反资本家腐化生活"等口号；有的认为资本家发起"五毒"进攻，已不存在两面性了，必须彻底打倒；还有的想趁"五反"消灭私人资本等。对这些片面和过激的言论与行为，中央给予了正确的引导，反复强调：犯有"五毒"的轻重是惩处资本家的根本依据，不应乱提斗争口号，随意扩大斗争范围。

1952年2月29日，西南局在给中央的电报中，针对四川一些地方乱提反暴利口号问题，提出了几点意见：觉得反暴利提法不甚妥当，一是不好算，无底；二是掌握不紧就很容易形成以算剥削账的办法去算暴利，形成混乱；三是政治上也不够策略，许多奸商愿意承认暴利而不愿意承认盗窃。毛泽东对西南局的意见很重视。于3月1日批转各地，并进一步指出："西南局的电报是正确的，以供各地参考。"

当天津、济南、南京、上海等处提出反暴利的口号时，大资本家即迅速接受，因为这个口号可以被他们利用去威胁中小资本家，说他们的利润也有暴利。就目前时期来说，真正违反国家和人民利益的暴利，已包含在"五反"的各项对象中，故只应提"五反"，不应再提反暴利。隐匿侵吞敌产、逃走外汇两项，国家已有法令，又可包括在盗窃国家财产一项内。倒卖金银、偷卖鸦片、白面两事，国家亦有法令，可依法办理，不必于"五反"外另立项目，变为"六反"、"七反"。

在"五反"运动中，如何对待民族资产阶级，这是一个十分敏感又十分重大的政策问题。中央明确指出反击不法资本家的"五毒"进攻，决不意味着就是要立即消灭资产阶级。毛泽东说："搞'五反'，这不是对资产阶级的政策的改革，目前还是搞新民主主义，不是社会主义，是削弱资产阶级，不是要消灭资产阶级；是打它几个月，打痛了再拉，不是一直打下去，都打垮。"中共中央和毛泽东的一系列指示，基本明确了"五反"运动的政策界限。

毛泽东在对统战部《关于各民主党派三反运动结束时几项问题的处理意见的指示》修改稿中再次指出："对待资产阶级，只要他们不违反共同纲领，就不能拿共产党的尺度去要求他们。如果要求他们拿工人阶级的立场与思想去行事，其结果不是造成混乱，就是逼出伪装。这对统一战线不利，也是不合逻辑的。对一些党员中的这些错误思想应予纠正。"

稍后，民主建国会主要负责人黄炎培将其一篇讲话稿要点送毛泽东审阅，毛泽东在复信中说："在现阶段既然允许资产阶级存在，只应责成其接受工人阶级领导，须经营有益于国家和人民的事业，不犯'五毒'，亦即接受共同纲领，而不宜过此限度，超过这个限度，而要求资产阶级接受工人阶级的思想，或者说，不许资产阶级想剥削赚钱的事情，只许他们和工人一样想'没有劳动就没有生活'的事情，只想社会主义，不想资本主义，那是不可能的，也是不应该的。"

大中城市是政治、经济、文化的活动中心，也是私营工商业最集中的地方，如对"五反"斗争组织不严，领导不力，一出现混乱，必将对各个方面都造成不良影响。因此，党中央和毛主席一再强调各大中城市的"五反"运动必须有计划、有准备、有领导、有步骤地进行，凡准备不足、条件不成熟的，一律不得仓促上阵，以免造成混乱，陷入被动。1952年1月31日，毛泽东在给东北局的电报中指出："对付资本家须有准备，准备不好，不要动手。各城市准备条件不一致时，不要同时动手。"2月23日中央在转发中南局《关于"五反"斗争策略和部署的报告》的批语中也指出："各省委对各城的'五反'斗争必须加以精密研究，以便正确指示省城及全省城市的'五反'斗争；对省城以外的中等城市如何进行'五反'，目前尚无经验，各省区党委要责令地委精心研究，有计划地去做，只许做好，不许做坏。"

3月7日，毛泽东在给广州市市长叶剑英的电报中也强调："对广州的'五反'斗争要严格掌握，不使引起混乱。其他城市，非有充分准备，不要轻易发动'五反'。"

3. 工商业户被化作五类

上海自1952年1月中旬就在工商界中开始了"反行贿、反欺诈、反暴利、反偷漏税"的斗争,尽管具体提法与后来的"五反"有所区别,但实际上对不法资本家的斗争已猛烈展开。由于准备不足,群众热情很高,因而火力太猛,空气很紧张,以致发生了给资本家戴高帽游街、随意抓人、体罚逼供等现象。甚至有个别的老同志,也头脑发热,企图趁机消灭资产阶级实行社会主义,报刊宣传也不断升温。所以在一个多月的时间内,就发生了资本家自杀事件48起,死了34人。

◎ 上海市店员"五反"运动代表会议

为此,中央决定派薄一波到上海考察和帮助抓"五反"运动。薄一波2月25日到达上海,当天就向华东局、上海市委传达了中央关于上海推迟发动"五反"斗争的指示,华东局和上海市委当即决定,暂把"五反"停下来,对已抓起来的人分辨情况加以处理,以缓和紧张局势,待准备工作做好后,于3月20日后再开展。2月27日,薄一波将上海"五反"斗争情况向毛泽东作了报告,说:"现在的情况是指挥官已进入阵地,散兵式的各自为战,领导上自顾不暇,运动是在没有领导和半有领导的情况下进行的。工人、店员的每一次斗争,报纸上的每一次宣传鼓动,都使领导的被动性愈陷愈深。这种情况继续下去是很危险的。"

2月29日,毛泽东即复电薄一波:"你和华东局、上海市委诸同志的决定是正确的。这样既有利于现在的'三反',也有利于3月20日以后的'五反',也有利于全国的经济形势。"据此,上海开始认真做"五反"斗争的各项准

第六章
巩固新生的人民政权

备工作,主要是搜集不法资本家的材料,进行分类排队,确定保护及打击的重点,广泛宣传"五反"的方针政策,组织轮训骨干队伍等。经过一个多月的重新准备,3月25日正式开始"五反"运动。

在运动发起之后,迅速组成和不断扩大"五反"统一战线,是中央指导运动的策略之一。并反复强调,不仅要广泛宣传动员和组织依靠广大工人、店员,而且要积极耐心地做好高级职员、资本家家属的思想工作,动员他们协助政府做好资本家的工作;同时要求各城市在运动开展后,要先以主要精力调查和处理95%以上的"五毒"行为较轻的工商户,尽快做出结论,取得他们的拥护或中立,以孤立5%左右的严重违法和完全违法户。即使对后者也要严格区别情况给以不同处理,如补税、退财、罚金、没收、抓人、取保释放等,只对极少数予以判刑或处决,继续进行分化瓦解,最大限度地孤立和打击罪大恶极者,以形成广泛的"五反"统一战线。

2月15日,中央在《关于"五反"中对各类资本家的处理意见指示》中再次指出:"对'五毒'行为不太严重者,应采取'只退不罚'的政策,以安定绝大多数资本家,可以组成广大的'五反'统一战线。"并说:"真正的'五反'统一战线,只有对这类资本家做出几批'只退不罚'的结论,并予以公布之后,才能形成。"

在"五反"运动中,如何处理违法资本家,这是运动成败的关键。中共中央采取了一系列措施。北京市率先制定了《在"五反"运动中关于工商户分类处理的标准和方法》,提出了处理工商户的五条基本原则:过去从宽,今后从严;多数从宽,少数从严;坦白从宽,抗拒从严;工业从宽,商业从严;普通商业从宽,投机商业从严。

据此将工商户划分为五类,并规定了具体的处理办法:对守法户经审核后发给守法通知书;基本守法户,一般免退免罚;半守法半违法户,补退不罚;严重违法户,退出违法所得,并按其情节酌处罚金;完全违法户,退出违法所得,按其情节从重处以罚金,并给予法办或判刑,最重者可以处以死刑,没收其部分或全部财产。

中央认为北京市的这个文件很好,经批准,由政务院于3月8日通过并颁布实施。为了严肃、慎重、适时地处理"五反"运动中工商户严重违法和完全违法的案件，3月24日，政务院公布了《关于"五反"运动中成立人民法庭的规定》，要求违法工商户较多的城市，应在市政府的领导下成立人民法庭的和市辖区分庭，并对两级法庭的职权范围做了明确规定。还规定对守法户、基本守法户和半守法半违法户的审查处理，一律由市节约检查委员会直接审理；只有严重与完全违法户才提交人民法庭处理。中央的这些措施，为各地处理不法资本家统一了标准，制止和纠正了草率行事与乱批、乱斗、乱打的偏向。

1952年5月以后，全国的"五反"运动已基本转入审理定案和补税、退财、罚金、没收阶段。为了善始善终，圆满胜利结束"五反"斗争，中央于5月9日发出《关于"五反"定案补退工作的指示》，指出："对资本家违法所得算得过高的必须合理地降下来；除少数确能和确愿早日补退者及少数应没收者外，大多数资本家的补退时间一律推退到9～10月开始；数额大者可分多年补退，一部分可作为公股不要交出现金；工人监督生产一事，势在必行，但不宜行得太急。"

5月20日，中央又发出《关于争取"五反"斗争胜利结束中的几个问题的指示》再次明确了定案处理的原则，是"斗争从严，处理从宽，应当严者严之，应当宽者宽之"，务必做到实事求是，合乎情理；工商户分类标准，应以违法所得数目和违法情节作为同等重要条件；对违法工商户一般只退财补税，少数才予以罚款；除对国计民生有极严重危害或破坏作用者、违法行为属于罪大恶极者，确系非法窃取敌伪产业者外，一律不予接管或没收等。6月11日，陈云就退财补税问题提出了两条原则：一是"先活后收"，让资本家先开工、开业，有了利润再收；二是"先税后补"，让资本家先交税，然后随着收入的增加再逐步收缴退补款，以保证其正常生产和经营。

6月19日，周恩来在中共中央召开的全国统战部长会议上明确指出："如果我们只说朋友，'五反'斗争就会轻轻过去，将来'五毒'又会严重起来，又要进行'五反'。反过来如果只说阶级矛盾、思想矛盾，对立、限制，现在就要把资产阶级打倒，就会发生'左倾'。因此，应该全面地说。现在反对他们的'五毒'，联合与改造他们，都是为了将来便于和平转变到社会主义，为消灭资产阶级准备条件。"运动中始终坚持了有理、有利、有节的斗争策略，既有力反击了不法资本家的"五毒"进攻，又在新的基础上巩固了与民族资产阶级的统一战线。

1952年10月25日，全国"五反"运动结束。根据华北、东北、华东、西南、中南五个大区的67个城市和西南全区的统计，参加"五反"运动的工商户共有999707户，受到刑事处分的1509人，仅占工商户总数的1.5%，其中判处死刑和死缓的19人，占判徒刑总数的1.26%。另据北京、上海、天津、武汉、广州、重庆、西安、济南八大城市的统计，定性为守法户、基本守法户和半守法半违法户的占工商户总数的97%以上。其中上海市共有工商户16.34万户，守法的24510户，占15%；基本守法的81700户，占50%；半守法半违法的49020户，占30%；完全违法的8170户，占5%。北京市共有工商户50000户，守法的5000户，占10%；基本守法的30000户，占60%；半守法半违法的12500户，占25%；严重违法的2000户，占4%；完全违法的500户，占1%。"五反"运动中虽然出现过偏差，但在运动中或运动后都得到了妥善的解决。

在进入大城市之初，中国共产党已认识到民族工商业与新中国和新民主主义经济存在着既相适应又相矛盾的两个方面，对其相适应的部分进行保护和发展，对其矛盾的部分进行调整、打击和反对。经过共产党的努力，终于打退了不法资本家的进攻，保证了新民主主义经济在整个国民经济中的领导权。在城市，不仅在政治上站稳了脚跟，而且在经济上立住了脚，也就是说共产党在经济上也得了高分。

二、社会风气焕然一新

新中国成立之初,旧社会的各种反动势力同新生政权进行着殊死较量。从1950年开始到1952年结束,镇压反革命运动取得了很大的成就。在镇压反革命的同时,中国人民解放军迅速展开了大规模的剿匪斗争,经过几年的斗争,中国大陆基本上平息了匪患。新中国成立初期,鸦片烟毒流行,赌场、妓院林立,封建婚姻制度残存。为巩固新生的人民政权,建立良好的社会治安秩序,毛泽东和中央人民政府,指示各级党政、公安机关,展开了一场禁毒、禁娼,清除社会丑恶现象的伟大斗争,并贯彻婚姻自由的政策,使得社会风气焕然一新。

1. 坚决镇压反革命

对反动分子的破坏活动,中共中央和毛泽东早就有所预料。1949年6月15日,毛泽东在新的政治协商会议筹备会上郑重宣布:"中央人民政府一旦成立,一是肃清反动派的残余,镇压反革命的捣乱;二是要加紧经济、文化的恢复与建设,尽快医治战争创伤。"6月30日,毛泽东又在《论人民民主专政》一文中公开声明:"中国人民积几十年经验,对美蒋反动派及其走狗必须实行人民民主专政或曰'独裁',只许他们规规矩矩,不许他们乱说乱动,否则就立即取缔,予以制裁。"他号召人民要学习景阳冈上打虎的武松,并进一步提出:"不这样,革命就要失败,人民就要遭殃,国家就要灭亡。"

第六章
巩固新生的人民政权

在这个特殊的社会环境下,毛泽东认识到必须尽快成立公安部,并且确定一位能胜任这个职务的公安部部长,以便顺利地进行镇压反革命、巩固新政权。毛泽东考虑再三,认为罗瑞卿是担任公安部部长的最佳人选。

新中国刚成立,毛泽东就决定在1949年12月21日前,到莫斯科为斯大林祝寿。台湾特务头子毛人凤命令北京潜伏特务在毛泽东出发前进行暗杀。这一伙亡命之徒,准备在毛泽东专列晚上8点到达哈尔滨时,在满洲里、长春、哈尔滨发起三次行动。我公安人员根据计兆祥提供的情报,在离哈尔滨不远的山林里,捕获了国民党高级刺客段云朋的助手张大平、于冠群,缴获美式卡宾枪、气象预测器、炸药、无线电台等特务用具。随后,我公安

◎ 镇压反革命运动时期的宣传海报

人员化装成张大平、于冠群,巧妙地将以马耐为首的东北技术纵队一网打尽。

1950年3月4日晚,毛泽东安全地回到了北京,结束了并不轻松但却富有成效的首次出访。通过这次出访苏联,尽管途中化险为夷,但是毛泽东亲身感受到了反革命分子对自己,乃至对国家和人民的威胁。所以他经过深思熟虑,决定在进行土地革命的同时,在全国展开镇压反革命运动。他还亲自制定了这次运动应当遵循的"镇压与宽大"相结合的原则,广泛发动群众,各部门协调行动等方针。

1950年3月,毛泽东和中共中央又发出了《关于严厉镇压反革命的指示》,要求除了土匪之外,对各类反革命分子进行清查和镇压。在城市中主要是破获特务间谍案,并且对反动党团骨干、特务等反革命分子进行登记,取缔各种反动会道门和秘密反动组织,对盗匪、流氓进行严厉打击。对于罪恶昭著、顽固狡赖、隐瞒欺骗、拒绝或逃避登记者,予以严厉制裁。在一些地区,还通令取缔各种反动会道门及秘密反动组织。在农村,要结合土地改革开展反恶霸、斗地主的斗争。

罗瑞卿立即执行毛泽东的命令,着手镇压反革命。首先着手进行反动党团骨干分子限期登记。从1950年至1951年春,全国共登记反动党团骨干、特务分子、反动军官共11万人。

对流氓阿飞进行严厉打击得到广大群众的热烈拥护。他们纷纷赞扬:"政府给咱们除了大害,办了大好事!"北京市处决了东郊的大流氓孙起后,当地群众拍手称快,说:"这一下可晴了天了!"上海市处决罪恶深重、民愤极大而新中国成立后仍继续作恶的流氓恶霸"码头霸主"、"江北大亨"等后,刑场周围群众放鞭炮表示庆贺。

在七届三中全会上,毛泽东对新中国成立以来的"镇反"斗争形势做了详尽的分析,在肯定成绩的同时,仍把"镇反"工作列为全党的重要任务之一,并指出全党和全国人民对于反革命分子的阴谋活动,必须提高警惕,要坚决肃清一切危害人民的土匪、特务、恶霸及其他反革命分子。毛泽东进一步强调不要"四面出击",当前的总方针:"就是肃清国民党残余、特务、土匪,推翻地主阶级,解放台湾、西藏,跟帝国主义斗争到底"。毛泽东的这番讲话,对"镇反"斗争进行了再动员、再部署,推动着"镇反"运动的继续发展。

1950年6月,朝鲜战争爆发后,反革命分子的活动日益猖獗,有造假案的,有企图炸铁路、桥梁的,有窃取机密文件的,有企图暗杀党和军队重要干部的。美军9月15日在仁川登陆以后,许多反革命分子认为第三次世界大战快打起来了,蒋介石"反攻大陆"时机已到,于是跃跃欲试,企图与美国里应外合,更加紧了反革命活动,组织了形形色色的地下军,委任了各种司令和大批的主席、专员、县长,准备等美军到达后,"接收"政权。他们在各地明目张胆地制造谣言,破坏交通,抢劫财物,焚烧仓库,杀害干部。

1950年10月9日,在中央召开的一次研究抗美援朝问题的会议上,罗瑞卿请示:"现在反革命分子活动十分猖獗,而我们在执行任务时发生右倾倾向,人民批评我们宽大无边,要求我们严厉镇压反革命。我们公安部商量了一下,主张杀一批、关一批、管一批。"

毛泽东听后点点头说:"我赞成你们的意见。现在美国已经把战火烧到了我们家门口。我们要把房子打扫干净,以便更好地对付帝国主义。无

第六章
巩固新生的人民政权

论是杀、关、管,都要发动群众,依靠群众,要大张旗鼓,不要搞孤立主义、神秘主义。"之后,毛泽东让彭真、罗瑞卿等人立即起草一个在全国范围内开展镇压反革命群众运动的指示。彭真、罗瑞卿等连夜起草,于10月10日凌晨2时将指示草稿呈送毛泽东。毛泽东命令将之当日下发全党执行。这就是历史上著名的"双十指示"。

"双十指示"指出:当前有不少干部和党员存在着一种骄傲轻敌思想,要求各级党委全面贯彻党的"镇压与宽大相结合"的政策,重点打击土匪、特务、恶霸、反动党团骨干和反动会道门头子等五个方面的反革命分子。"指示"还指出:必须反对逼供信和禁止肉刑,必须注意证据而不轻信口供。同时,"指示"要求各级党委加强对公安、检察、法院机关的领导。对于这一点,毛泽东特别重视。

从"双十指示"发出到12月底,从中央到地方、从党政机关到广大人民群众,经过3个月的努力,右倾偏向基本上被扭转,一场声势浩大的镇反运动掀起了高潮。

当"镇反"运动已经进入高潮并已取得决定性胜利的时刻,为了巩固已经获得的成绩和避免可能发生的错误,毛泽东和党中央指示公安部于1951年5月10日至16日召开了第三次全国公安会议。公安部部长罗瑞卿在会上作了报告,刘少奇、彭真在会上做了重要讲话。会议总结了过去7个月的"镇反"经验,确定了今后的斗争任务,并通过了毛泽东亲自修改过的《第三次全国公安会议决议》。

《决议》全面分析了全国"镇反"的形势,指出:自"双十"指示颁发7个月以来,在党委领导、全党动员、群众动员和全国公安机关积极工作之下,纠正了对待反革命的"宽大无边"的右倾偏向,逮捕和处决了大量的反革命分子,使敌焰大降,民气大伸,使镇压反革命工作成为全国性的高潮。

关于今后的斗争任务,《决议》明确规定:从1951年6月到9月的4个月内,全国各地,不论农村和城市,除现行犯外,一律停止捕人,集中力量进行清理积案,组织犯人劳动改造,以及在机关中清理"中层"、"内层"等三项工作。

第三次全国公安会议的召开以及《决议》的通过,对于巩固"镇反"

运动的伟大成绩，防止和及时纠正错误，保证这场斗争正确地健康地继续深入和发展，起了决定性作用。毛泽东亲自修改过的决议，科学地总结了有千百万群众参加的伟大的"镇反"运动的丰富经验，系统地全面地规定了我党"镇反"斗争的路线、方针、政策和策略，成为中国公安工作建设的伟大纲领。

到9月底，全国性的"镇反"运动已取得决定性胜利。虽然"镇反"运动已取得伟大成绩，但是问题还没完全解决。在一些地区"镇反"斗争进行得还不彻底，甚至少数地区根本未动，特别是新解放区尤为突出。

为了争取"镇反"斗争的彻底胜利，在毛泽东的指示下，公安部召开了第五次全国公安会议，全面地总结了两年来的"镇反"工作，提出了下一步的任务。会议要求各地要结合各地区的中心工作，将一切不彻底的地方和不彻底的方面所隐藏的反革命分子，继续搜捕，严厉惩处、扫清残敌，圆满完成"镇反"任务。会议还决定把打击反动会道门和在水上活动的反革命分子作为重点，把肃清土匪作为重要任务之一。1952年年底，全国"镇反"运动胜利结束。

镇压反革命运动始终是在毛泽东的密切关注与及时指导下进行的。通过这场"镇反"运动，基本上肃清了三大敌人在中国大陆上的反革命残余势力，中国社会秩序获得了从未有过的安定局面，巩固了全国各级人民政权，提高了广大人民群众的政治警惕性，建立了数以百万计的群众治安保卫委员会，大大加强了中国的人民民主专政，使抗美援朝战争有了坚强的安定的后方，并直接地有力地支持了土地改革运动，为中国国民经济的恢复和发展提供了可靠的保障。

2. 彻底肃清匪患

国民党军的大批残兵散勇相继聚集为匪，与惯匪一道，占山为王。这些新旧土匪互相勾结，形成一股股猖獗的反动势力。少则几十，多则成千上万人。他们主要分布在华东、中南、西南、西北地区各省的偏僻山区和

第六章
巩固新生的人民政权

沿海岛屿。这些土匪在偏居台湾的国民党反动派的策动和遥控指挥下,以推翻共产党领导的人民民主政权,恢复"中华民国"为目的,提出"反共"、"救国"、"打倒解放军"、"饿死不如战死"、"保枪保命"等反动口号,有计划、有组织地进行暴乱、颠覆活动。

1950年3月,中南海紫光阁。毛泽东刚刚从苏联访问归来,正在这里听取政务院副总理董必武关于山东、苏北、河北、平原、皖北等地灾荒持续严重发展的情况汇报。中央当时在京的主要领导几乎全都到场了。

这时,中央人民政府秘书长林伯渠把一份急电呈到毛泽东面前。毛泽东接过急电,只见上面写道:"西南各地近阶段连续发生大规模土匪武装暴乱。"

毛泽东对于新解放区可能出现的严重匪情,早有预见。但是,匪情如此逼人,却大大出乎他的意料。

◎ 剿匪运动中士兵张贴动员标语

毛泽东说:"各地土匪当前一下子冒出来这么多,匪患这么严重,我们不能再掉以轻心了,不能任其继续泛滥下去了。当前,全面救灾工作也要抓紧,生产要尽快恢复,春耕、春播时机千万不能再误。但是,各地当前这种突然的匪情,也应该立即引起我们在座每个同志的高度重视,它比灾荒更严重,更突出。我提议,一两天之内,针对各地突然出现的这种匪情,军委尽快地给中央拿出个意见来,对于一切大大小小的土匪武装及其暴乱行为,必须立即予以坚决的剿灭和镇压。"

3月11日,中央军委负责起草了一份有关全国各地剿匪作战的初步意见和一份面向全党、全军、全国人民关于坚决剿灭和镇压这场匪患的号召书,经过毛泽东和中央批准,正式通过,并迅速在人民解放军所属各部队、各地人民武装部队中传达。3月16日,中共中央和中央军委向全党、全军发出了《剿灭土匪,建立革命新秩序》的指示,提出"剿灭土匪,是当前全国革命斗争不可超越的一个重要阶段,是建立和恢复我各级地方人民政权,以及开展其他一切工作的必要前提,是彻底消灭蒋介石国民党在大陆的残余武装,迅速恢复革命新秩序的保证。不剿灭土匪,各地人民革命政权就无法建立,'土改'无法完成,广大的贫苦农民就不能真正翻身,各地的救灾和其他一切工作也都将根本无法进行。"

3月18日,中共中央向全党、全军、全国发布了《中共中央关于镇压反革命活动的指示》,指出:"最近各新解放区的股匪有许多地区业已肃清,另有许多地区的股匪则正在清剿中。但在多股匪业已肃清的地区,又发生多次反革命的武装暴动,杀害我们干部多人,抢劫甚多公粮和物资,并在各地工厂、仓库、铁路和轮船上进行多次的破坏。这证明在这些地区反革命分子的活动仍然是十分猖獗的,对于这些反革命活动,各地必须给以严厉的及时的镇压,决不能过分宽容。"并做了各项具体指示。这样,在毛泽东和中共中央的指导下,大规模剿匪斗争在全国迅速展开。

在剿匪过程中,毛泽东曾多次电令各地,要有关部门都必须向他和中央及时做剿匪报告。凡各地送来的报告,毛泽东都废寝忘食、夜以继日地批阅。同时,还发指示电报和有关信件给相关地区。对一些行动迟缓、"镇反"不力的地区,毛泽东更是严加督促指导,直至局面彻底改观。

中南地区在经过全面进剿股匪后,虽然在一些地区基本平息了匪患,但在大别山区、鄂西及广东一部分地区,仍有小股土匪及散匪活动,而在广西全省、广东一部分地区、湖南西部及湖北西南部地区,土匪活动仍然十分猖獗,且有发展蔓延之势。

毛泽东命令中南军区总结经验,吸取教训,制定正确的作战方针。在毛泽东的指示下,中南军区召开高干会议,决定今后采取有重点地进剿清剿,同时重申了必须正确认识和运用"首恶必办、胁从不问、立功者受奖"的基本政策,反对"宽大无边"的右倾偏向。于是中南地区从4月开始,各剿匪部队又先后投入重点清剿土匪的作战中。

1950年10月中旬开始,南北两个方面的剿匪部队分头行动。围剿以龙山为中心的湘西北部地区股匪的部队,经过10多天的连续拉网式合击,将几股主要土匪全部击溃,并使散匪陷入包围圈中。紧接着部队又实行严

第六章

巩固新生的人民政权

密的重点搜剿，匪首翟波平在走投无路的情况下，自行投降，其他匪众也都纷纷交枪自首。在南线会剿之中，奉蒋介石亲令到湘西组织指挥土匪暴乱的特务头子蒋琴，到大陆还不到3个月就被擒。被擒之时还念念有词称："我是自投罗网的。"

会剿第一阶段结束后，湖南军区根据中南军区的指示除留部分兵力协同地方进行清剿外，主力部队即刻转向五龙山、凤凰等地区进行会剿。至12月底，剿匪部队基本上肃清了湖南历史性的匪患。12月29日，毛泽东在致邓子恢、谭政、赵尔陆、苏静电中要求："对桂粤湘三省剿匪仍望加紧督促，务于五月三十一日以前彻底完成剿匪任务……湖南应准备以一个军至迟于五月间最好能在三四月间集中郴州衡州线上待命。"到1951年5月，湖南军区如期完成了任务。

广西地处边陲，山高林密，向为匪患频发之区。据统计，广西解放后仍有匪众9万余人，散落在民间的枪支达20余万支。加之解放较晚又剿匪不力，一度匪祸甚烈。境内的土匪又往往与特务、恶霸相勾结，发动暴乱，烧杀抢掠，无恶不作。1950年发生反革命暴乱数十次，大肆袭击围攻地方政府，甚至多次攻打县城，被杀害的干部和群众就有7219人。

广西党政军在叶剑英、陶铸的领导下，遵照毛泽东的多次电示，深刻检查"宽大无边"的右倾偏向，研究制定剿匪作战方案。他们发动党政军民协同剿匪部队作战，把集中兵力、重点进剿武装股匪与反霸肃清、收缴民间枪支相结合，迅速取得重大进展。到12月下旬即歼匪55891人，处决匪首惯匪、恶霸及其他反革命首要分子3000余人，使匪焰大减，民气大伸。

在毛泽东的指导和鼓励下，经过广大军民半年的艰苦奋战，到1951年5月中旬，广西全省境内除少数散匪逃到边境山林外，武装股匪基本被消灭。

到1950年3月，由于许多剿匪部队犯了"对匪患认识不足，战术上分散使用兵力"的错误，所以西南地区的土匪实际上还没遭到严重打击，土匪的气焰仍然十分嚣张。以刘伯承、邓小平、贺龙为首的西南局、西南军区，决心把西南的剿匪作战，看作新形势下的一场"淮海战役"，发誓要打赢这一战役。为此而发出《关于组织一元化剿匪斗争的指示》，要求各地区建立剿匪委员会或剿匪生产委员会，组织了广泛的剿匪统一战线，对土匪的有

力打击，使社会治安逐渐恢复正常，经济恢复工作顺利进行。为此，毛泽东高度赞扬了西南军区的剿匪工作，指出："西南军区对于剿匪工作极为认真，剿匪中执行的各项政策亦是正确的，故取得了很大成绩。"

华东地区的剿匪有两大特点：一是必须遏制国民党的武装特务骚扰，二是必须坚决打击流动的海上土匪。海匪依托岛屿，不断袭扰大陆，所以必须全部剿灭武装特务和海匪，才能真正稳定社会。为此，华东军区命令各海防部队全部对沿海岛屿上的股匪进剿，同时又令在陆上担任剿匪作战的部队对登陆海匪予以就地歼灭。

在华东军民清剿海匪的同时，陆上的剿匪也在紧张进行，特别是对福建进行有重点的清剿。然而，到11月中旬，还没重大突破。为此，毛泽东仍不满意，他于17日电示陈毅："福建匪患必须使用四五个主力师用全力穷追猛打、限期肃清，该省剿匪成绩较他省为差，必须检讨原因。我提议从现在起，和广泛展开土地改革工作相配合，限六个月内剿灭一切成股土匪，责成叶飞、鼎丞全力以赴，做出成绩。"华东局和华东军区根据毛泽东的命令，遂将福建剿匪主力增至5个师，组织党政军民，再次发动大规模攻势，从此，华东地区剿匪进入了决胜阶段。到1951年3月，提前完成剿灭股匪任务，毛泽东在1951年2月和4月，两次致电嘉奖，尤其高度赞扬了福建剿匪部队。

与此同时，西北地区也经过两年多的重点清剿，共歼匪5856人，受降土匪近万人，基本消灭了股匪，为最后根绝匪患创造了条件。

经过全面清剿和重点清剿两个阶段的剿匪作战，新解放区的股匪已基本上被歼灭，匪乱已基本平息，但仍然有极少数的股匪逃至边远山区躲藏，以及被击溃的散匪、残匪流窜于腹心地区，偶尔出动袭扰，进行破坏活动，危害社会。因此，彻底肃清残匪，仍然是一项艰巨复杂的任务。为此，1951年2月26日，毛泽东发出了《以地方武装及民兵继续坚持清剿，直至完全消灭匪众为止》的指示。中共中央、中央军委也专门发布命令，指出：

"清剿残匪是一场全国规模的、极端复杂的、群众性的斗争，必须统一指挥领导，通盘周密计划，要求各级党、政、军、民十分重视和密切协同，在各地党委的统一领导下，组织各方面的力量，以公安部队为主，以民兵为辅，协同公安机关实行清剿。大股土匪由军区负责统一调集部队同公安机关认真搜捕与清剿。"

总之，除恶务尽，不留后患。从1951年下半年开始，各新解放区相继展开了大规模清剿残匪的作战。华东军区在肃清残匪的斗争中，采取分区包剿和区间联防的办法，普遍建立群众性的情报网，配合公安部门，利用一切线索侦破和捕捉残匪。还组织化装"飞行组"和"武工队"，在残匪活动区进行追踪、缉捕。由于有严密的联防组织，因此，无论残匪窜到哪里，都逃脱不了人民群众的天罗地网。到1953年年底，全区肃清了残匪，根除了匪患。

历时四年的剿匪作战，结束了中国长期以来剿之不灭的匪患。为此，毛泽东自豪地说："这一切只有在新中国成立后才成为可能，只有人民的军队才能竭尽全力剿灭匪患。"

3. 禁毒、禁娼和婚姻自由

◎ 中央在全国开展禁毒、禁烟运动

众所周知，中国在历史上深受鸦片烟毒的危害，到国民党政府覆灭前夕，已达到了积重难返的境地。旧中国国民的身体素质和精神面貌受损严重，民众往往被冠以"东亚病夫"之称,其缘就在于此。

1950年秋天,根据中共中央和毛泽东的指示,政务院内务部发布《关于贯彻严禁烟毒工作的指示》,要求各地纠正对烟贩处理过宽的现象,对烟贩一律严惩,对于查获的毒品,要全部当众销毁。对于禁种,要求抓住季节,重在发动群众。到1950年11月,最高人民法院进一步下达了《处理毒犯应坚决废止专科与易科罚金办法》。要求坚持人民法制的严肃性,改变以罚代刑的做法。对于烟毒犯不得适用专科罚金,应分别轻重,处以徒刑或强制劳动,对于已据有的烟毒资本,可并处罚金。

但是,由于旧中国遗留下来的鸦片毒害极其深重,其影响涉及了方方面面,因此,这场禁毒运动到1951年年底还未能从根本上解决。

群众运动是毛泽东始终重视的一种方式,为了充分发动群众投入禁毒斗争,1952年4月15日,毛泽东以中共中央的名义发出《关于肃清毒品流行的指示》,对禁毒运动的方针、政策和打击的重点都做了明确规定。这项指示下达之后,毒犯们陷入了群众运动的汪洋大海之中。在禁毒运动日益高涨的情况之下,毛泽东认识到应当确定主要负责该运动的部门,于是他将眼光投向了公安部。

公安部为了更有力地将禁毒运动推向前进,向毛泽东和中共中央提出了《关于开展全国规模的禁毒运动的报告》,经毛泽东审批,中共中央同意公安部照此执行。该报告对"禁毒运动"作了如下部署:

目前运动主要集中力量在城镇中进行,农村一般应暂不动。

"禁毒运动"分三期进行,每期预定10天至15天。第一期为"大破",即先逮捕一批有证据有价值的毒犯,并立即着手组织审讯,扩大线索,为第二期的"扩大战果"做好准备;第二期为"继续深入和铺开其他重点",经过第一、二两期,大部分重点城镇应力争基本解决问题;第三期为"追捕漏网毒犯和处理结束工作"。

根据公安部的这一统一部署,全国1202个禁毒重点部门和地区同时进入第一期破案行动。广大群众在了解禁毒的意义和自己的责任后,便积极行动起来,协助政府开展禁毒斗争。

进入12月份,禁毒运动已接近尾声。为了巩固成果,进一步清除残毒,

第六章
巩固新生的人民政权

在毛泽东指示下，12月12日，政务院做出《关于推行戒烟、禁种鸦片和在农村收缴存毒工作的指示》。《指示》要求将肃毒工作向前推进，戒除吸食、注射，并在广大农村收缴残存的毒品，进一步禁止种植鸦片。禁种工作是紧密结合土地改革运动进行的，以广大翻身的贫下中农为骨干，政治上已经成为国家主人的农民以高度的主人翁意识投入了这一斗争。在此期间，政务院内务部在国家财政十分困难的情况下，先后拨出旧币100亿元用于救济特殊困难的烟民，拨出旧币290亿元作为研究、制造戒毒药品的专用经费。

这样，经过三年的强制戒毒，在中国大地上数量众多的烟民彻底戒除了毒瘾，成为社会主义建设事业的新生力量。

轰轰烈烈的禁毒运动结束了。毛泽东不无感慨地说："除了中国共产党，还有谁能领导中国百姓摆脱烟毒的祸患呢？还有哪个政府能够将烟毒斩草除根呢？"12月18日，中共中央转发了罗瑞卿《全国禁毒运动总结报告》。至此，禁毒运动正式宣告胜利结束。

1953年，中国大陆宣告消灭娼妓，这是毛泽东为首的党中央领导中国人民所进行的又一惊天动地的大事。

当时，彭真出任北京市委书记，有一天深夜，他率领市委、市政府主要负责人到前门外八大胡同、南城一带的妓院了解情况。彭真问一位年仅15岁的妓女情况时，小妓女痛哭流涕，诉说她是怎么被拐卖到妓院的。还告诉彭真，她一天接客10多人，被老板盘剥后，一天所得的就是4个窝窝头。彭真气愤地说："这是人过的日子吗？我们共产党能坐视不管吗？"他决定向毛泽东汇报。毛泽东听后坚决地说："新中国决不允许娼妓遍地，黑道横行，我们要把房子打扫干净。"

怀着毛泽东的期望以及解救处在社会最底层的中国妇女的决心，公安部部长罗瑞卿召开了会议，确定了在全国大中城市采取两种方案：一是以北京等地为代表的，在短时间内摸清妓院的有关情况，集中力量，统一时间，一举将全部妓院予以封闭；二是以天津等大城市为代表的，采取"寓禁于限"的方针，在相对较长的时间内，逐步取缔妓院。

北京是中国的首都，她应以崭新的精神面貌出现在世界人民面前。经毛泽东直接授意，罗瑞卿等决定先采取第一个方案。按照毛泽东的指示，罗瑞卿于1949年11月12日，在北京市公安局集体办公会议上对市局的处长、分局长们说："采取封闭妓院的行动，不是公安部门的单方面行动，这样做一定要通过人民代表会议，听听他们的意见，他们做出决定后再办。"按照罗瑞卿的意见，在这次办公会议上，起草了在北京立即封闭妓院的议案，报市委、市政府批准后，急送市人民代表会议做出最后决议。

封闭北京妓院的工作由北京市委责成公安局、民政局、妇联三家联合组成取缔妓院指挥部，总指挥由公安部部长兼北京市公安局长罗瑞卿担任，统一领导封闭妓院的工作。与此同时，成立了由公安局、民政局、卫生局、妇联、人民法院、企业局等单位共同组成"妓女处理委员会"，着力于封闭之后对妓女教育改造工作，对老板和领家则视罪行轻重依法惩办或强迫改造教育。

1949年11月21日下午5时，罗瑞卿接到北京市市长聂荣臻下达的立即执行北京市第二届各届人民代表大会关于封闭妓院的决议的命令，便向封闭妓院行动小组发出了立即出发的命令。当夜8时，北京市2400余名干警，分成27个行动小组，出动37部汽车，扑向分布有妓院的5个城区及东郊、西郊。卫生部的一个消毒组带了消毒药水和药品，也同时出动。

当晚12时，各行动小组按照事先的计划，将全部1268名妓女进行有关卫生处理后，集中到设置在韩家潭的8个妇女生产教养院。妓女迁走后，干警对妓院的财产进行登记，对老板、领家的财产进行登记，并予以没收。并在各家妓院的门口贴上"北京市人民政府1949年封"的长封条。至22日凌晨5时，全市的妓院全部封闭，行动干净利落地完成了。

11月23日上午，关押在各区公安分局的北京市妓院老板、领家被集中起来，罗瑞卿给他们训话，指出了他们的罪恶，说："你们是直接压迫妇女、剥削妇女的罪人，你们只有老老实实地向人民低头悔过，向政府坦白罪行，痛改前非，才有自新之路。否则，人们是不能宽容你们的！"

对于北京的1268名妓女，她们在教养院里得到了无微不至的关怀，真正感受到了在人民掌权的新中国做人的欢乐，感受到自己是不会被人民国家遗弃的亲生骨肉。教养院第二天就对她们进行教育，给她们检查身体、

第六章
巩固新生的人民政权

治病，对有家可归者发放路费、遣送回家，有对象者帮助结婚，年幼者安排送进学校学习读书，其余人员则安排学习生产技术。她们中的许多人在党的教育下，有了进步要求，有的积极要求入党，并终于成为工人阶级的先锋战士，在以后的几十年人生路途中，有的成为先进工作者，有的成长为国家干部。这真是"千年的冰河开了冻，万年的枯枝发了芽。旧社会把人变成了鬼，新社会把鬼变成了人"。

北京在一夜之间封闭了所有妓院的消息，在全国产生了极大的影响，也给其他地区的妓院老板和妓女以强烈的震动，同时也使他们陷入惊恐之中。根据毛泽东示意，罗瑞卿继续采取措施，令各地公安机关针对这一新情况，结合着加强对妓院、妓女的治安管理，适时地作出部署，大张旗鼓地开展宣传运动，揭露娼妓制度的罪恶，鼓励妓女重新做人。到50年代中期，在中国延绵了两千多年的妓女被彻底禁绝，禁娼斗争取得了全面的胜利。

在保护妇女权益方面，除了禁查娼妓之外，确保女性婚姻自由也非常重要。1949年9月制定的《共同纲领》有关"婚姻自由"和保护妇女权利的条款，为建立新型的婚姻关系奠定了基础。但这些条款还不够具体，缺乏明确系统的法律规定。毛泽东建议和支持有关负责部门通力合作，着手《婚姻法》的起草以及讨论工作。

到1950年3月，《新婚姻法》的草案基本完成。草案在中央人民政府法制委员会与全国民主妇女联合会及其他有关机关代表联席会议原则通过后，又经过政务院第二十二次会议讨论。

4月13日会议通过了该法，之后毛泽东签署中央人民政府命令，宣布《中华人民共和国婚姻法》于1950年5月1日起公布施行。

然而，由于封建传统思想影响根深蒂固，《婚姻法》的执行并不是完全尽人意。干涉婚姻自由与侵害妇女权益的事件时有发生。据不完全统计，在婚姻法颁布实行的一年里，中南区有1万多名妇女，山东省有1245名妇女，因婚姻不自主受家庭虐待而自杀或被杀。这些数字和情况引起了毛泽东和党中央的高度重视，决定在全国范围内开展一场贯彻执行婚姻法的运动。

这次运动的主要任务，是要普遍宣传婚姻法和检查婚姻法的执行情况，批判旧思想、旧制度、旧习惯，树立新思想，建立新制度。婚姻家庭制度中存在的矛盾绝大多数属于人民内部矛盾，因此，毛泽东建议这次运动主要采取"说服教育"的方针。除了对人民群众中极少数因干涉婚姻自由、虐待妇女而致杀害人命、伤害人身的严重犯罪分子应主动地加以检查处理外，对一般人民群众应以进行婚姻法的宣传为限。关于婚姻法执行情况的检查，只限于在各级党委及县区乡(村)干部、县以上各级法院和民政部门主管婚姻事务的人员中进行，而不要在一般人民群众中去进行。

这次运动取得了很好的效果。全国各农村、工矿、街道进行了广泛的《婚姻法》的宣传。1953年3～4月陆续在全国75%左右的地区开展了学习婚姻法的运动，《婚姻法》基本上做到了家喻户晓。中国人民的婚姻家庭关系发生了深刻的变化，旧的婚姻制度已经崩溃，新的婚姻制度得到了健康发展。

新中国第一部《婚姻法》的诞生、施行，是中国人民反封建斗争胜利的成果，也是新中国成立初期的一项极为重要的立法。毛泽东对它进行了高度的评价，认为它是"摧毁封建主义婚姻家庭制度的有力武器，也是建立新民主主义新型家庭关系的法律准绳"。

三、建立新的文化教育体系

中华人民共和国成立后,旧有文教事业已远远不能适应新社会的需要。旧有文教事业的主要缺陷是,文盲众多、基础教育落后、现代教育尤其是高等教育大多为帝国主义控制。新中国建立伊始,中共中央就着手对旧有文教事业进行彻底改造。除了对文教事业进行彻底改造之外,知识分子政策的制定也不容忽视,毛泽东曾指出:"没有知识分子的参加,革命的胜利是不可能的","全党同志必须认识,对知识分子的正确政策,是革命胜利的重要条件之一。"于是,从1951年9月到1952年年底,在全国范围内开展了一次声势浩大的知识分子思想改造学习运动。

1. 改造文教事业

旧中国文教事业非常落后,80%以上的人是文盲,农村中文盲的比重更大,全国学龄儿童入学率通常在20%左右,中等以上的学生中工农子女极少。据国民党政府教育部统计,1947年高等学校在校学生共15万人,1946年中等学校在校生共179.8万人,小学在校生共2285.8万

◎ 1952年山西省农林畜牧生产合作社的妇女识字小组在上课

人。按当时全国 4.7 亿人口计算，平均每万人中仅有高等学校学生 3 人，中等学校学生 38 人，小学生 486 人。

在广大的农村地区，普遍的初等教育形式仍然是上私塾。这种私塾教师是科举制度的牺牲品，他们苦读多年，却没有得到功名，并由于他们对现代职业如雇员、会计等的文化偏见因而只能选择私塾教师。教学内容多是封建道德的陈词滥调。

中等和高等教育，大多集中在上海、北平、天津、南京、武汉、广州等大城市和沿海地区。并且，其中相当一部分接受外国教会津贴。

不仅如此，旧中国的文教事业是半殖民地半封建社会的产物，是为少数剥削阶级和统治者服务的，是附属和服从于国民党统治政权的。

旧中国的文化教育事业另一个突出特点就是帝国主义的文化侵略活动。一百多年来，帝国主义国家对中国除了政治、经济和军事侵略外，尤其是注重文化教育的侵略活动，主要通过津贴宗教、教育、文化等各项事业的手段，加以控制。其中，受美国影响最大。1931 年，国际联盟教育专家团到中国了解教育情况后，对中国教育中的美国影响进行了尖锐批评。认为引进的西方教育漠视中国社会的现实需要，奢侈的精英教育培养出来的人大多博而不精，对社会漠不关心。

旧中国文化教育事业的这种状况，显然无法适应和满足新中国的政治、经济和社会发展需要，因此，对旧有文化教育事业的改造势在必行。

在 1949 年 9 月召开的中国人民政治协商会议全体会议上通过的带有根本法性质的《共同纲领》中规定：

"中华人民共和国的文化教育为新民主主义的，即民族的、科学的、大众的文化教育。人民政府的文化教育工作，应以提高人民文化水平，培养国家建设人才，肃清封建的、买办的、法西斯主义的思想，发展为人民服务的思想为主要任务。"

"有计划有步骤地实行普及教育，加强中等教育和高等教育，注重技术教育，加强劳动者的业余教育和在职干部教育，给青年知识分子和旧知识分子以革命的政治教育，以适应革命工作和国家建设工作的广泛需要。这是改革教育事业的基本依据。"

第六章
巩固新生的人民政权

中华人民共和国成立后，于1949年10月建立教育部，任命马叙伦为部长。同年12月23日召开了第一次全国教育工作会议。会议讨论了如何对旧教育进行有计划有步骤的改革问题，确定教育改革的方针是："以老解放区新教育经验为基础，吸收旧教育有用经验，借助苏联经验，建设新民主主义教育。"明确了新教育的发展方向，"除了必须维持原有学校继续加以改进外，教育应着重为工农服务，而当前的中心环节，应是机关、部队、工厂、学校普遍设立工农中学，吸收大批工农干部及工农青年入学，培养工农知识分子干部，同时大量举办业余补习教育，准备开展识字运动。"

1950年6月6日，毛泽东在中国共产党七届三中全会上作的报告中，提出了国民经济恢复时期，中国共产党在文化教育方面的基本方针是：

有步骤地、谨慎地进行旧有学校教育事业和旧有社会文化事业的改革工作，争取一切爱国的知识分子为人民服务。在这个问题上，拖延时间不愿改革的思想是不对的，过于性急、企图用粗暴方法进行改革的思想也是不对的。毛泽东和中共中央的这一指示，对旧文教的改造和新文教的发展有重要的指导意义。

国民党统治时期，学校一般分为公立和私立两种，公立高等学校又有国立和省立之分。考虑到国民党政府垮台后，原国立或省立学校已无经费来源和主管领导部门，因此，新中国成立后，首先接管公立学校。新解放区各级学校的接管并不是在中华人民共和国成立后才开始的。解放战争期间，随着解放区的开辟，各地学校随之也由军事管制委员会（军管会）或人民政府所接管。

在旧中国的高等学府中，最早被我解放军接管的是清华大学。清华大学前身为清华学堂，是1911年清朝政府用美国"退还"的一部分庚子赔款办的一所留美预备学校。1911年10月辛亥革命后，清华学堂改名清华学校。1925年开始设大学部。1928年国民党政府接管后，校名改为国立清华大学。翌年旧制全部结束，完成了从留美预备学校到大学的过渡。抗日战争爆发后，清华大学南迁昆明，与北京大学、南开大学三校联合组成西南联合大学。在极度困难的条件下，艰苦办学，创造了很大成就。抗战胜利后，于1946年迁回北平。清华大学在学制、课程、教材和教学方法上多仿照美国。

1948年12月15日,人民解放军进驻北平海淀,解放了清华园。1949年1月,北平军管会派出代表,正式接管了清华大学。接收清华大学时,有人主张撤换原校务会议代主席冯友兰,认为他是反动教授。但接管人员没这样做,而是先召开教授座谈会,向十几位名教授宣布接管方针,征求他们的意见,他们很同意,一切仍由冯友兰负责。结果感动了冯友兰,他在大会上宣布:"我们是光荣的,是受人民解放军第一个接收的大学,我们是人民的大学了。"冯友兰的留任,影响了中间的多数,稳住了北平各院校的教授,甚至影响遍及全国。

在旧中国,私立学校占有很大比重。就新中国成立初期的基本状况而言,政府要在短时期内将众多的私立学校全部收归国家接办,存在困难。面对这种情况,政府对私立学校采取了"积极维持,逐步改造,重点补助"的方针,以便在为国家建设培养人才的总目标下,使公立、私立学校各尽其力,各得其所。

根据以上方针,当时对私立学校进行了整顿。主要采取了两项措施:一是改组、健全董事会;二是重新立案,给私立学校以合法地位,提高他们的办学积极性。中国私立高校通过1951年、1952年的院系调整,到1952年年底已全部改为公立。这一方面是由于私立高校在经济上越来越难以维持,学生越来越少,更重要的是由于中国大规模的工业建设将开始,需要大批建设人才,如果不把私立高校改为公立,不把一些力量单薄的、规模较小的学校加以合并或调整,国家就难以统一规划、全盘考虑。私立中小学的完全接办要晚一些。到1956年,随着社会主义改造的基本完成,中小学也全部改为公立。

新中国成立初期,对待各种教会学校当时决定在遵守中国人民政府政策法令的原则下,允许接受外国津贴的文化教育救济机构继续接受津贴。但是,某些外国教会,蔑视中国的这个原则,甚至继续不断地利用教会学校暗中进行反动的宣传和活动。尤其在美帝国主义侵略朝鲜和侵占台湾后,破坏活动更加活跃起来。为了永久占领这些文化侵略据点,他们还施展种种阴谋,对学校师生威逼利诱,阻挠改革,甚至用断绝经费来源相要挟。在这种情况下,我国政府开始了接办教会学校的工作。

第六章
巩固新生的人民政权

首先接办的是辅仁大学，大批教会学校的接办是从 1950 年年底开始着手进行的。1950 年 12 月底，中央人民政府发布了《关于处理接受美国津贴的文化教育救济机关及宗教团体的方针的决定》，中央教育部根据这个《决定》的精神，于 1951 年 1 月发出了《关于处理接受美国津贴的教会学校及其他教育机关的指示》，要求各地把这件关于国家教育主权的重大工作做好。这些为具体接办教会学校提供了依据。

接办教会学校，收回教育主权，割断了文教机构同帝国主义的联系，由中国人民自己办教育和办宗教事业。这从根本上改变了旧教育为帝国主义服务的性质，发展了人民教育事业。

随着对旧有文教事业改造的深入，与之相适应的学制改革也提到议事日程。

1951 年 10 月 1 日，以中央人民政府政务院命令颁布了《关于改革学制的决定》。决定指出：为改正原有学制的缺点，有必要与可能确定原有的和新创的各类学校的适当地位，改革不合理的年限与制度，并使不同程度的学校互相衔接，以利广大劳动人民文化水平的提高、工农干部的深造和国家建设事业的发展。

《决定》的颁布，产生了新中国的第一个学制。《决定》共分五个部分，具体规定了各级各类教育的任务、入学条件及修业年限等。

新学制的颁布，使中国人民自己的学校系统在新的政治经济的基础上，以法令的形式明确地建立起来了，它标志着中国劳动人民在文化教育上的新胜利，标志着人民教育走上了有计划、有系统的发展新阶段。

旧有高等教育的缺陷之一就是人文学科膨胀。多所高校在同一地区重复设置，它们做着几乎完全相同的工作，几乎都有美国式的文学院，培养的毕业生却难以找到工作。同时，国家建设所必须的专业人才却无处可以培养。1952 年，中央决定在高等学校进行院系调整和专业设置的工作。当时中央确定的方针是："以培养工业建设干部和师资为重点，发展专门学院和专科学校，整顿和加强综合性大学。"这次院系调整和专业设置，是以苏联的高等教育为蓝本的。

高等学校的院系调整工作，从 1951 年 10 月开始准备，1952 年暑假大规模展开，1953年基本完成。调整的原则是：基本取消原有系科庞杂，不能适应培养国家建设干部需要的旧制大学，并改造为培养目标明确的新制大学；为国家建设所迫切需要的专业，予以分别集中或独立，建立新的专门学院，使之在师资、设备上更好地发挥潜力，在培养干部的质量上更符合国家建设的需要；将原来设置过多过散的摊子予以适当集中，以便整顿；学校条件太差，一时难以加强，不宜继续办下去的予以撤销或归并。

根据调整原则的精神，从1951年下半年起，逐渐在全国范围内开展了有计划、有重点的院系调整。1951年主要是对华北、华东、中南三个地区的工学院做了适当调整。到1952年夏，全国高校进行了一次大规模的调整，从此奠定了中国高等学校的基本格局。在院系调整过程中，私立大学全部改为公立，教会学校撤销。

全国高校基本完成院系调整任务后，结束了院系庞杂、设置分布不合理的状况。通过院系调整，在中国高等工科学校基本建成了机械、电机、土木、化工等主要工科专业比较齐全的体系，这对从根本上改变半殖民地半封建的旧中国不能完全培养学科品种比较配套的工程技术人才的落后状况来说，具有深远的战略意义。通过调整，各校的师资、设备、校舍等也都得到了较合理的充分的利用，加之领导力量的加强，使高等教育事业有了较大的发展。通过调整，将大学本科分为三类，即文理科性质的综合大学、分科性理工学院和单科性的专门学院。

但是，这次院系调整也存在一些问题。要求过高、过急，在一定程度上影响了高等教育的质量。在调整过程中，有些院校独立得过早，以致某些独立出来或新设的院校，内容并不充实，而同时却使调整后的个别大学力量被削弱、被分散，弄得两头都不容易办好。对院系设置的历史经验和苏联、欧美的教育制度缺乏认真的、系统的研究和辩证的分析，过于机械地照搬苏联的做法。

总之，从院校结构、系科专业结构、层次结构来看，这次调整奠定了新中国高等教育的格局，取得了很大成绩，同时又产生了新的结构不合理。

新中国建立初期对旧有文教事业的改造，经过接管各类学校、学制改革和高等院校院系调整等工作，取得了很大成绩。改变了旧教育半殖民地半封建的性质，建立了社会主义教育体系。

2. "脱裤子割尾巴"

"脱裤子割尾巴"，是毛泽东对新中国成立初期知识分子必须改造思想的形象比喻。新中国成立初期，从中国旧社会过来的知识分子，大约有200多万人，他们主要集中在学校，其次在宣传机构、文化团体、企事业等单位，这是建设新中国一支不可忽视的力量，也是旧中国留下的一份重要的遗产。但是，如何发挥这支力量的作用，就需要党来制定正确的知识分子政策。

新中国成立之初，党和国家对200多万旧知识分子采取了"包下来"的政策，给其中的绝大多数以适当的工作；对失业者，中央专门制定了具体政策，尽力帮助就业；在政治上充分信任，把许多知识分子的代表人物安排到各级领导岗位；在生活上加以适当照顾，即使年老体弱者，只要他们拥护党和人民政府，也由国家养起来。

党对知识分子的真诚与关怀，激发了广大知识分子强烈的爱国热情。有的不顾蒋介石政府的威逼利诱，毅然留在大陆迎接解放，为筹建新中国出谋献策；有的不甘栖身港澳安享清闲，积极投身新中国的各项建设事业；有的断然放弃异国优越的工作环境和舒适的生活条件，冲破种种阻挠，漂洋过海，回乡报效祖国；有的为恢复和发展新中国的科学、文化、教育事业呕心沥血，日夜奔忙。他们对新中国充满了希冀和憧憬。

然而，从旧社会过来的知识分子就总体而言，对新中国是既欢迎又陌生的，多有"不识庐山真面目"之感。由于他们大多数出身于剥削阶级家庭，受的是资产阶级或封建主义教育，不少人又长期为旧中国服务，也就难免拖着资产阶级和封建主义的思想尾巴来到新天地，并时常在政治立场、思想感情和工作方法等方面流露出来。

如有的对共产党和国民党、中国人民和帝国主义之间的界线模糊不清，仍抱定"实业救国"、"科技救国"、"教育救国"、"音乐救国"等陈旧幻想，仍以"超阶级"、"超政治"的观点认识问题。

有的对党所制定的方针、政策和措施表示不理解，持怀疑、观望态度，留恋资本主义或封建主义的东西。

有的轻视劳动人民，看不起工农出身的革命干部，例如："讲新民主主义是毛主席好，讲力学却非我不行"；"共产党什么都有办法，只是对自然科学没有办法"；"你们做抗美援朝专家，我做原生物专家"，等等，颇有"井水不犯河水"、唯我独尊之意。

有的妄自尊大、自命清高、文人相轻、互不服气、闹不团结。有的否认国家和人民的利益，一切以自我为中心，如南开大学校务委员会主席杨石先所说："凡是有成就或有声誉的人，常常摆架子，耍脾气，提出甚苛要求，事不关己，高高挂起，事如关己，坚持到底……"如此等等。

正如周恩来指出的那样，旧知识分子"一方面是脑力劳动者，可以为人民服务；另一方面又与旧社会有千丝万缕的联系。因此，党和国家有必要与可能对他们采取团结、教育和改造的方针，知识分子有必要与可能摆脱旧社会影响，成为适应新社会需要的知识分子"。

针对知识分子的这种思想状况，1949年9月29日全国第一届政协通过的《共同纲领》中曾明确提出："给青年知识分子和旧知识分子以革命的政治教育，以适应革命工作和国家建设工作的广泛需要。"

毛泽东在中共七届三中全会上进一步指出："对知识分子要办各种训练班，办军政大学、革命大学，要使用他们，同时对他们进行教育和改造。要让他们学社会发展史、历史唯物论等几门课程。"

周恩来在全国政协庆祝新中国建立一周年大会上强调指出："大规模地训练旧公务人员和知识分子，使他们在较短期间抛弃旧的错误的政治观点，取得新的为人民服务的观点。"

全国各地按照《共同纲领》和中央的要求，通过举办各种学习班、训练班、组织报告会、学文件、座谈讨论等多种形式，学习马列主义、毛泽东思想，学习《共同纲领》，学习党的方针、政策，特别是结合中国革命与新中国建设的实际，学习毛泽东的《新民主主义论》、《实践论》、《矛盾论》等著作。了解中国革命的性质、道路、动力和前途，区别唯物主义与唯心主义，学会用辩证唯物主义和历史唯物主义的立场、观点、方法研究、分析、

第六章
巩固新生的人民政权

认识和解决问题,以克服资产阶级和封建主义思想的影响,树立革命的人生观和科学的世界观,把思想提高到工人阶级的思想标准。

如中南局在1950年有计划有组织地在知识分子中开展学习时事、学政策、学理论的活动,并规定了学习《政治经济学》、《社会发展史》、《辩证唯物主义和历史唯物主义》、《中国革命和中国共产党》、《新民主主义论》等内容,以帮助广大知识分子尽快接受新思想、了解新事物、适应新环境,从而跟上时代的步伐。西北局遵照中央关于对知识分子团结与改造的方针,开办了西北革命大学,组织万余名知识分子分期分批进行学习,经过初步的思想改造和学习后,按其所长安排适当工作。

为了帮助知识分子进行思想改造,中央强调要让知识分子参加当时正在进行的土地改革、镇压反革

◎ 1950年北京大学教授签名拥护各民主党派《抗美援朝联合宣言》

命、抗美援朝三大革命运动,使他们能在火热的斗争实践中接受教育和锻炼,对知识分子的进步行动及时给予支持和鼓励。

1950年10月,北京大学300余名教员联名致函毛泽东,强烈抗议美帝国主义发动侵朝战争,威胁中国的安全,并表示决心贡献出最大力量为保卫祖国而奋斗。毛泽东对北大教员表现出的爱国热情十分赞赏。

12月7日,中共南京市委向中央报告了关于组织学生进行反美控诉运动的情况,即发动学生联系自己的切身体会,控诉美帝国主义的侵略行径,揭穿其欺骗宣传,克服崇美、恐美心理,激发爱国热情,推动抗美援朝运动。12月9日中央将报告批转各地,要求参照南京的经验,进行研究推广。在中央的号召下,许多知识分子发表演说,撰写文章,揭露美国侵略朝鲜、敌视中国的罪行。

广大知识分子在参加抗美援朝的学习和宣传中,情绪积极热烈,许多留学过美国的知识分子,以个人亲身体会来控诉当年所遭受的轻侮待遇,控诉美帝的反动宣传和在华暴行。这表明知识分子通过参加革命实际斗争,

崇美、亲美的观念有了改变。有的教师不但送学生参军参战，还送自己的子女参军，通过参加这些运动，使教师具有了爱国主义和国际主义精神。

1951年3月30日，中央在转发川西区党委《关于组织党外民主人士参加土改的经验》的批语中指出："除抗美援朝工作必须和各民主党派、民主人士一起去做外，土改、镇反两项工作，也必须使各民主人士参加，越多越好。"并要求各大中城市要分期分批组织各民主党派、民主人士、教授、教员等下乡参观或参加"土改"工作和"镇反"工作。只要他们愿意去，就要欢迎他们去，而且好的坏的都让他们看，让他们纷纷议论，自由发表意见，只有好处，没有坏处。

之后，中央又多次指示各地，一定要打破神秘主义和关门主义，大力发动和吸收民主人士及知识分子参加三大运动，使他们了解党的政策，了解共产党和人民政府，取得他们的拥护和支持，并在实践中转变他们的思想。

许多知识分子的思想正是在参观或参加了"土改"和"镇反"之后开始转变的。北京大学工学院院长马大猷教授说："两年的工作和学习使我的思想有很大转变，尤其是参加土地改革工作的经验，使我更加认识了人民政府一切政策的正确性，对阶级立场、群众路线等也有了进一步的体会。"燕京大学历史系教授侯仁之说："在土地改革中我首先发现了自己的思想感情和劳动人民的思想感情是有着很大距离了。除非我能够从思想上把自己彻底加以改造，否则我就不可能很愉快地生活在今天的人民中国，更说不到全心全意为人民服务了。"清华大学教授吴景超在《参加土地改革工作的心得》中，也颇有感触地写道："过去我们对于研究工作，常从兴趣出发，以后应当从人民的需要出发，更加踊跃地投入人民的队伍，与人民齐一步伐，与人民的伟业打成一片。"

在参加镇压反革命和"三反"、"五反"的运动中，广大知识分子受到了阶级斗争的锻炼，进一步划清了敌我界线，认识到了腐朽的资产阶级思想对自己的进步和国家建设的损害。中央组织知识分子参加土地改革运动的目的，是使其走与工农相结合的道路，在土地革命的实践中，进一步了解农民在地主阶级剥削压迫下的苦难。在广大农民诚挚热情的关怀和帮助下，他们增强了对劳动人民的感情，越发感到思想改造的重要性，否则就不能在思想上归到工人阶级的队伍。广大知识分子通过参加实际斗争，体验火热的生活，巩固了理论学习的成果，加快了思想改造的步伐。

1950年6月6日，毛泽东在七届三中全会上作了《为争取国家财政经济状况的基本好转而斗争》的报告，明确指出："有步骤地谨慎地进行旧有学校教育事业和旧有社会文化事业的改革工作，争取一切爱国知识分子为人民服务。在这个问题上，拖延时间不愿改革的思想是不对的，对于性急、企图用粗暴的方法进行改革的思想也是不对的。"

这就说明在对旧教育事业的改革中，真正要争取一切爱国知识分子为人民服务，离开在知识分子中进行思想改造学习是不行的。

1951年9月29日，周恩来在北京、天津高等学校教师学习会上作了《关于知识分子的改造问题》的报告，明确提出知识分子的改造首先要解决两个问题，即立场问题、态度问题。知识分子的立场要站在工人阶级立场上来，他指出："因为工人阶级是最先进的，是为人民服务的，也是为民族服务的，将来要实现共产主义，使社会达到无产阶级的境地。"另一个是态度问题，也即政治态度，就是"在学习时必须有敌我友的观点"。否则，就谈不上站在工人阶级立场上来的问题。因为站在工人阶级的立场上，"首先应该巩固工农联盟，还要团结小资产阶级、民族资产阶级以及其他爱国分子"。

1951年10月23日，毛泽东在中国人民政治协商会议第一届第三次会议的开幕词中指出："思想改造，首先是各种知识分子的思想改造，是我国在各方面彻底实现民主改革和逐步实行工业化的重要条件之一。"新中国知识分子肩负着重大的历史使命，要为教育后代、培养人才贡献不可替代的智慧与才能，为振兴中华，建设国家服务，使落后的农业国逐步变为先进的工业国。知识分子要完成这些使命，就必须进行思想改造。

为争取一切爱国知识分子为人民服务，1951年11月30日，中共中央发出了《关于在学校中进行思想改造和组织清理工作的指示》，要求在全国各地大中小学学校教职员和高中以上的学生中普遍进行思想改造的工作，并在此基础上进行组织清理工作，清查其中的反革命分子。

在广大知识分子中开展思想改造的教育，是新中国成立初期经济建设的需要，与改革旧教育制度有密切的联系，同时也是知识分子本身的要求。

民主革命取得胜利以后,剥削阶级被打倒,人民有了自己的国家和民选的政府,彻底扫除一切奴化的、封建主义的与法西斯主义的文化,教育改造就势在必行了。新中国的教育应该是全国范围内为人民服务的教育,它是一种崭新的政治和经济的反映,应当以极大的力量来为这一崭新的政治和经济建设服务。

因此,在改革旧教育制度的同时,必须改造知识分子的思想。改革旧教育制度的关键是学校教师的思想改造,因为当时大学里的大多数教师直接或间接地接受了欧美、日本等资产阶级高等教育的熏陶,他们的一言一行都将深刻地影响学生。他们不仅要传授知识技能,而且要通过整个教学过程帮助学生树立正确的立场、观点和方法,使学生具有高度的政治觉悟和丰富的知识技能,自觉地为新中国的建设服务。从这个意义上讲,教师就必须加强学习马克思主义、改造世界观,以马克思主义的教学原则去教育学生。

3. 知识分子思想改造运动

北京大学,是五四运动的主要策源地,成立过中国最早的马克思学说研究会,是中国共产党创始人李大钊、毛泽东等,研究、传播马克思主义的地方,曾是宣传反帝、反封建、民主与科学等新思潮的阵地,曾为中国革命培

◎ 1949 年后首任北京大学校长马寅初

养了许多革命者和优秀人才。正是这所具有光荣革命传统的学校,在1951年9月又率先发起了知识分子思想改造学习运动。恰如一石击水,激起层层波澜,先是波及京津各高校,继而成为全国性知识分子思想改造学习运动的先导。

1951年6月1日,著名经济学家、人口学家马寅初先生出任北京大学

第六章

巩固新生的人民政权

校长，担负起改造旧北大的重任。他经常与教职员接触交谈，为他们愿意接受新思想、愿为改造旧北大助一臂之力而深感欣慰。但也为学校存在着自由散漫、思想水准不高、本位主义、缺乏主人翁感等问题而忧虑，特别是一碰到教育制度改革的具体问题，往往会产生种种阻力。如院系调整时，都强调"以我为主"，各抒己见，争论不休，只想扩大不愿缩小，更不同意撤并；在改革旧教育内容和教学方法时，更是"公说公有理，婆说婆有理"，有的主张欧式教育，有的崇尚美式教育，有的坚持中西合璧。总之，他们对新民主主义民族的、大众的、科学的方针缺乏深入了解或不以为然，而是喜闻乐见于欧风美雨。

马寅初和一些具有新思想的领导和教授，深感要把旧北大改造成为一所新型的人民大学，就必须使全校教职员统一思想，明确大学是新中国的大学，是为国家培养革命干部和建设人才的摇篮，认识到改革的必要性和迫切性，自觉改造思想，树立为人民服务的观点。为此，他们利用当年暑期，首先组织全校教职员进行了40余天的学习和思想整顿。通过政治学习和开展批评与自我批评，收到了意想不到的效果。广大教职员精神面貌因之焕然一新，主人翁态度明显增强，工作效率大为提高，给校园平添一股清新气息。有鉴于此，学校领导一班人顿觉豁然开朗，深受启迪，愈发感到政治学习和改造思想不啻是一剂医治学校顽症的良方妙药。

于是，马寅初会同汤用彤副校长、张景钺教务长、杨晦副教务长等13位教授，决定在北大教职员中开展一次政治学习运动。期望通过学文件、听报告、座谈讨论、开展批评与自我批评的方式，用马列主义、毛泽东思想武装教职员的头脑，清除旧思想、旧观念，树立新思想、新观念，以推动学校的改造和各项改革工作。

为了搞好这次政治学习运动，9月7日由马寅初校长出面给周恩来总理写了一封信，信中汇报了北大有关组织教职员学习的情况，并提出：敦请毛泽东、刘少奇、周恩来、朱德、董必武、陈云、彭真、钱俊瑞、陆定一和胡乔木为教师。请周恩来代转各位教师到校作报告，辅导教员的政治学习。

毛泽东获悉后，对北大教授们的行动非常支持，9月11日在马寅初的信上批示："这种学习很好，可请几个同志去讲演。"周恩来对此事也很重视和支持,指示教育部认真加以研究。教育部根据毛泽东和周恩来的指示,专门开会进行了讨论,认为这种政治学习在全国高校中都很有必要,并决定首先组织北京、天津两市的20所高校教师参加学习,待取得经验后,再进一步扩展到全国所有高校。

周恩来对京津各高校的学习运动十分关注,在日理万机的繁忙工作中,仍不负广大教师的热烈期望,经过深思熟虑和认真准备,于9月29日下午向京津各高校的3000余名教师作了题为《关于知识分子的思想改造》的长篇报告。周恩来的报告十分精彩,讲话情真意切,充满对知识分子的关怀和信任;内容丰富生动,旁征博引,历史与现实并陈、动人心弦;道理讲得通俗易懂、精辟透彻。周恩来从知识分子的立场、态度、为谁服务、思想、知识、民主到如何开展批评与自我批评,共讲了七个问题。报告持续5个多小时,听者始终聚精会神,深受教益和启迪。

马寅初感慨地说:"周总理以自我批评的精神坦白地说出了自己的社会关系,听者莫不感动。以这样的办法来领导知识分子的思想改造,在我看来是最有效的。这不仅启发了知识分子学习的要求,而且巩固了学习者的信心,提高了学习者的情绪,推进了思想改造的进程。"

开展自我批评,是一件相当困难的事,这标志着要和旧思想、坏习惯决裂,是个痛苦的过程。少数人认为全国革命已经胜利了,教育改革、政治学习都在实施,各种知识分子在思想意识上也自然会转变,用不着自我教育和自我改造。针对这些不正确的想法,党和人民政府对旧知识分子进行了耐心的引导教育,使其参加到自我改造的行列中去。

随着学习运动的深入,许多教授、教员开始"放下包袱、开动机器",认真地、诚恳地反省自己,一扫"唯我独尊"、"爱慕虚荣"、"自扫门前雪"等庸俗作风,纷纷在讨论会上或撰文公诸报端,大胆披露心迹,自觉解剖自己,主动亮丑揭短,或直率地指出别人的缺点,真诚地批评帮助,表现出前所未有的热情和勇气。

如北京大学法学院院长钱端升于1951年11月6日在《人民日报》发表了《为改造自己更好地服务祖国而学习》的学习体会,对自己自以为是,从不反躬自省,对工作忽冷忽热,一曝十寒的态度等缺点,进行了全面的

第六章

巩固新生的人民政权

检讨,并深有体会地说:"必须摒弃经验式的学习方法,采取批评与自我批评的学习方法,才能真正分辨新旧、分辨是非、分辨好歹,方能改造自己,取得进步。"

广大知识分子在党的知识分子政策的正确指引下,通过批评与自我批评的教育方法,在思想上都有了显著的进步,初步地树立了为人民服务的思想。但是,也必须看到,由多年形成的旧思想、旧观念,绝非一朝一夕可以改变,还必须经过长期的过程,那就是不断地进行自我批评,不断提高。

以北京大学为发端,继而扩展到京津两市高等学校的教师思想改造学习运动,为全国各界知识分子进行思想改造提供了有益的经验,各地纷纷依照他们的做法,自觉投身到思想改造学习的热潮中去。

1951年11月中旬,文艺界也发起了文艺整风学习运动,党号召文艺工作者进行思想改造。11月17日,全国文联召开了扩大会议,分析新中国成立两年来文艺创作和文艺工作者队伍的状况,在肯定成绩的同时,也指出文艺界普遍存在的脱离政治、脱离实际、脱离群众以及资产阶级、小资产阶级倾向等问题,决定首先在北京文艺界组织整风学习。

11月24日,北京文艺界举行了整风学习动员大会,参加会议的文艺工作者800余人,中宣部副部长胡乔木在会上作了《文艺工作者为什么要改造思想》的演讲,他说:"许多文艺工作者还没有树立工人阶级的世界观,对文艺还抱着资产阶级、小资产阶级的见解,因而作品往往缺乏新的人物、新的事件、新的感情、新的主题,不能与劳动人民新的生活相呼应;有的消极怠工,饱食终日,无所用心,醉心于行政事务和交际活动;有的创作态度马虎,粗制滥造。"因此,他指出:"目前文艺界的出路,就是必须认真学习马克思主义,改造思想,走与劳动人民相结合的道路;必须整顿文艺事业的领导及文艺团体、文艺出版物,克服各种错误。"

全国文联副主席周扬在会上作了题为《整顿文艺思想、改进领导工作》的演讲,号召一切文艺工作者都要自觉地进行思想改造,用马列主义、毛泽东思想的文艺观去批判各种错误文艺思想,树立起革命的文艺观,著名的文艺工作者丁玲、欧阳予倩、老舍、李伯钊、黄钢、瞿希贤、华君武、李广田等也都在会上作了发言,带头进行批评与自我批评,并表示要积极参加整风学习,努力改造思想。

中央对文艺界的整风学习极为关注,在11月26日转发中宣部《关于文艺干部整风学习的报告》的批语中指出:"请各中央局、分局、省委、市委、区党委自己和当地从事文学艺术工作的负责同志都注意研究这个报告,仿照北京的办法在当地文学艺术界开展一个有准备的、有目的的整风学习运动,发动严肃的批评与自我批评,克服文艺干部中的错误思想,发扬正确思想,整顿文艺工作,使文艺工作向着健全的方向发展。为使这一整风运动获得良好的结果,各中央局、分局、省委、市委、区党委的负责同志和宣传部负责同志必须亲自抓紧对文艺界整风运动的领导,望将你们的计划报告中央和中央宣传部批准。"

各地遵照中央的指示,对当地的文艺机关、团体、学校及文艺工作者队伍的状况进行了分析,制订了整风学习计划。到1952年5月中下旬,各地以纪念毛泽东《在延安文艺座谈会上的讲话》发表十周年为契机,采取举行报告会、座谈讨论等方式,掀起了文艺整风学习的高潮。广大文艺工作者自觉按照《讲话》精神,结合自己的思想和工作,认真开展批评与自我批评,围绕文艺的方向、领导、立场、态度、对象、源泉、形式、标准等问题,展开了热烈的学习讨论,使文艺界的整风学习步步深入,澄清了诸如文艺应该为谁服务和如何服务、文艺的源泉是书本还是劳动人民的实践、文艺批评的标准等问题,促使文艺工作者树立起马克思主义的文艺观。

方兴未艾的知识分子思想改造学习运动也震动了科学界。1951年12月18日,中国科学院举行了思想改造学习的动员大会,院长郭沫若针对一些科学工作者的"超阶级"、"超政治"的错误观点,进行分析和批评。诸如:"你做你的革命家,我做我的科学家"、"中国的政治水平已经够高,现在应主要提高科学水平而不是政治水平"。郭沫若号召科学工作者:"要以对祖国的热爱,对人民的热爱,对劳动的热爱,对科学的热爱,对国家有用人力物力的热爱,来努力学习,纠正自己错误的思想,克服科学研究中的缺点。"

广大科学工作者学习的热情高涨,自觉地拿起批评与自我批评的武器,加入思想改造的行列。如中国科学院近代史研究所所长范文澜针对科学界存在的"门户之见"问题进行了严肃的批判,他说:"知识分子身上有一种通病，即'自高自大、自以为是'，如魏文帝所说'文人相轻，自古尽然……名以所长，相轻所短'。读书人常生这种通病，'老子天下第一''名列天下前茅'等片面性的思想方法。所以知识分子必须勇于革自己的命，进行思想改造，用毛泽东思想武装起来的'新我'战胜旧观念的'旧我'，做一个人民的科学家。"

全国知识分子思想改造学习运动，到1952年年底基本结束。在党组织的领导下，广大知识分子基本上肃清了帝国主义、封建主义和买办阶级的思想影响，划清了敌我界线，转变了立场，开始树立正确的政治观点和为人民服务的思想。这场学习运动对于促进知识分子逐步向工人阶级方面转变、对于逐渐扩大工人阶级知识分子队伍，起到了积极的重要的作用。事实证明，党对知识分子的思想改造的政策是必要的、正确的。完成对知识分子思想的初步改造，是党争取、团结、改造政策的胜利，是马列主义、毛泽东思想的胜利。

结语　从此走向繁荣富强

自鸦片战争开始,中国开始陷入半殖民地的深渊。帝国主义和封建势力的联合统治,是近代以来中国积贫积弱、民族灾难的根源。因而,争取民族独立、人民解放和实现国家富强、人民富裕是中华民族在近代就一直面临的两大历史任务。

抗日战争胜利后,国民党政府不顾举国反对,公然挑起内战,遭到了全国人民的反对。以毛泽东为核心的中共中央,领导党、人民军队和全国人民以革命战争粉碎敌人的进攻,取得了解放战争的决定性胜利。

成立民主联合政府的条件日臻成熟,中国共产党为召开新的政治协商会议积极进行了组织和筹备工作。各民主党派和无党派民主人士的代表先后到达北平,参加新政协的筹备工作。中国共产党与各民主党派、无党派人士亲密合作,共同建立新中国。中国共产党领导的多党合作和政治协商制度成为新中国的一项基本政治制度。

中国人民政治协商会议第一届全体会议在北京召开,会议通过了《中国人民政治协商会议共同纲领》,选出了以毛泽东为主席的由180人组成的中国人民政治协商会议第一届全国委员会。1949年10月1日,是新中国诞生的日子。在天安门广场隆重举行的开国大典上,毛泽东庄严宣告:"中华人民共和国中央人民政府今天成立了!"

中华人民共和国的成立,标志着新民主主义革命在中国的伟大胜利,标志着中国人民受奴役受压迫的半殖民地半封建时代的结束,中国人民从此站起来了,当家做主,真正成为新国家、新社会的主人。中国历史从此进入一个人民群众当家做主的新时代,中华民族的历史从此发生了翻天覆

结语
从此走向繁荣富强

地的巨大变化,开启了新的历史纪元。

新中国成立初期,为巩固新生的人民政权,党和政府与不法资本家展开了斗争,取得了胜利,在城市中站稳了脚跟;开展了大规模的镇压反革命、剿匪运动;禁止黄赌毒,颁布新的婚姻法,社会风气为之一新;对文教领域进行革新,对知识分子进行改造,新的文化体系得以建立。到1952年年底,国民经济得到初步恢复,新生的人民政权得到巩固。

在1949年庆祝中国共产党成立28周年的时候,毛泽东指出:"在过去28年的长时期中,我们仅仅做了一件事,这就是取得了革命战争的基本胜利。这是值得庆祝的,因为这是人民的胜利,因为这是在中国这样一个大国的胜利。但是我们的事情还很多,比如走路,过去的工作只不过是像万里长征走完了第一步。"新中国成立后,中国共产党还要继续领导着人民,走更长更艰难的道路,为实现国家繁荣富强和人民共同富裕的伟大而艰巨的历史任务,继续坚持不懈地英勇奋斗。

参考文献

1. 中共中央党史研究室．中国共产党历史．第一卷．1921～1949[M]．中共党史出版社，2011

2. 何虎生．旭日东升：建国的那些人与事[M]．当代中国出版社，2012

3. 何虎生．红流纪事[M]．兰州大学出版社，1997

4. 王晓明．开国五大书记[M]．人民出版社，2009

5. 何虎生．蒋介石传[M]．中国工人出版社，2015

6. 袁家荣．中国正史要略[M]．北京团结出版社，2014

7. 师哲．在历史巨人身边——师哲回忆录[M]．北京九州出版社，2015

8. 胡绳．中国共产党的七十年[M]．中共党史出版社，1991

后 记

重庆谈判、政协会议、人民解放军占领南京、开国大典、组建联合政府、整党整风等一系列重要历史片段和历史故事，反映了中华人民共和国的建国历程和建国初期的政治、经济、文化等多方面的历史进程，它引领我们重新回顾历史，点燃激情燃烧的烽火岁月，缅怀革命前辈和中国人民建立和建设新中国的丰功伟绩。为庆祝中国共产党成立100周年，出版社对2017年编写的《建国大业》一书进行加印。

本书主要讲述中国人民在中国共产党和毛泽东主席领导下，为彻底推翻国民党反动派在大陆的统治，建立中华人民共和国，建立新的国家政权，树立新的社会风气，建设新民主主义文化，建设一个强大的党而进行的艰苦卓绝的斗争和取得的伟大胜利。

本书由何虎生主编。参加本书写作、审阅、核对和其他工作的还有：赵文心、龙春利、张天宇、江英、范承斌、汤涛、王晓明、楚序平、何理、胡竞方、周子妤、薛思齐、汪文慧等。

由于作者水平有限，也由于本书的写作方法特别，主要是以解放战争时期几种建国方案的斗争，直到中华人民共和国建立前后为主要线索来描述新中国的成立史和巩固史，是否合理，是否有重要史实遗漏，也敬请读者批评指正。

作　者

2021年3月于中国人民大学

图书在版编目（CIP）数据

建国大业 / 何虎生主编. -- 北京：中国广播影视出版社：人民出版社，2017.5（2025.1重印）
（共和国三部曲史学读本 / 何虎生主编）
ISBN 978-7-5043-7913-9

Ⅰ.①建… Ⅱ.①何… Ⅲ.①中国共产党－党史－史料②中国历史－现代史－史料 Ⅳ.①D231②K260.6

中国版本图书馆CIP数据核字(2017)第093887号

建国大业

何虎生 主编

责任编辑	王 萱 宋蕾佳
组稿编辑	张振明
装帧设计	水玉银文化 张 顿
责任校对	龚 晨

出版发行	**中国广播影视出版社**
电 话	010-86093580 010-86093583
社 址	北京市西城区真武庙二条9号
邮 编	100045
网 址	www.crtp.com.cn
电子信箱	crtp8@sina.com

出版发行	**人民出版社**
电 话	010-84046650 010-84095121
经 销	全国各地新华书店
印 刷	北京凯德印刷有限责任公司
开 本	710毫米×1000毫米 1/16
字 数	230（千）字
印 张	18
版 次	2017年5月第1版 2025年1月第16次印刷
书 号	ISBN 978-7-5043-7913-9
定 价	45.00元

（版权所有 翻印必究·印装有误 负责调换）